河南省哲学社会科学规划项目“河南加快形成创新驱动、结构优化、区域协调、城乡一体的发展新格局研究”（2017WT18）资助

河南省科技投入对经济增长的影响研究

朱选功　刘冰月　丁晨　王宁◎著

RESEARCH ON THE IMPACT OF SCIENCE AND TECHNOLOGY INPUT ON ECONOMIC GROWTH IN HENAN

中国经济出版社
CHINA ECONOMIC PUBLISHING HOUSE
·北京·

图书在版编目（CIP）数据

河南省科技投入对经济增长的影响研究／朱选功，刘冰月，丁晨，王宁著．
—北京：中国经济出版社，2018.10

ISBN 978－7－5136－5369－5

Ⅰ.①河… Ⅱ.①朱… ②刘… ③丁… ④王… Ⅲ.①科学技术—政府投资—影响—区域经济发展—研究—河南 Ⅳ.①F127.61

中国版本图书馆 CIP 数据核字（2018）第 220924 号

责任编辑　牛慧珍
责任印制　马小宾
封面设计　任燕飞

出版发行　中国经济出版社
印 刷 者　北京九州迅驰传媒文化有限公司
经 销 者　各地新华书店
开　　本　710mm×1000mm　1/16
印　　张　17.75
字　　数　260 千字
版　　次　2018 年 10 月第 1 版
印　　次　2018 年 10 月第 1 次
定　　价　68.00 元
广告经营许可证　京西工商广字第 8179 号

中国经济出版社　**网址** www.economyph.com　**社址** 北京市西城区百万庄北街 3 号　**邮编** 100037
本版图书如存在印装质量问题，请与本社发行中心联系调换（联系电话：010－68330607）

前言

PREFACE

经济增长问题一直是国内外重点关注的现实问题，而科技作为拉动经济增长的强大动力，也受到了广大学者的重视。旧中国的科技事业机构残缺、人员不足、经费拮据、环境险恶，现代科学技术几乎一片空白。在过去的几十年里，科学技术的高歌猛进，奠定了中华民族走向繁荣昌盛的不朽基石。中国几代科学家们，在核物理、高空物理、人造卫星、生命科学、高温合金、特殊化学材料、爆炸力学、新型光学仪器等诸多领域取得的成绩，使中国科技实力和知识储备产生了质的飞跃。这一切成果的取得，都离不开我国科技政策的不断进步和完善。

1956 年，毛泽东提出“向科学进军”的号召，在党中央的主持下，成立国家科学规划委员会，制定了新中国第一个长期科技发展规划《1956—1967 年科学技术发展远景规划》，提出 12 个重点任务，对全国科研体制、人才使用方针、机构设置等做了规定。

1978 年，邓小平提出了“科学技术是第一生产力”的著名论断，科教兴国成为中国发展的基本战略之一，发展高科技、应用新技术的一系列政策措施相继出台，国家工业化、信息化获得长足进步，迎来了科学的春天。

1995 年，江泽民正式提出“科教兴国”战略，科教兴国战略的提出，是继 1956 年党中央号召“向科学进军”、1978 年全国科学大会召开之后，中国科技事业发展进程中的第 3 个重要里程碑，极大地促进了经济的发展和社会的全面进步。

2006年，胡锦涛提出建设创新型国家，更强调了将科技创新作为国家基本战略，大幅度提高科技创新能力，从而形成强大的国家竞争优势。同年3月，国务院发布了《国家中长期科学和技术发展规划纲要（2006—2020年）》。按照《国家中长期科学和技术发展规划纲要（2006—2020年）》，到2020年我国研发投入强度要达到2.5%。如期实现这一目标还存在困难，优化研发资源配置难度在加大。

党的十八大以来，习近平总书记围绕创新理论与实践发表了一系列重要讲话，科学揭示了创新的本质和规律，系统回答了什么是创新、怎样创新以及依靠什么创新等基本问题。强化创新理论宣传普及，就是要组织和动员全社会的舆论资源，有计划、有步骤、全方位、立体化、全时段地向广大干部群众宣传和普及当代创新理论和方法，使创新理论真正入耳、入脑、入心，提高人们的科学认识水平，营造浓厚的社会创新文化氛围，为引导和推动创新驱动发展凝聚力量。

在过去30多年中，中国经济的年均增长率接近10%，GDP的世界占比由2.7%迅速提高到目前的近15%，创造了世界经济史上的“中国奇迹”。国际金融危机爆发后，世界经济格局不断发生深刻变化，中国经济发展的内在支撑条件和外部需求环境都已今非昔比，这就要求经济增长速度“换挡”，实现经济由高速增长向高质量发展的转变。再次转变阶段，我国必须贯彻新发展理念，以大数据、云计算、物联网等新技术、新产业、新模式作为支撑。而这一切的发展，都要依靠科技方面的投入，2016年，我国科技经费投入力度加大，研究与试验发展（R&D）经费投入、国家财政科技支出均实现较快增长，研究与试验发展（R&D）经费投入强度稳步提高，总量保持在世界第二位，与位列首位的美国的差距正逐步缩小。

在国家战略的支持下，凭着地理优势和人力资源优势，河南省也取得了快速的发展，但是在当前的发展形势下，仅仅依靠要素投入拉动经济增长已经不能给河南省带来强劲的竞争力，河南省由要素驱动转向创新驱动势在必行。近年来，随着国家创新驱动发展战略的实施，河南省研发投入稳定增长，研发经费投入强度持续提高，研发投入强度在全国的位次逐步前移。科技投入与经济增长越来越协调。

在河南省经济发展和科技投入的过程中，仍然存在一些问题。河南省的高校数量不够多且很多大学生选择去外地工作，不能为经济建设提供足够的人力支撑，虽然有足够多的财政支撑，但资源是否得到了有效配置？在科技投入促进经济增长的机制中，不同类型的投入对经济增长的贡献如何？河南省目前的科技投入与经济增长的协调度如何？在科技投入和经济增长过程中存在哪些问题？这些问题都引起了笔者的思考。目前在对相似问题的研究中，虽然有不少的成果，但是研究缺乏系统性，不能为河南省经济与科技政策的制定提供有力的理论依据。

在《河南省经济发展动因与经济发展方式转变研究》以及《中部地区经济增长动因分解与经济发展方式转变研究》两本书中，笔者系统地介绍了中部六省的经济增长动因，在此研究基础上，为了更清楚地了解河南省科技投入对经济增长的影响，从 2017 年，笔者开始了对本书的创作。本书与以上两本书相比，除研究方法与逻辑思维有所传承外，其余的，完全是一本新作。

在对科技投入、经济增长以及科技投入影响经济增长的机理等相关理论研究的基础上，本书具体从以下四个方面展开研究：

第一，河南省科技投入与经济增长的现状研究。在对河南省科技投入进行宏观把握的基础上，结合 2005—2016 年的中国科技统计年鉴、河南科技统计年鉴、河南统计年鉴、国家统计年鉴提供的基础数据，从科技活动投入指数、科技活动投入强度、财政科技投入、R&D 经费投入、R&D 经费构成、R&D 经费使用情况、科技人力投入与科技投入投向、科技产出情况等维度对河南省科技投入现状进行了多角度剖析，同时，笔者还将反映河南省科技投入的相关指标与其他省份进行了横向和纵向的对比，分析了河南省科技投入的趋势以及在全国所处的位置，最后根据数据整合得到的结果，总结了河南省在科技投入中存在的问题。在对河南省经济增长现状的研究中，笔者首先从经济社会发展总况、产业结构调整历程、非公有制经济发展历程、城镇化发展历程四个方面对河南省经济增长进行了梳理。在对经济社会发展总况的研究中，通过对1978—2016年全国和河南省GDP增速的研究，笔者得出河南省经济增长的波动幅度要高于全国水平的结论。其次，笔者从河南省经济总量、经济结构变化、人均产值变化三个方面详细地论述了河南省的经济增长状况。同样，最后笔者分析了河南省在经济增长的历程中存在的问题。

第二，科技投入对经济增长影响的研究。首先，在建立指标海选集的基础上，选取R&D经费内部支出、R&D经费/GDP、地方财政科技拨款、技术改造经费支出、R&D人员人均劳务费、每亿元GDP使用的R&D人员数、R&D人员全时当量、R&D课题数、高新技术产业企业数共九项指标，进行因子分析，筛选出重要的科技投入指标，并运用熵权法和层次分析法对指标赋权，根据标准化后的面板数据，测算出河南省科技投入水平指数；其次，分别运用灰色绝对关联度和相对关联度测算出各科技投入指标与经济增长之间的关联度大小；最后，在以上实证的基础上，运用动态计量的方法测算出科技投入指标以及R&D经费内部支出这一具体指标的使用类型、执行机构对经济增长的影响大小以及贡献率。该部分得出如下的结论：无论是灰色绝对关联度还是灰色相对关联度，最终算出来的与经济增长关系最小的指标分别是R&D课题数和高新技术产业企业数。各不同指标对GDP的影响处于波动的状态，高等院校对GDP的影响波动最大，影响也最大，企业对GDP的影响波动范围次之，科研机构对GDP的影响波动最为平缓，影响也最小。

第三，河南省科技投入与经济增长的协调性研究。深入了解协调度的内涵以及科技投入与经济增长评价方法，建立科技投入与经济增长两个子系统，选取具体指标，运用主成分分析方法建立协调度评价模型，对河南省科技投入与经济增长的协调水平进行验证。研究结果表明：科技投入对经济增长的促进作用不会立刻出现，2007—2011年，河南省经济增长速度较快，虽然科技投入力度也有所增强，尤其是2010年、2011年两年时间，科技投入综合指数一度超过经济发展指数，但短期内科技投入仍难以协调经济增长的发展。到 2012 年，科技投入的后发力量开始显现出来，科技投入与经济增长达到基本协调的状态，2012—2016 年，前两年经济增长综合指数高于科技投入综合指数，后三年科技投入综合指数高于经济增长综合指数，但两者总体相差不大，这也使得河南省科技投入与经济增长系统达到了协调发展的状态且协调发展指数逐渐升高。

第四，提高河南省科技投入对经济增长贡献的对策研究。该部分回答了怎么做的问题，也是对之前实证研究的总结。遵循全面性、针对性的原则，笔者从增加科技资金的投入、建立有效的科研管理体制、培养科技人才队伍、倡导创新精神、加强科技开放与合作五个方面提出了对策，并且在每个方面都提出切实可行的方案。

对于本书的创新点，笔者归纳为两点：

第一，分析角度创新。目前对于科技投入对经济增长影响的研究大多是从定性角度进行分析，从定量角度分析的比较少。本书以历年统计年鉴提供的数据为基础，运用大量的统计方法，对河南省科技投入对经济增长的影响进行研究，保证得到的结果针对性、科学性较强。另外，在研究科技投入不同指标对经济增长的影响中，笔者从科技投入中 R&D 经费内部支出这一具体指标的使用类型和执行机构出发，研究每一个细小指标对经济增长产生的影响。

第二，研究方法创新。在以往的研究中，大多数学者仅仅采用理论研究或者实证研究的一种，研究方法比较单一。本书将理论与实证结合起来并糅合多种研究方法。首先运用因子分析法筛选指标，并运用熵权法和层次分析法对指标赋权，测算出河南省科技投入水平指数；其次运用灰色关联度测算出各科技投入指标与经济增长之间的关联度大小；接着运用动态计量的方法测算出科技投入对经济增长的影响大小以及贡献率；最后运用主成分协调度法研究及评价科技投入与经济增长之间的协调度。多种方法融合创新，使得计算更加准确。

在创作本书时，无数的科研人员正为河南省的崛起付出努力，各种有利于经济发展的政策正在试行，在党中央和河南政府的领导下，河南省在经济发展的每一步上都走得坚实。2018 年 4 月 18 日，全省科技工作会议在郑州成功召开，确定了今年全省科技工作的总体思路和工作目标。2018 年 6 月 27 日，省长陈润儿主持召开省政府常务会议，本次会议审议并通过了《郑州国际航空货运枢纽战略规划》《河南省人民政府关于废止和修改部分省政府规章的决定》两个文件，听取了《河南省开展统筹整合使用财政涉农资金试点实施办法》修订情况的汇报。正如省长陈润儿所总结："全省经济运行保持了稳中向好的良好态势，发展质量高于去年同期，主要指标好于发展预期，突出体现在经济保持平稳增长、市场需求呈现缓中趋稳的态势，结构调整持续推进、质量效益稳步增长、发展动能加快转化，为实现全年经济社会发展预期目标打下了基础"，虽然转型困难重重，依然挡不住我们进步的决心和毅力。

改革开放的这几十年，我们的路程很不平凡，面对国内外严峻形势和一系列的重大风险挑战，在党中央、国务院和省委的正确指导下，全省上下全面落实党的十八大、十九大精神，深入贯彻习近平总书记重要精神和系列讲话，主动适应经济发展的新常态。在新时代赋予的大好机遇中，我们干成了一系列打基础利长远的大事，实现了一系列具有标志性意义的突破，科技、经济均取得了令人鼓舞的重大成就。希望本书的出版能为河南省的经济、社会、科技、文化提供一定的理论支撑，为河南省各项战略的实施尽一份绵薄之力。

朱选功

2018 年 7 月 23 日于德园

目录

CONTENTS

第六章 河南省科技投入对经济增长影响的实证研究

第七章 河南省科技投入与经济增长的协调性发展及其评价

第八章 提高河南省科技投入对经济增长贡献的对策

第一章　导论

21 世纪，科技投入是推动科技进步的基本动力，既是衡量一个国家科技水平的重要指标，也是保障科技水平的先决条件，更成为影响经济增长的最关键因素。立足于知识经济和信息社会的时代背景，考虑到河南省正处于经济转型的重要机遇期，研究科技投入对经济增长的影响有利于进一步提高对科技投入的认识，加速经济的发展。与此同时，“十三五”规划期间新一轮的科技革命正在孕育兴起，创新驱动成为国家发展主体战略。然而，河南省目前在科技进步方面做得不够到位，基础研究投入不足，科技投入对经济增长的贡献存在滞后性。因此，全方位深入分析科技投入对经济增长的影响研究，可以提高科技投入的水平，促进河南省经济发展方式的转变。

第一节　研究背景

一、科技引领发展，科技改变世界

在世界经济发展史中，科技创新一直存在，19 世纪末的第二次技术革命成为科学、技术、经济三者关系发生变化的一个重要转折点。在此之前，三者的关系主要表现为：生产的发展推动技术进步，进而推动科学的发展。而之后，主要表现为：科学推动技术进步，再推动经济的发展。自 2008 年世界金融危机以来，世界经济总体进入持续低迷状态，各主要国家经济体都把加大科技投入、鼓励科技创新作为主要策略。目前，各国政府都已经认识到了科学、研究和技术开发对于国家经济和社会发展的重要性，一个国家的科技和经济的发展水平决定了该国的国际竞争力和综合国力。

第一，全球新旧动能转换促使科技创新步伐在日益加快，创新对经济增长的贡献更是日益显著。随着科技投入的持续增加，科技创新开始逐步活跃起来，新一轮科技革命——第四次工业革命加速孕育，给世界发展带来新希望和新契机。2017 年全球研发总投入约为 2. 06366 万亿美元，增幅为 3. 38%，与 2016 年 3. 75% 的增幅相比略有放缓，并且，世界上创新型国家科技进步对经济发展的贡献率在 70% 以上。与此同时，科技进步和产业升级加快进行，新的科技革命将有可能迅速成为全球新的经济增长点，促进国际产业结构加快升级，也将打破传统能源、原材料对经济增长的制约，创造新的经济增长空间。

第二，科技影响力持续加大。科技影响力渗透在政治、经济、金融、军事、文化和社会的方方面面，尤其是在经济领域，信息技术带来的以高新技术产业为龙头的新经济模式蓬勃发展，新商业模式不断涌现，平台经济、共享经济、微经济模式成为主流。从某种意义上来说，科技实力和创新能力决定着世界经济力量对比的变化，也决定着各个国家、各个民族的前途和命运。国际竞争的加剧和国家之间经济技术联系日益紧密，相互依赖程度加深，提高本国的科技投入力度可以应对外部经济变化冲击带来的风险。

二、科技投入是中国经济增长的主要动力

改革开放以来，我国科技事业蓬勃发展，全社会对科学技术的认识不断增强，科技创新理念与时俱进，科技布局和发展环境发生了深刻的变化。科技进步为经济社会发展提供了有力的支撑，是提高综合国力、调整经济结构、改善人民生活的重要手段。2016 年的全国科技创新大会是中国在深化改革开放、加快转变经济发展方式、全面建设小康社会的关键时期召开的重要会议。会议指出要以提高自主创新能力为核心，以促进科技与经济社会发展紧密结合为重点，进一步深化科技体制改革，着力解决制约科技创新的突出问题，充分发挥科技在转变经济发展方式和调整经济结构中的支撑引领作用，加快建设国家创新体系，为全面建成小康社会进而建

设世界科技强国奠定坚实基础。

在中国发展新的历史起点上，把科技创新摆在更加重要的位置，特别是科技发展日新月异、经济增长方式由粗放型向集约型转变的情况下，科技进步更成为经济增长的主要推动力和决定性制约因素。随着中国经济结构的不断调整优化，发展动能的有序转换，以及“十三五规划纲要”中创新、协调、绿色、开放、共享的发展理念，中国经济呈现稳中向好的发展态势，创新引领作用日渐凸显，新动能加快成长。五年来，我国大力实施创新驱动发展战略，全国研发经费投入年均增长超过11%，科技进步贡献率从52.2%提高到57.5%。传统产业加快转型，装备制造业和高新技术产业保持高增长，2017年分别为11.3%和13.4%，增速高于规模以上的工业企业。新产业、新业态、新产品不断涌现并蓬勃发展，新动能对经济增长的贡献率高达30%，为我国经济持续健康发展注入新的强劲动力。

三、河南省科技投入快速增长，成为经济增长的重要因素

河南省是中国重要的经济大省，2017年国内生产总值稳居中国第五位、中西部地区首位，其经济呈现稳中向好、好中蕴新的态势。并且，河南省与经济体量大的省份相比，发展速度较快；与发展速度快的省份相比，经济体量较大，区域发展竞争中占据主动；在产业支撑、投资消费、城乡区域等方面发生积极变化，转型发展处于重大关口。在河南省经济快速增长的过程中，科技投入占有很重要的地位，科技投入对经济增长的影响多年来备受学者们和政府领导的重视。2012年至2016年我省研发经费投入由310.78亿元增加到494.19亿元，增长了59.02%，年均增长12.29%，高于河南省GDP年均增长8.6%的速度。全省高新技术产业增加值较上年增长14.7%，高于全省规模以上工业增加值增速6.7个百分点，占全省规模以上工业增加值的比重达34.9%，同比提高1.6个百分点。科技创新支撑经济社会发展能力显著增强，对经济社会的贡献份额进一步提高。全省科技工作以创建郑洛新国家自主创新示范区为核心，以开放创新聚资源、以协同创新增能力、以大众创业万众创新添活力，推动重点关键环节创新不断突破、科技与经济紧密结合，不断开创创新发展的新局面。

但是，河南省的科技投入水平仍存在很多问题，制约着经济发展水平的提高。首先，在人才方面，存在科技人才资源短缺，创新人才不足，高层次、高技能、高复合的创新人才匮乏，许多领域还存在人才流失严重的现象；其次，在科研经费和成果方面，表现为科技经费投入不足，虽然有一些尖端的科研成果，但是与全国其他发达省份相比是不值得一提的，产学研体制不健全，承担国家级项目较少，科技投入结构不合理；最后，在高等教育方面，河南省目前还没有一所教育部直属高校和“985 工程”高校，只有一所国家“211 工程”重点建设高校——郑州大学，与发达省份相比，仍有很大的差距。为此，在这样的背景下，研究河南省科技投入对经济增长的影响成为必要。

第二节　研究目的与意义

一、研究目的

（一）在查阅大量文献资料的基础上，对本书需要借鉴的理论进行梳理，从宏观上对科技投入、经济增长以及科技投入促进经济增长的理论进行研究，掌握科技投入促进经济增长的基本路径，探索科技投入的指标体系。

（二）结合《河南科技统计年鉴》和国家统计局数据，采取描述性统计分析的方法，对河南省科技投入和经济增长的现状进行分析。通过对现状的调查研究，发现当前河南省在科技投入及经济增长方面存在的问题，并加以分析论证，提出可操作且与河南省科技投入及经济发展水平相适应的对策。

（三）河南省科技投入对经济增长的实证研究。首先，本书以调研数据和科技统计年鉴数据为基础，运用因子分析法对指标体系进行筛选，并运用熵权法和层次分析法对筛选出来的指标进行赋权，得出各地区科技投入水平的测度值；其次，运用灰色关联度模型对科技投入的具体指标和经济增长之间的关系进行分析；最后，运用动态计量的向量自回归（VAR）

模型来研究科技投入对经济增长的影响，分析判断哪些科技投入因素对经济增长有动态影响，影响程度又如何，从而探寻科技投入要素对河南省经济增长的贡献。

因此，基于河南省科技投入与经济增长的关系是一个现实问题，是河南省实现经济强省必须解决的难题，本书采用宏观与微观、定性分析与定量分析相结合的方法，探讨与河南省经济发展水平相适应的科技投入体制，旨在为政府相关部门的科学决策提供必要的依据。

二、研究意义

（一）理论意义

关于科技投入与经济增长的研究文献颇为丰厚，但是相关研究还有待进一步的丰富和完善，且以河南省为研究对象的文献资料相对较少，本书研究的理论意义在于：

（1）通过科技投入对经济增长影响的国内外研究综述，发现各种理论和模型的局限性和不足，为本书的理论体系和测定方法奠定基础。

（2）构建科技投入的指标体系，从多个指标入手，探讨对经济增长的影响。而以往的文献主要集中在 R&D 经费等某一指标对经济增长的影响，不够全面系统，本书从科技投入的多个指标出发，试图找到科技投入中促进经济增长的关键因素。

（3）采用构建灰色关联度及 VAR 模型的方法，结合两种研究方法的理论模型，实证研究河南省科技投入要素对经济增长的关联度及影响程度的大小。

（二）现实意义

首先，对河南省的科技投入现状和经济增长现状进行归纳总结，发现其中的特点及存在的问题，并进行原因分析，以便更多的人进行了解；其次，通过建立灰色关联度及 VAR 模型，深入研究科技投入对经济增长的贡献率，准确把握科技的投入产出状况，从而达到科技投入的宣传作用；最后，客观评价科技投入的效果，有利于政府部门把握科技投入的方向、力度，使全省树立起合理进行科技投入的观念，并为河南省相关部门制定科技政策提供依据。

第三节　研究方法及思路

一、研究方法

本书主要采取文献研究法对有关科技投入和经济增长的相关文献进行研究，掌握该方面的研究成果，运用调查法、定性定量相结合的方法以及描述性统计分析法，对科技投入的相关指标进行筛选以及科技投入对经济增长影响进行实证研究。与此同时，本书还贯穿了跨学科研究法和系统科学方法，科学合理地分析科技投入与经济增长之间的影响关系，为河南省的经济增长以及有关科技管理部门提出科技投入促进经济增长的对策和策略参考。下面对本书采用的六种研究方法进行介绍。

（一）文献研究法

文献研究法是根据著作的研究目的，通过万方数据库、中国期刊网、Springer 等中英文数据库查阅文献获取资料，从而全面、系统地了解所要研究问题的一种方法。本书通过对大量文献的查阅和分析研究，了解国内外有关科技投入对经济增长影响的历史和现状，掌握相关方面的研究成果，做出关于研究对象的基本定位，得到与现实情况相比较的一些文献资料，对更进一步深入的分析和探讨问题起到了一定的支撑作用。

（二）调查法

本书综合运用问卷调查法、访谈法、观察法等科学方式，对科研机构、高校、企业等有关科技投入的部门进行调研，从而对调查收集的大量资料进行分析、综合、比较、归纳，并结合文献资料和非参与观察所得到的数据，进行指标的筛选、赋权，以及对科技投入对经济增长的影响进行实证分析。

（三）定性与定量相结合的方法

本书采用定性分析与定量分析相结合、数据说明和图表分析与实证分析相结合的多种分析方法论述问题。首先，从定性分析的方法对科技投入和经济增长的概念、科技投入的构成和运作机理、经济增长的重要因素、科技投入影响经济增长的机理等基本情况进行分析，其次，运用定量的灰色关联度和动态计量的 VAR 模型对河南省科技投入与经济增长之间的量化关系进行研究。整个著作里面包含对科技投入和经济增长现状的数据说明和图表分析，以及接下来对科技投入对经济增长影响的实证研究。

（四）描述性统计分析法

本书的实证分析部分，运用 SPSS、Eviews 等统计计量软件，对指标数据进行整理和统计分析，得出科技投入对经济增长影响的贡献度，从而提出科技投入促进经济增长的合理化对策和建议。

（五）跨学科研究法

跨学科的目的主要在于通过超越以往分门别类的研究方法，交叉运用多门学科的理论、方法和成果，多方向地对河南省科技投入和经济增长之间的关系进行系统的研究，从而实现对问题的整合性研究。本书在理论和实证研究中注重管理学、产业经济学、计量经济学和技术经济管理学等现代经济学和管理学的理论和方法的综合运用。

（六）系统科学方法

系统科学方法是指系统科学的理论和观点，把研究对象放在系统的形式中，从整体和全局出发，从系统与要素、要素与要素、结构与功能以及系统与环境的对立统一关系中，对研究对象进行考察、分析和研究，以得到最优化的处理和解决问题的科学研究的方法。本书在对科技投入和经济增长的现状分析中，以及运用因子分析筛选指标的过程中等，采用了整体与局部相结合的方法，多方位、多角度地分析问题。

二、研究思路

本书在对以前文献研究的基础上，掌握科技投入与经济增长之间的相关理论，探讨科技投入如何作用于经济增长以及它们之间的作用机制。在此基础上，具体考察河南省科技投入与经济增长的现状及存在的问题，最后采用灰色关联度和VAR模型实证分析河南省科技投入与经济增长之间的关系，并测算科技投入对经济增长的贡献程度。在实证分析之前，先运用因子分析对指标进行筛选，然后采用熵权法和层次分析法对指标进行赋权，并测算河南省与其他地区的科技投入水平，为实证分析奠定基础。从而，为提高科技投入促进经济增长提供可行的对策建议。

依据研究思路，本书的章节结构共分为九章：

第一章为导论。主要介绍了研究背景、研究目的与意义、研究方法及思路、本书的创新点。其中，研究背景沿着由整体到局部的思路展开，首先说明当下科技与经济的时代背景，其次是当前中国的形势，最后介绍河南省科技投入与经济增长的背景、特点与问题。

第二章为国内外研究进展及述评。国外关于科技投入和经济增长的研究起步比较早，相对成熟，在查阅相关文献后，本书主要从科技投入理论、经济增长理论以及科技投入与经济增长的相互关系三个方面对国外的研究进行阐述；而国内关于科技投入与经济增长的研究主要基于国外研究的基础之上，为此，本书在对国内研究的阐述主要从四个方面进行，分别是科技投入中存在的问题与对策研究、科技投入绩效评价研究、经济增长理论研究以及科技投入对经济增长关系理论的研究；最后，对国内外研究进展进行总结，即研究述评。

第三章为科技投入与经济增长的相关理论综述。第一节为科技投入的相关理论，主要包括科技活动、科技创新与科技投入的概念界定及特点，科技投入的构成和科技投入的运作机理；第二节为经济增长的相关理论，包含经济增长的含义与衡量指标、经济增长的重要因素以及经济增长理论的发展；第三节为两者之间的结合，即科技投入影响经济增长的机理，主要包含科技投入促进科技进步、科技进步促进经济增长和科技投入影响经济增长的机理图。

第四章为河南省科技投入的现状及其问题分析。该章节主要由两部分组成，分别是河南省科技投入的现状、科技投入存在的问题及其原因分析。其中，第一节主要从五个具体的方面进行介绍，包括科技活动投入指数和投入强度分析、财政科技投入情况、R&D经费投入构成及使用情况、科技人力投入与科技投入投向分析、科技产出情况分析；第二节主要是基于科技投入的现状，对河南省科技投入存在的问题进行分析。

第五章为河南省经济增长历程、现状及问题分析。第一节从河南省经济社会发展总况、产业结构调整历程、非公有制经济发展历程以及城镇化发展历程四个方面进行阐述；第二节主要是对河南省经济增长现状进行分析，包括经济总量、经济结构变化和人均产值变化三个方面；第三节是在第二节的基础上，对河南省经济增长存在的问题进行分析。

第六章为河南省科技投入对经济增长影响的实证研究。主要包括四节内容，分别是河南省科技投入评价指标体系构建、科技投入指数的测度、科技投入与经济增长的灰色关联度分析、科技投入对经济增长贡献的定量研究。其中，第一节主要包括指标体系构建的原则、方法、权重的设定方法以及指标体系构建；第二节在第一节的基础上，运用科技投入指数的测度模型，测算出科技投入的测评结果；第三节和第四节分别运用灰色关联度和 VAR 模型，多角度、定量研究和动态计量相结合地分析科技投入对经济增长的影响及贡献度。

第七章为河南省科技投入与经济增长的协调性发展及其评价。在第六章实证研究河南省科技投入对经济增长影响的基础上，再次论证它们之间的协调性关系及协调度。第一节为科技投入与经济增长的协调发展内涵，解释了系统协调、科技与经济协调发展的内涵；第二节为科技与经济增长协调性现行评价方法及评述，主要是以往文献对该方面的研究；第三节为河南省科技与经济的协调发展机制，主要包括市场机制、法律机制、政策机制；第四节为河南省科技投入与经济增长的协调性评价，主要是科技投入与经济增长水平的综合评价和协调度测算。

第八章和第九章分别为提高河南省科技投入对经济增长贡献的对策、结论与展望。对策和结论是基于实证分析后的结果和问题提出的，展望主要是本书存在的缺陷以及下一步的研究方向。

据此，建立本书研究的技术路线：

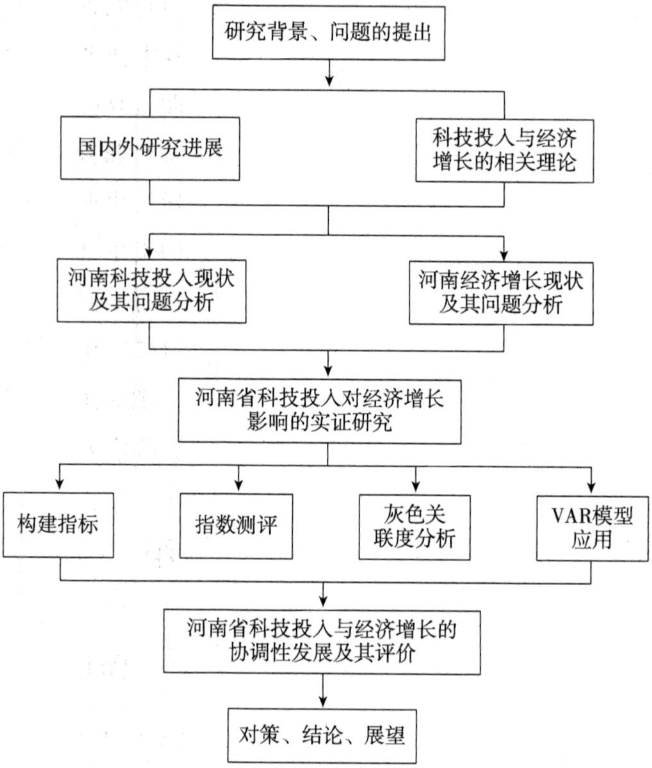

图1-1　本书研究的技术路线

第四节　本书的创新点

本书在充分吸收前人研究成果的基础上，在以下两方面取得创新：

（1）分析角度创新。针对河南科技、经济发展现象，对于河南省科技投入与经济增长之间关系的研究，国内大部分学者是从定性角度进行分析，很少从定量角度分析。本书通过统计方法进行定量分析，以事实为依据、用数字说话，对河南省科技投入对经济增长的影响进行研究，具有较强的针对性。并且，在研究科技投入不同指标对经济增长的影响中，还从科技投入中R&D经费内部支出这一具体指标的使用类型和执行机构出发，研究每一个细小指标对经济增长产生的影响。当然，随着时间的推移，每一个细小指标对经济增长的影响并不是很显著，但是，可以把握它们之间的关系，并从前几期观察每一个具体指标对经济增长产生的影响，从而把握科技投入的重点和方向，更好地促进经济的增长。

（2）研究方法创新。总结以往研究者所使用的研究方法，发现研究方法比较单一，不是采用理论研究就是采用实证研究，很少有学者将这两种研究方法结合起来。本书将理论与实践相结合，将多种研究方法结合在一起，在实证研究方面也运用了很多研究方法。首先，运用因子分析法筛选指标，并运用熵权法和层次分析法对指标赋权，测算出河南省科技投入水平指数；其次，运用灰色关联度测算出各科技投入指标与经济增长之间的关联度大小；再次，运用动态计量的方法测算出科技投入对经济增长的影响大小以及贡献率；最后，运用主成分协调度法研究及评价科技投入与经济增长之间的协调度。多种方法融合创新，使计算更加准确。

第二章　国内外研究进展及述评

第一节　国外研究进展

一、关于科技投入的理论研究

（一）技术创新理论

从某种程度上说，创新的过程是一种新的生产函数建立的过程。根据创新内容的不同，将创新分为五个类别，分别为：战略上的创新，如将某些产品引入到未被开辟的市场或者特定的产业尚未进入过的市场；产品的创新，制造出性能上、外观上或者使用功能有所改变或者从未出现过的新产品；在工艺上进行创新，生产时采用行业中尚未为人所用的新的生产方法；材料来源的创新，如获得新的供应商提供的新材料或者半成品；管理模式的创新，如打破员工的组织形式并形成独具特色的新的组织形式。

20 世纪初，熊彼特论证了变革对经济的非均衡性增长以及对社会发展非稳定性影响，在此基础上，首先提出技术创新理论。熊彼特的技术创新理论作为经济学说的核心，形成了系统的理论体系，对古典经济增长理论中的消极论点提出了自己的不同观点。技术创新理论由熊彼特在《经济发展理论》首次系统提出，熊彼特从生产要素组合、生产技术进步、内生经济增长模式、技术经济范式、国家创新体系等具体发展环节阐发对创新问题的经济学理解，比较全面地阐述了技术创新理论，该理论重点强调了生产方法和技术的变革会对资本主义经济发展起到至关重要的作用。同时，熊彼特也对技术创新的发展模式进行了一系列的论述，熊彼特认为处在企业和市场之外的科学发明虽然不受市场需求的直接影响，但会受到潜在市场需求的影响。当这些科学发明可能产生的影响被企业家认识时，这些企业家或者经理人便会冒着创新风险参与其中。一旦创新发明取得一定的市场地位，这批企业家或者经理人将在短期内获得超额的垄断利润，这也招致大批的模仿者争先涌入，此时，采用新科学技术的企业的垄断地位将会有所削弱，这就是熊彼特的企业家创新模型。虽然受到了很多人的推崇，但后来的实践证明，此模型也存在不合理的地方，如把技术当成外生变量，没有对技术创新的过程和机制进行研究。

20 世纪 50 年代，第三次工业革命爆发，科学技术本身以及科学技术转化为生产力的速度均有了很大的提升，技术创新与变革再一次对人类社会和经济发展产生了巨大的影响，这也推动了各国学者对技术创新的规律以及其对经济影响的研究。这一时期对技术创新的研究主要集中在：以非均衡、非连续为基本特征的技术变革经济分析，典型的研究成果有技术创新与扩散理论、技术创新与市场结构关系理论。

（二）技术创新与扩散理论

20 世纪 60 年代，经济学家开始大量收集技术创新扩散相关的案例和数据，并对技术创新进行了专门的定义。在这一时期，除经济学家外，其他领域的学者也对技术创新扩散进行了关注。80 年代以后，有关技术创新扩散的研究得到了快速的发展，并开始形成比较系统全面的理论，这些理论对企业的经营活动和政府的管理政策产生了积极的影响。

熊彼特提出的创新理论是技术创新与扩散理论的基础，早期国外学者对于技术创新与扩散理论的研究都能看出该理论的影子，后来学者从创新理论中提炼出技术创新扩散的概念并进行了理论与实证研究，并将其广泛地应用于经济学、生态学、物理化等多门学科中，关于技术创新扩散的原理主要有罗杰斯的传播论、熊彼特的替代论、曼斯菲尔德的学习论和 Geinganum 的博弈论。

当前的国际学术界，技术创新扩散理论的重要成果，首推罗杰斯的创新扩散理论。扩散理论又称为传播论，在《创新的扩散》一书中，罗杰斯对新技术的传播过程进行了详细研究。罗杰斯认为扩散源于创新，扩散过程中未来采用者逐渐减少，直至为零时扩散结束，从新技术本身的特征考虑，新技术的显示性、先进性、兼容性、复杂性以及易用性是影响新技术传播普及速度的五大因素。其中显示性是指新技术被公众了解的程度，兼容性是指新技术与潜在用户过去的经验、现有的价值观等的一致性程度。

曼斯菲尔德认为技术创新和新技术的不断扩散是科技进步的主要动力。技术创新扩散是一个学习过程且技术创新扩散受新技术所要求的投资额、新技术的相对盈利率、新技术的模仿比例等基本因素的影响，另外，某项技术被企业初次采用的时间、旧设备置换前的使用时间、工业部门在某一特定时间内销售量的年增长率，以及该项新技术被初次采用时所处的经济周期为影响技术扩散的补充因素。Geinganum 的博弈论认为，垄断博弈均衡会导致潜在采用者在不同的时期采用新产品，从而形成扩散曲线。

（三）技术创新与市场结构关系理论

市场结构和创新相关的理论实质就是竞争和垄断市场体制下创新的相对动力比较。关于技术创新与市场结构关系理论，目前学术界存在三种观点：一种观点认为垄断的结构更有利于创新，这种观点由熊彼特提出，因此也被称为熊彼特假说，另一种观点认为竞争的结构更有优势，这种观点由阿罗（1962）提出，他认为在完全竞争市场中，技术创新收益大于垄断市场的收益。因此，完全竞争市场比垄断市场更有利于技术创新。我们可以将这两种相反观点的核心区别总结为：对竞争对手模仿或复制新技术的能力和速度的不同假设。还有一种观点得到了广大学者一定的认可，该观点由曼斯菲尔德提出，即认为市场结构与创新之间函数关系是非单调的，而是一种倒“U”形关系，随着垄断势力、企业研发投入或者企业规模的增加，技术创新逐渐达到最高，此时关键性的技术大量输出，但垄断势力、企业研发投入或者企业规模对技术创新起到的促进作用为零，并且再增加只会抑制技术创新的发展。

关于市场结构与技术创新的早期研究中，有两篇权威文献必然会提到，一篇是 Scherer（1965）的《创新产出与市场力量变量并不存在系统关系》，该篇文章主要研究了创新和市场力量的相关关系；另一篇由 Comanor（1967）所写，文章对于集中度与创新关系的研究更为复杂，Comanor 重点强调了集中度与产品差异化的互动作用对研发支出的影响。

Scherer 和 Comanor 的研究成果在一定程度上解释了不同的技术专用性问题，此后在对市场结构与技术创新之间关系的验证中，很多学者也开始引入对不同产业和产品市场的分类。

基于垄断竞争理论，经济学家施瓦茨和卡曼也对技术创新与市场结构的关系进行了分析，他们的观点如下：①企业规模、市场竞争程度和垄断力量决定了技术创新的程度。②对创新最有利的市场结构为：处于垄断市场与完全竞争市场之间。③按照推动技术创新力量来源，可以分为竞争前景推动的技术创新和垄断前景推动的技术创新。

Aghion 等（2005）做了相关的经验研究。他们认为产品在市场上竞争会产生逃离竞争效应和熊彼特效应两种效应，逃离竞争效应的意思是竞争带来的创新者利润增加，熊彼特效应是说竞争会使落后者的创新积极性下降。

二、关于经济增长的理论研究

从某种意义上来看，经济增长理论的演进过程就是经济学家寻求经济增长动因的过程。自 1776 年《国富论》出版以来，人们对于经济增长的探索就没有停息过，综合来看，国外学者对经济增长相关理论的研究主要集中在两个方面，一是解释经济增长的规律，二是研究制约经济增长的因素。随着时代的发展，学者对经济增长的研究侧重也从数量增长转变为质量增长，传统增长理论中的外生变量如知识资本、人力资本、国际贸易、国际资本流动、政府的经济政策和技术转让等要素也转变为内生变量来研究，从而突破了传统的经济增长模式。以拉姆齐 1928 年的经典论文为分水岭，国外经济增长理论的研究分为两个阶段，具体的发展状况归纳如下：

（一）古典增长理论（1928 年以前）

此阶段是经济增长理论的奠基阶段。古典增长理论先后跨越了古典经济学、新古典经济学两个范式，所以古典经济增长理论中包含很多特征完全不同的增长理论。

传统经济增长理论认为，经济总量的增长是在竞争均衡的假设条件下资本积累或技术变化的长期结果。亚当·斯密、大卫·李嘉图、马尔萨斯等人是古典经济学家的代表人物，也是将增长理论与经济理论完全结合起来的一代人。亚当·斯密的重要思想主要在《国富论》中体现出来，“分工促进经济增长”理论是该书的核心理论，斯密认为分工是经济发展、国际贸易、国民财富增长的关键起点，是提高劳动生产力的主要手段，是导致经济进步的唯一原因。另外，斯密认为经济增长与国民财富的增加是等同的，而实现国民财富的增加有两条基本的路径，分别为：增加生产性劳动的数量，提高劳动技能，基于此观点，斯密将对经济增长的研究集中于实际生产领域。他认为提高劳动分工水平即提高劳动生产效率，而提高劳动效率等同于增加产出，而产出增加又引起了资本利润和劳动者工资的增加，因此可以说劳动分工促进了国民财富的增加，国民财富的增加将转换为更多的资本积累，这进一步促进劳动分工的深化，如此循环，从而推动经济的新一轮增长。总之，斯密认为一国经济增长的主要动力来源为劳动分工和资本积累，其以资本积累理论和劳动分工理论为基础的经济增长理论成为现代经济增长理论的先驱。

英国经济学家大卫·李嘉图对斯密的经济增长理论进行了继承和发展，与斯密不同，李嘉图对经济增长理论的研究侧重为资本主义的发展创立新的经济理论，找到使国民财富更迅速增长的方法。1817 年，李嘉图完成了其代表作《政治经济学及其赋税原理》。在本书中，李嘉图对斯密的劳动价值论既批判又继承，并以劳动价值论为基础，论述了工资、利润和地租之间的对立关系，从而揭示了无产阶级和资产阶级以及资产阶级和地主阶级之间的对立和斗争。另外，李嘉图对经济增长还有如下一些观点：①否认了经济增长是在资源无限供给的条件下进行的。②指出一国经济的发展过程也是国家长期对外开放、与世界经济不断融合的过程。③承认经济增长过程是利益变动转移的过程。李嘉图增长思想的基础和精髓为：从利益分割变化与增长主体关系分析持久增长的条件，该观点具有较高的理论价值。

侧重于论述人口增长与经济增长的两者关系，这是马尔萨斯的经济增长理论特点，这种特点在马尔萨斯的人口陷阱理论充分地体现出来，人口陷阱理论传递了这样的思想：按照几何级数增长的人口与按照算术级数增长的生存资料存在一定的矛盾，而这种矛盾必将导致经济增长出现停滞甚至倒退的问题，因此需要对人口增长的速度进行控制，从而使人口增长率与经济增长率达到一种稳定的均衡。将人口增长作为内生变量引入经济增长理论中是马尔萨斯经济增长理论的创新之处。人口理论在客观上提醒了人们注意人口与生活资料比例的协调，防止人口的过速增长，从而成为现代理论的开端。

新古典经济增长理论又被称为经济增长质量理论，受到著名经济学家罗伯特·巴罗对经济增长理论的研究推动而形成。将数量分析与应用社会科学的政策问题相结合是该理论的一大特点。另外，巴罗将经济增长从数量纳入了质量的研究范畴，这也是该理论被称为经济增长质量理论的原因。

卡斯—库普曼斯—拉姆齐（Cass – Koopmans – Ramesy）模型为新古典经济增长理论的经典模型，该模型的假设为：在完全竞争市场条件下，通过构建消费者和企业行为模型，得到在均衡时经济中各人均变量的增长率均等于技术进步率的结论。

（二）现代经济增长理论（1928 年以后）

该阶段是经济增长理论的成熟阶段。这一阶段的增长理论包括新古典增长理论和内生增长理论。现代经济增长理论有两个研究起点，如果从研究的内容看，哈罗德—多马模型（长期经济增长理论的模型）的出现是新经济增长理论的起点，哈罗德—多马模型是将凯恩斯的思想动态化的典型例子，它试图将影响经济增长的长期因素引入到凯恩斯的短期，这一理论奠定了现代增长理论的基本框架。如果从方法上具备了研究动态问题的角度来说，现代经济增长理论的真正起点开始于 1928 年的拉姆齐。1928 年，英国经济学家弗兰克·拉姆齐在《经济学期刊》上发表了一篇题为“储蓄的一个数理理论”的经典论文并在此论文中提到了拉姆齐模型，该模型分析最优经济增长，推导满足最优路径的跨时条件，阐述了动态非货币均衡模型中的消费和资本积累原理。

索罗的新古典增长理论是现代经济增长理论的基石。索罗模型主要对三方面的问题进行了研究：①人口增长率、储蓄率以及技术进步率等反映国家长期生活水平的指标之间的关系。②随着时间的推移，国家经济增长率的变化情况以及经济增长的状态研究。③从生活水平的角度来说，是否存在贫穷国家赶超富裕国家的经济力量。同时，索罗模型强调了单纯物质资本积累带来的增长极限。

熊彼特的技术创新理论主要考察了技术对经济的作用，把技术作为一种内生要素衡量经济，他强调技术创新和生产要素组合是促进经济发展的重要因素，把“技术创新”“生产要素的新组合”作为促进经济增长的核心。从此，技术进步理论开始受到广泛关注，并成为现代经济增长理论的一个重要分支。

自 20 世纪 80 年代中期，新古典经济增长理论又有了很大的发展，学者们将其命名为新经济增长理论（内生增长理论），内生增长理论与新古典经济增长理论的最大差别在于假设条件的改变，内生增长理论将技术进步作为增长模型中的内生变量来研究。相比新古典经济增长理论，内生增长理论的研究视角更加开阔，它在经济增长模式中引入了知识、人力资本等因素，提出了要素收益递增的假定，从而对新古典增长理论做了全面的修正。

“经济能够不依赖外力推动而实现持续增长”是内生增长理论的核心思想。在劳动投入过程中包含着因公司培训、正规教育、在职经验等形成的人力资本，在物质资本积累过程中包含着因研究与开发、发明、创新等活动而形成的技术进步，这些都是解释经济长期增长的内生因素。

完全竞争条件下内生增长模型存在一定的缺陷：一是完全竞争假设条件过于严格，限制了模型的解释力和适用性。二是完全竞争假设无法较好地描述技术商品的特性：非竞争性和部分排他性，并使一些内生增长模型产生逻辑上的不一致。

三、关于科技投入与经济增长的相互关系研究

在国外学者对科技投入与经济增长的相关理论研究中，科技投入对经济增长有很积极的影响已经成为一个共识，主要研究成果如下：

20 世纪 60 年代，丹尼森（1962）根据美国的历史统计资料，通过建

立增长速度方程对世界上 10 个国家经济增长因素的分析和估计，以期从中寻找经济增长的因素并度量出了技术进步对经济增长的贡献率，并以此研究结果作为美国加速经济增长的参考，该研究对技术进步理论的发展做出了重要贡献。

索罗（1957）提出了中性技术进步假设条件下的索罗剩余，索罗剩余是指除劳动和资本投资贡献外，综合要素生产率带来的产出的增长，即同样数量规模的劳动和资本投入下，因人力资本投资和技术进步而导致的产出额外增加。根据该理论，索罗计算了技术进步对经济增长的贡献率。索罗剩余认为经济增长的背后有科技进步因素的推动，这大大促进了生产函数的研究。

罗默（1990）将技术进步作为系统的内生变量，并将技术进步引入生产函数中，发现了在技术进步条件下，资本边际效益递减规律可以大大避免，从而经济增长的可持续性可以得到保持。

格里利切斯（1986）探索了科技投入对生产力提高的影响，研究发现：科技投入的支出对生产力的提高发挥着重要作用，其中 R&D 投入对生产力的提高作用尤其明显。

加里·S. 贝克尔（1992）等比较了参与经济合作与发展组织的国家科技投入资金占国内生产总值的比例，认为科技投入与经济增长之间存在密切关系。根据对 10 个主要的经济合作与发展国家的数据，得出 R&D 投入是全要素生产率增长重要来源的结论。而琼斯·查理斯（1998）对 10 个主要发达国家进行研究后，也得出了同样的结论。

柯布—道格拉斯生产函数最初是美国数学家柯布和经济学家保罗·道格拉斯共同探讨投入和产出关系时创造的生产函数，是在生产函数理论基础上做出的改进，引入了科技进步这一经济要素，用以预测工业产业或大型企业生产状况的一种经济数学分析模型。

此外，Guellec（2001）比较分析了不同类型的 R&D 投入对生产率增长的长期影响。

第二节　国内研究进展

一、对科技投入中存在问题与对策的研究

由于信息不对称且科研经费在现行的科技管理体制下不易计算，我国在科技投入的过程中出现了一系列的问题，因此，对科技投入中存在问题以及解决此类问题对策的研究成为学术中的热点问题，本书将近年代表性的研究成果汇总如下：

2001年我国加入了国际贸易组织，在此背景下，董书礼、刘彦（2004）和房汉廷、金延新（2003）等研究了WTO规则对我国财政科技投入的影响，认为我国应该加大对公益性、基础性以及共性技术的科技投入，加大对企业创新的支持，引导企业成为科技创新的主体。

彭鹏、李丽亚（2003）、郭阳（2003）、王小利（2005）和赵宇、杨宏（2006）均对我国财政科技投入目前存在的问题进行了分析，彭鹏、李丽亚与郭阳侧重分析我国在财政科技投入的总量、结构现状以及在科技管理体制等方面的问题，而王小利、赵宇和杨宏则着重研究了解决我国财政科技投入问题的措施。

王钟伟（2004）对我国科技投入方面存在的问题进行了比较深入的剖析，指出虽然我国的科技投入在总量上有大幅度的提高，但随之而来也出现了一系列的问题，如科技支出路径不合理、科技投入与我国当前所处阶段不相适应等，建议政府在加大科技投入的同时强化科技投入法制环境。

余小方、李媚青、余振乾（2004）对陕西省财政科技投入的现状和问题进行了分析，并基于政府操作的层面，对全省财政科技投入方向、科技投入结构以及科技投入方式进行了描述。

孙红梅、师萍、杨华（2006）基于科技项目管理的角度，对中国科技项目管理存在的问题进行了梳理，总结出中国科技项目管理中出现监管不严、统筹规划缺乏、条块分割严重、申报程序烦琐等问题。

李志学、井君慧（2007）对我国科技投入总量不足、强度不高和结构

不合理的现状进行了分析，针对我国科技投入机制改革滞后、企业科技投入低以及固定资本投资与人力资本投资比例不协调的现状，提出了对策建议。

郑小玲（2007）经过分析认为福建省在科技投入中存在R&D投入总量不足、基础研究投入比重偏低以及科技投入产出较低等一系列问题。提出要推进福建省科技进步和经济发展，必须构建多元化的科技投融资体系，形成“企业投入为主体，政府投入为引导，社会融资为补充”多层次、多渠道的科技融资体系。

李博（2009）将科技投入划分为科研经费投入和人力资源投入，并在此基础上，分别分析科研经费投入与人力资源投入的现状，指出我国科技投入存在投入强度较低、资源配置不够合理、科技产出效率不高、没有形成良好的运作机制、教育部门的研发能力未得到足够重视等问题。

何瑛、黄婕（2011）基于全国的视角，分析了我国科技投入机制存在的问题，并就如何有效改善我国科技投入机制进行了深入探讨。

方东霖（2012）将我国财政科技投入中存在的主要问题归纳为：投入管理不健全、财政科技总投入量不足、科技投入结构不合理、科技投入方式不科学四个方面。

毛世平（2013）深入剖析了中国农业科研机构科技投入问题，发现中国农业科研机构科技投入问题有四点，分别为中国农业科研机构的人均科技R&D经费内部支出水平绝对值低于全国科研机构的人均科技R&D经费内部支出水平，农业科研机构的基础研究支出的增长速度低于全国水平，科技经费中非竞争性经费的比例过低，科学事业费中人员经费和日常公用经费的投入严重不足。

陈玉佩（2016）、聂亚丽（2017）梳理了新常态背景下我国财政科技投入的现状和存在的问题，并分别提出建立和完善我国财政科技投入体系的对策。另外，聂亚丽认为科技支出已经成为中国财政支出的重点领域，要注重完善相应机制体制等提高科技投入效率。

马大勇（2018）认为供给侧结构性改革环境下，当前我国财政科技投入仍存在很大的问题，如科技投入方式比较单一、科技投入强度不高、科技投入结构不合理等问题，除了要增强科技投入力度、优化政府科技投入结构以外，政府财政科技投入更要注重从科技投入方式的协调性以及健全科技投入的监管体系和评价体系等方面入手，优化并完善我国财政科技投入政策。

二、对科技投入绩效评价的研究

随着国家对创新重视程度的提高，我国科技投入也随之大幅增长，但是科技产出却增长缓慢，科技投入与产出绩效的关系问题一直备受我国学者的关注，因此，对科技投入绩效进行评价是学术界研究的一个热点问题，主要的研究内容包括科技投入绩效评价指标体系的确立、科技投入绩效评价方法的选择、对某一地区或者某一单位科技投入绩效的具体评价等。

余小方、余振乾（2004）以地方财政科技支出的特征为基本原则并根据系统理论的观点设计了科技支出绩效评价模型，在此基础上，构建了三个绩效评价模型并对指标体系的实施过程进行了详细的说明，这三个评价模型分别为：创新性研究项目绩效评价指标、科技产业化项目绩效评价指标、科技基础条件平台建设项目绩效评价指标。

薄金锋、赵英（2007）对科技投入的评价指标进行了分析，作者认为对科技投入进行评估时，所选的评估指标应该具备以下几个特点：①全面反映评价对象的特征；②所选的评价指标含义要正确；③指标之间相关性较弱；④科技投入指标不宜过多。这样建立出来的模型才比较科学。

迟国泰、隋聪、齐菲（2010）根据科技投入与产出、科技对经济和社会的影响等评价准则，利用聚类分析方法，将 14 个省级行政区科技状况分成好、中、差三类，通过建立基于超效率 DEA 的科学技术评价模型评价了不同类别地区的科技发展状况。

冯锋、马雷、张雷勇（2011）研究了高科技产业的 17 个子行业的科技投入产出效率，得出不同行业投入产出链效率差异较大且同一行业在不同的阶段科技投入产出链的效率也存在明显不同的结论。

吴淑娥、王育宝（2012）在研究中引入科技投入潜变量，运用结构方程模型分析测算了西安高新区 2900 多家企业的科技投入与产出绩效关系，文章认为科技投入对企业产出绩效起着积极的影响，按照不同因素对企业产出绩效影响的从大到小的顺序，将三个影响因素排序为：科技活动人员数量，人均工资，科技活动经费支出。

郭际、吴先华等（2013）以及耿清慧（2016）都以我国高校为研究对象，论述了高校科技投入产出效益以及影响高校科技产出的因素。郭际、吴先华研究了导致高校科技投入产出无技术效率的三大因素且认为高校自身对科技投入产出活动控制能力不足是导致效率不高的最主要原因。而耿清慧认为学术刊物发表论文和科技经费内部支出对高校科技产出的影响力最大，研发全时人员与出版科技著作数量的影响次之，科技成果国家级奖项与专利授权数对其影响最小。

吕晨、曾明彬（2014）运用 DEA 方法评价了中国各地区科技投入产出相对效率，测算出 DEA 有效区域集中在东部沿海发达地区及个别欠发达地区，并得出了我国区域科技投入产出效率总体水平较高的结论。

戚尔鹏、叶鹰（2017）指出 R&D 经费投入过量或科研人员投入过量均不利于提高论文产出或专利产出。

张运化、吴洁（2017）利用基于松弛变量的动态网络 DEA 模型对中国大陆地区 29 个省市自治区的科技活动效率进行了测算，得出科技生产与科技成果转化存在明显的脱节，且整体效率更多地受到科技生产节点效率的影响的结论。

李媛（2017）研究了影响中国政府科技投入效率的因素并对我国 30 个省级行政区的科技投入效率进行测算，发现东中西部的科技投入效率大致呈阶梯状分布，中西部省份对东部的追赶效应很明显。

鄢波、杜军、冯瑞敏（2018）分析了可能影响沿海省份海洋科技投入产出效率的因素并进行实证检验，得出海洋科研机构规模和海洋经济发展水平对海洋科技投入产出效率具有显著推动作用，而政府支持力度、海洋科技人员结构这两个因素对海洋科技投入产出效率的推动作用不显著的结论，并提出了提高沿海省份海洋科技投入产出效率的对策建议。

董兴林、孙珍珍（2018）分析了青岛市 2005—2016 年的科技投入与产出的相关数据，证明青岛市科技投入与产出之间的长期均衡的正向影响关系，经测算得出青岛市科技投入与产出之间的滞后期为4年，在此基础上提出降低时滞效应、促进科技发展的对策建议。

三、对经济增长理论的研究

目前我国学者对经济增长相关理论的研究主要集中在四个方面，分别为中国经济增长与发展的新模式，关于经济增长的一些社会问题以及此类问题对社会、经济发展的重大影响，对我国经济社会发展中出现的新现象进行与经济增长相关的探索，研究国外的经济增长理论并将这些理论引入国内。

关于中国经济增长与发展的新模式的研究：张平、刘霞辉等（2011）编著的《中国经济增长前沿：转向结构均衡增长的理论和政策研究》总结了在新的历史阶段我国经济发展的图景，即高速增长和高消耗、高污染、发展不均衡等问题交织发展的状态，并探究了经济发展模式转变和新增长机制。

吴敬琏（2013）在《中国增长模式抉择》一书中探索了对经济增长模式的新认知，回答中国应当采取什么样的增长模式和走一条什么样的工业化道路的问题，提出了转变经济增长模式的理论和转型的方向，详细分析了转变增长模式的政策。

唐未兵、傅元海、王展翔（2014）认为技术引进或技术创新对经济增长方式转变的作用是不确定的，技术创新对经济增长方式的作用过程比较复杂，通常受到技术差距、消化吸收能力等因素的影响。

关于经济增长的一些社会问题的研究：在《经济增长与社会公平：财政激励的理论模型与实证研究》一书中，刘穷志（2009）研究了经济增长与社会公平比较突出的问题，主要分为财政激励经济增长、财政激励社会公平、财政均衡激励与社会经济和谐三个方面，包括税收激励与公司增长、收入不均等与财政再分配等内容。

张平（2013）等的《经济增长与减贫的非均衡性：基于西部民族地区的理论与实证研究》运用多种理论和定量分析方法，从多个研究视角考察西部民族地区经济增长与减贫的非均衡性问题，涉及经济增长、产业结构和就业结构等众多条件下的非均衡性判断，并就影响非均衡性的关键因素，如贫困成因、公共服务均衡化和特殊行为模式等进行专题研究。

曹雅琪（2018）对我国零售业态变迁如何影响区域经济增长进行实证研究。根据结果发现：我国零售业态的合理变迁对区域经济增长有显著影响，并能有效促进经济的发展。

研究中国经济社会发展中出现的新现象与经济增长之间的关系。刘涛雄（2008）在《社会冲突与经济增长：一个理论框架》一书中，探讨了社会冲突和经济增长如何相互影响的问题，并提出了一个将冲突行为纳入经济增长模型的“冲突—增长”理论框架。

李魁（2014）的《年龄结构变动与经济增长：理论模型与政策建议》着力探讨年龄结构变动以及因之带来的人口红利的宏观经济效应等问题。

陈乐（2018）等分析了人口集聚对中国35个大城市经济增长的影响。研究发现人口集聚对中国城市经济增长产生显著的正向影响，其影响程度沿东、中、西部依次递减，从影响机制看，人口集聚主要通过知识和人力资本促进中国城市经济的增长。

陈含桦（2017）对“新常态”下产业结构高级化、新型城镇化建设与经济增长间的关系进行实证分析，认为在经济“新常态”下，各地应把握产业结构高级化与新型城镇化的双轮驱动效应，促进经济的持续增长。

将西方的最新增长理论向国内引介的作品有：大培（2007）等的《经济增长理论模型的内生化历程》按照经济增长理论、经济增长理论模型发展的历史顺序，依次说明了经济增长理论模型化、经济增长理论模型内生化的历史进程。

高薇（2011）梳理和阐释现代经济增长理论的发展脉络，认为现代经济增长理论经历了两个转变，分别为：技术外生增长到内生增长的转变，市场结构由完全竞争向垄断竞争的转变。

任保平（2014）等编的《经济增长理论史》包含西方经济增长理论史、社会主义经济增长理论史以及经济增长质量理论史三方面的内容，前两篇主要介绍经济增长数量的基本理论以及经济增长质量的理论史，第三篇着重介绍经济增长质量的理论渊源和现存研究。

四、科技投入与经济增长关系理论的研究

针对科技投入与经济增长的关系，很多学者也进行了一定的研究且大多数学者已经达成了一定的共识，即认为科技投入是经济增长的重要源泉且经济增长与技术进步互为条件，如吴敬链（2006）认为现代经济增长中效率提高的源泉是“与科学相关的技术”的广泛运用。本部分将目前我国学者对科技投入与经济增长之间的关系的研究成果梳理如下：

贾鹏（2004）以我国1991—2001年的统计数据为基础，指出在整个科技投入评价指标体系中，研发经费投入对经济增长的影响最大。

周苗苗、张光南（2004）对广东省经济增长的源泉进行了研究，发现改革开放以来，广东省经济增长的驱动力有两方面，分别为劳动和资本的高投入、制度改革驱动，科技对经济增长的贡献率不高。做出相似研究的还有张静（2006），该文通过索洛模型分析了影响广东经济增长的因素，认为科技投入仍然是广东经济增长的主要带动因素，但是科技投入对经济贡献份额并不高。

罗佳明、王卫红（2004）基于广义差分回归方法，具体测算了1953—2001年我国科技投入对经济增长的贡献率。李子彪等（2006）利用索罗余值法测算河北省1993—2002年科技投入对经济增长的贡献率。

王学力（2007）认为推动集约型经济增长的重要因素是技术创新，重视科技原创力的提升是广东省实现经济增长模式转型的必由之路，因此，广东省要加大科技投入，重视技术创新。

李武威、张志宏（2007）以及赵俊英（2011）均用灰色关联分析方法，研究了河南省科技投入与经济增长之间的关系，且都得到了河南省科技投入与经济增长间存在较强的正相关关系的结论。李志武认为，科技投入是引起河南省经济增长的重要原因，在后续的发展中，河南省要更加重视R&D经费支出的增加以及科技人员的投入，加强科技投入在经济增长中的促进作用。赵俊英则认为财政科技拨款对经济增长所起到的作用最为显著。

胡振华、刘笃池（2009）基于阿尔蒙法的滞后期模型，从科技投入产出效率、科技投入规模以及规模报酬三个角度，分析比较了我国30个省市的科研投入对经济增长的绩效，并根据数据分析结果将我国各省市技术进步水平分成五个层次，分析了不同层次的省份科技投入推动经济增长的特点、优势劣势及可行的发展方式。

李兵、王铮等（2009）经过实证研究认为，在考虑科技投入的前提下，我国还是一个劳动密集型的国家，从科技投入效率来看，北京、上海和天津等城市的科技投入效率较高，而广东、江苏和浙江等地的科技投入效率较低。

郑伟（2010）分别分析了河南省 R&D 经费投入情况、科技人员投入情况，通过对科技投入与经济增长的灰色关联分析，作者认为虽然 R&D 经费投入和科技人员投入均能对河南省经济增长产生正向作用，但是从效果来看，科技人员投入对经济增长的促进作用更为显著。

王立成（2010）对沿海三大经济区域经济增长与科技投入做了灰色关联度分析并比较了三大经济区域的科技投入对经济增长的贡献度，得出了科技活动人员、科技活动经费支出、R&D 经费支出和经济增长之间的密切程度依次递减的规律。

张优智（2012）认为财政科技投入与经济增长之间能够达到长期均衡，但是会有一定的滞后期，国家应把科技进步作为推动经济增长的长期政策，通过制度性安排创新财政研发投入管理机制。

范柏乃、段忠贤、江蕾（2013）实证考察科技投入对经济发展影响的区域差异，得出我国不同地区不同省份科技投入的经济发展效应存在较大差别的结论，认为有必要对财政科技投入的分配管理机制做出进一步的调整，构建出包括选人、育人、用人和留人“四位一体”的科技人才资源管理体系。

曾春媛、刘青青（2013）研究了科技投入与区域经济发展的水平协调性，作者认为科技投入与区域经济水平既相互促进，又相互制约。二者的协调发展对于国家和地区的科技、经济发展具有重大意义。国家科技政策的实施和资源配置的协调是以地区为依托的。

刘媛媛、孙慧（2014）运用扩展 C－D 生产函数的索罗余值法，计算出新疆 R&D 经费投入对区域经济增长的总体贡献率，研究表明，新疆科技投入对区域经济增长的拉动作用明显低于全国科技投入对经济的拉动水平，提出现有科技投入规模下，新疆应合理配置科技资源，将科技投入最大限度地转化为对经济增长的贡献产出，发挥对经济的推动作用。

张优智（2014）通过建立平滑转换回归模型，分别研究了我国财政科技投入、R&D 经费投入与经济增长之间的动态关系。

吴松强、陈雅雯、郑垂勇（2015）研究了江苏省 1995—2013 年政府财政科技投入与经济增长的关系，得到经济增长与政府财政科技拨款和科技活动经费内部支出总额存在长期均衡关系的结论。

马越（2017）立足于农业，对农业科技投入与农业经济增长的动态关联性进行了研究，得出随着农业科技投入比例的升高，农业经济增长趋势也会相应加快，农业产量越高的结论。

耿海英（2018）基于河南省 2000—2015 年财政科技投入和经济发展的相关数据进行实证研究，发现两者之间存在长期均衡关系且后者是前者的单向原因，得出河南省正处于经济动能换挡期，科技创新驱动力正在形成的结论，文章最后提出应当进一步优化财政科技投入，引领和推动河南省经济发展向创新驱动型转换。

王永胜、刘旭东（2018）利用中山市企业从事科技活动人员以及 R&D 经费内部支出、经济增长的数据，通过灰色关联分析，论证了中山市科技投入与经济增长之间的关系。研究发现，中山市科技活动人员对经济增长的灰色关联度较低，R&D 经费支出与经济增长之间的关系最紧密。最后从人才、科技投入方面提出了促进中山市经济增长的政策建议。

第三节　研究述评

任何理论的研究都与时代紧密结合，由于较早受到工业革命的影响，国外学者在经济增长和科技投入等方面的研究比较早。在科技投入的相关理论中，国外学者更多地涉及对创新的研究，例如技术创新理论、技术创新与扩散理论、技术创新与市场结构的关系理论等。国外对经济增长理论研究可以追溯到20世纪30年代，由于起点比较高、研究的时间比较长，国外在经济增长实践和理论方面都是比较先进的。在本书中，笔者对于经济增长理论的梳理是按照各类经济增长的所属类别进行的，纵观经济增长理论的发展演进过程，我们可以看出，无论是斯密的分工理论，还是马尔萨斯的人口陷阱，其理论均和国民财富的经济增长密切联系，另外，国外对于经济增长理论研究的重点还在于对生产函数的研究，例如索罗提出了中性技术进步假设条件下的剩余、罗默将技术进步作为系统的内生变量而引入生产函数中。在科技投入对经济增长影响的相关研究中，国外学者对于科技投入各项指标对经济增长的影响、科技投入对经济增长的贡献率等方面研究的都比较多，这和我国学者对该类问题的研究内容比较相似。

由于人文环境的不同，国内对经济增长与科技投入的相关理论的研究起步相对较晚，很多研究都是基于国外的研究成果完成的，因此，对国外科技投入与经济增长相关理论进行研究并引进的论文比较多。最近几年，国内学者也取得了丰富的研究成果，在科技投入方面，我国学者更侧重于对国家或者某一地区财政科技投入的现状、科技投入产出绩效、科技投入存在的问题及应采取的对策进行研究。在经济增长方面，除了对于国外经典经济增长理论的研究外，我国学者还尝试将我国国情和社会问题进行与经济增长相关的探索，试图找出我国经济增长和转型的动力和途径。另外，国内学者关于经济增长的源泉、机理以及各要素对经济增长的贡献也有较多的研究。关于科技投入对经济增长的影响方面的研究，除了对不同科技投入指标对经济增长影响大小的定性研究，我国学者还运用各种方法，如灰色关联法、扩展C-D生产函数的索罗余值法、阿尔蒙法的滞后期模型等方法对科技投入对经济增长贡献率进行了定量研究。

虽然所处的社会背景和研究问题的侧重不同，但是对于一些问题，国内外学者还是形成了一些共识，例如从事科技投入与经济增长研究的国内外相关学者普遍认同科技投入对经济增长能够起到良好的促进作用，对一些共性的问题如科技投入对经济增长的贡献率、不同科技投入因子对经济增长的影响、影响经济增长的因素等国内外学者都有研究。在研究方法上也有相似的地方，例如国内外学者都会采用数据包络分析法、生产函数法、灰色关联法、索罗余值法等分析所研究的问题。

已有文献在研究中也有一定的不足，首先，在国内的相关文献研究中，由于不同省份对一些科技指标的统计具有差异性，再加上统计数据的年限性和差异性，使学者对于模型的选择空间更小。在我国学者对科技投入与经济增长的相关方面的研究中，所用的方法集中在灰色关联分析法和DEA分析法，而这两种方法都无法实现对经济增长和科技投入之间动态关系的研究。其次，在实证研究的过程中，没有对宏观经济数据做出科学的处理，例如很多学者主观假定历史经济数据平稳。但事实上，非平稳性、具有时间趋势是这些宏观经济数据的一般特征，如果对这些数据直接进行回归分析，就会出现“伪回归”现象，从而不能得到科学的结果。再次，在回归分析后缺乏对数据的进一步弹性分析，对科技投入与经济增长之间滞后效应缺乏研究。最后，对科技投入与经济增长之间的互动关系研究得比较少，目前的研究主要集中在科技投入对经济增长的贡献，对科技投入对经济增长的促进作用进行论述的文章比较少。

第三章　科技投入与经济增长的相关理论综述

长期以来，诸多学者比如经济管理学家和科学家等非常关注科技投入对经济增长的影响关系这一问题，并对此进行了深入的研究，从而形成了一些理论和观点。本章主要阐述科技投入和经济增长的相关理论，以及科技投入影响经济增长的机理。这些理论对于我们加大科技投入，正确理解科技投入对经济增长的影响关系，具有重要的理论意义与现实指导意义。

第一节　科技投入的相关理论

一、科技活动、科技创新与科技投入的概念界定及特点

（一）科技活动的定义及分类

科技活动主要包括两个方面：科学与技术。科学与技术原本是两个不同的概念，但是它们之间是相互依存、相互促进的关系，二者的统一体称为科技。

根据联合国教科文组织（UNESCO）的定义，科学技术活动是指在科学技术的所有领域内，与科学技术知识的产生、发展、传播及应用密切相关的系统性活动。科学技术活动包括三大类：科学研究与试验发展、第三阶段科技教育与培训、科技服务。其中，科学研究与试验发展主要指R&D，具体包括基础研究、应用研究和试验开发；第三阶段科技教育与培训（STET），主要包括专科高等教育以上直至研究生教育以及科学家和工程师为主所组织的终生培训；科技服务（STS），主要包括科技信息、咨询服务，科技传播服务，地质、水文、天文、气象的一般性考察和观察，科技的标准、测试、计量和质量控制，同专利、特许有关的活动。这三类科

技活动中，研究开发（R&D）全部都是创新性和创造性活动，也正是因为这个原因，大多数国家的科技统计只有 R&D 统计。我国根据基本国情、科技活动的特点以及为了和联合国教科文组织所制定的标准接轨，将科技活动的范围扩展到四大类。具体来说，在对关于科技活动的界定方面，除了科学研究与试验发展、教育与培训、科技服务这三大类活动方面与联合国教科文组织所提出的定义相一致，还增加了科学研究与试验发展成果应用（以下简称 R&D 成果应用）。

本书为了保证研究结果的准确性，主要采纳我国对科技活动的定义：指在自然科学、人文与社会科学（以下简称科学技术领域）、医药科学、工程和技术、农业科学中与科技知识的产生、发展、传播和应用密切相关的全部的、有组织的、系统的科技活动。

（二）科技创新的分类及过程

科技创新就是科学技术创新，主要包含科学创新和技术创新。其中，科学创新主要包括基础研究和应用基础研究的创新；技术创新包括试验开发、应用技术研究和技术成果商业化的创新。

1. 科技创新的分类

科技创新的分类一般情况下指的是技术创新的分类，主要从以下角度进行分类：创新程度、创新模式和创新体现的对象。对于创新程度，又可以分为原质性和渐进性创新。其中，原质性创新主要指在实质上有全局突破的技术创新；渐进性创新主要指在局部改进的技术创新。按创新体现的对象又可分为产品和工艺创新。

2. 技术创新的过程

（1）从创新要素的相互作用看技术创新过程

技术创新的过程经历了五代发展模式，分别是：第一代发展模式是线性过程中的技术推动模式；第二代发展模式是线性过程中的市场需求拉动模式；第三代发展模式是市场与技术交互作用模式；第四代发展模式是多个创新要素间的链环模式；第五代发展模式是创新要素的一体化模式。

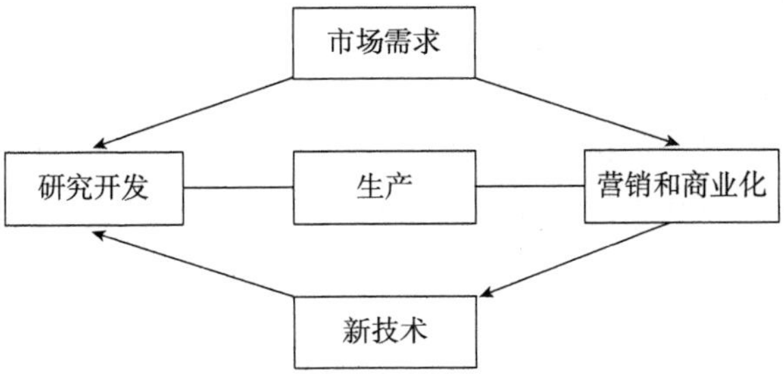

图 3－1　市场与技术交互作用模式

实际上，第四代的多个创新要素之间的链环模式，是在第三代模式基础上的一种扩展。因为创新者意识到了创新要素可以扩展为超过市场拉动和技术推动两种要素，它不仅是创新要素间的线性作用，更是一种交互作用，这种交互作用实际上就是多个创新要素间的链环模式。在第四代多个创新要素的链环模式的基础上，创新者引入集成的思想，就形成了第五代创新要素的一体化模式了。

（2）从技术创新的时间序列看创新过程

从创新的发展阶段看，主要经历了不稳定阶段、过渡阶段和稳定阶段。因为在创新的初期，产品的创新频率很高，伴随着不稳定的因素，而随着时间的推移，其创新频率又逐渐下降，从而由最初的不稳定阶段到过渡阶段，再到最后的稳定阶段。从产品的生命周期来看，经历了引入期、发展期、成熟期和衰退期 4 个时期。

（三）科技投入的含义及特点

1. 科技投入的含义

世界各国的竞争，归根结底是科技与人才的竞争。当前，我国经济发展的新动力开始逐步转化，经济发展步入新常态，在这样的背景下，科学技术越来越成为推动我国经济社会发展的重要力量。只有以敏锐的眼光抢占新一轮科技创新的制高点，牢牢抓住新一轮科技和产业革命的新机遇，积极地把握世界科技创新发展的新趋势，才能确保我国在关键技术与核心领域始终走在世界前列，才能从整体上提升我国的综合国力，从而为实现中华民族的伟大复兴打下坚实的基础。

科技投入的概念有广义和狭义两种解释。从广义上讲，科技投入有物质形态的投入、资金投入和政策投入。其中物质形态的投入主要指提供设备；资金投入主要是提供无偿贷款、内外交流条件或者贴息贷款等；政策投入主要是为研究活动提供各种优惠政策，比如新产品免税或者提供国内外交流条件等。其广义的含义主要是指为完成既定的科研目标，而对科研过程中所需的各种物质条件、政策条件、人力条件等给予的投入。从狭义上讲，科技投入主要指科技活动经费总额，即投入到基础研究、应用研究和试验发展这三类的科技活动经费总额，具体的投入领域主要是自然科学与技术领域、社会与人文领域的研究与发展活动。本书所研究的科技投入是广义概念上的科技投入。

2. 科技投入的特点

科技投入具有导向性、系统性、主动性、风险性及效益性的特点。

（1）导向性。科技投入并不是一种简单的个体行为，而是一种社会行为，具有较强的导向性，它需要大家的共同参与和相互协作。科技投入的目标、方式和运作过程由科技投入主体的领导决策所决定，因此，科技投入主体的领导决策非常重要，它是衡量科技投入导向性的基本标准和重要因素，其决策水平的高低直接决定了科技投入的成功与否。要不断提高科技投入主体的决策水平，保证科技投入取得最佳效益。

（2）系统性。科技投入和投入前后有着密切的联系，不是孤立存在的。为获取最大的经济效益和社会效益，要科学合理地配置有限的资源，使构成科技投入的要素形成一个有机的整体。与此同时，科技投入与科技的决策、开发、推广、运用和组织管理共同构成系统的科技行为。

（3）主动性。科技投入是一种主动行为，是投入主体为达到一定的目的而进行的主动行为，目的是促进科技进步和社会经济发展。科技投入之所以能够周而复始地进行，是因为科技投入会直接和间接地产生绩效，并不断推动科技进步，促使社会经济持续发展。

（4）风险性。由于科学技术研究是一种带有探索性的活动，具有不可预测性和不确定性，因此，科技投入不可避免地会带来一定的风险。必须做好科技投入的深入研究与预测工作，规避化解科技投入带来的风险。

（5）效益性。科技投入行为发生后，通常是经过很多环节才能向现实生产力转化，会对科技领域和社会其他领域产生直接和间接的经济和社会效益。在这个漫长的过程中，科技投入不会立刻产生效果，会有时滞性，可能是几年或者更长的时间。科技投入与生产投入、经营投入、教育文化等结合共同作用，形成一种非物质的生产力，从而产生较好的社会效益。

二、科技投入的构成

科技投入的构成由科技活动的内容所决定，所以，要了解科技投入的构成就要首先了解科技活动的内容。

（一）科技活动的内容

科技活动可分为研究与试验发展（R&D）、科技成果转化及科技服务。

1. 科学研究与试验发展是指在科学技术领域，为增加知识总量（包括人类文化和社会知识的总量），以及运用这些知识去创造新的应用进行的系统的创造性的活动，包括基础研究、应用研究、试验发展三类活动。

（1）基础研究的研究动力是出自研究人员的好奇心驱动，其研究性质是探求发现新事实、新规律，寻求现象之间的内在联系，这种研究和市场没有联系。基础研究的成果就是公开发表的论文著作，而且是以优先发表来判定研究成果的优先权的。对基础研究的评价，是由学术共同体的承认或者同行评审来体现的。由于基础研究的上述特点，从事基础研究的人员，在数量上要少于应用研究和试验开发的人员，但质量要高于应用研究和试验开发的人员；研究经费的总量要比应用研究和试验发展少，但基础研究人员由于水平较高，其人均研究经费也较高。就基础研究的组织而言，一般来说，大学都是基础研究的基地之一。

（2）应用研究同时包含两部分：科学研究和技术创新，但有时为了界限划分明确，将应用研究细分为应用基础研究和应用技术研究两类。前者是针对具体的实际目标，为获得原理性新知识（规律、机理）而进行的创造性研究；后者是针对具体的实际目标，为获得技术性新知识而进行的创造性研究。

（3）试验发展主要是利用从科学研究或实际经验获得的现有知识而进

行的实质性改进的系统性工作，其改进的方面主要表现在生产新材料、产品和装置，建立新工艺、系统和服务，以及对已有生产和已建立的上述各项进行改进。所以，其规模和复杂程度以及资源配置都要超过基础研究和应用研究。试验发展活动的基地是中间试验工厂或车间，对实验室成果进行放大试验，对中试产品进行试制和试销。试验发展以后，新产品、新工艺将进入试生产阶段，在进行了商业化的营销运作后使新产品成为新商品，从而完成了整个技术创新过程。试验开发阶段的经费投入是很大的，在研究开发经费支出中，一般来说，试验发展经费支出占整个研究开发经费支出的比例在60% ~70% 。

由此可见，研究开发的意义在于：从改造世界的角度来看，研究开发是获得经济效益的根本，是企业获得技术能力的主要方式，是科技成果商业化的主要促进力，是提升企业乃至国家竞争力的源泉，当然也是企业生存与发展的基础。从认识论的角度来看，研究开发活动是人类认识世界（包括人的精神世界）最有力的武器和工具，是完善人的精神活动和物质活动的主要形式。

因此，研究与试验发展（R&D）小到是反映企业自主创新能力的指标，大到是衡量一个国家和地区科技发展水平的主要指标，更重要的是科技活动的最核心的指标，国际上反映一国的科技实力和核心竞争力，通常采用 R&D 活动的规模和强度指标。研究与试验发展（R&D）的成果主要是自主知识产权，其对企业长期发展产生重大和长远的作用和意义。并且，R&D 经费支出及其占 GDP 的比重，是反映一个国家自主创新能力和创新型国家建设进程的重要内容，同时也是衡量一个国家科技投入水平和科技活动规模的重要指标。

2. 科技成果转化，是指对科技成果所进行的一系列活动，这里的科技成果主要是科学研究与技术开发所产生的具有实用价值的科技成果，一系列的活动主要是后续的试验、开发、应用、推广直至形成新产品、新工艺、新材料，从而开展新的产业，提高生产力水平。广义的科技成果转化包括各类成果的应用、劳动者素质的提高、技能的加强、效率的增加等；狭义的科技成果转化实际上仅仅指科技成果的转化，即将具有创新性的技术成果从科研单位转移到生产部门的该类型的转化，从而使新产品增加，工艺改进，效益提高，最终促使经济得到进步。科技是经济增长的发动机，是增强综合国力的主要驱动力。加速科技成果产业化、促进科技成果转化已经成为世界各国科技政策的新趋势。科技成果通过直接和间接两种方式进行转化，直接转化包括科技人员自己创办企业，高校、科研机构与企业开展合作或合同研究、人才交流及创建沟通交流的网络平台；间接转化主要指通过专门机构、高校设立的科技成果转化机构以及科技咨询公司实施的科技成果转化。

3. 科技服务是运用现代科技知识、现代技术和分析研究方法，以及经验、信息等要素向社会提供智力服务，主要包括科学研究、技术推广、科技信息交流、技术咨询、专业技术服务、科技培训、技术孵化、技术市场、知识产权服务、科技评估和科技鉴证等活动。科技服务是现代服务业的重要组成部分，是推动产业结构优化升级的关键产业。

（二）科技投入的构成

基于科技活动的内容，以及联合国教科文组织建议的科技统计指标体系的统一规范，科技投入大致可以分为科研机构投入、科研经费投入和科技人员投入。

1. 科研经费投入按支出范围可分为：固定资产购建费、劳务费、研究与实验发展经费；按科研资金筹集的来源可分为：政府拨款、银行贷款、企业资金、国外资金和其他资金。其中，政府和企业是科技投入中最主要的两个来源。目前，我国科技投入主要由三部分构成，分别是政府科技经费、非政府自主筹集经费和金融贷款三类。

（1）政府对科技活动的投入是政府为了促进经济社会发展的一项重大举措，其主要经费来源是国家及地区的财政收入。我国以前的财政体系包括科技三项费、科学事业费和科研基建费。其中，科技三项费又由中间试验费、新产品试制费和重大科研项目补助费三部分构成，而在这三个项目的实际分配过程中又被分成很多具体的科目；科学事业费主要用于各研究机构的人员费、业务费和研究费，具体包括自然科学和社会科学的事业费、高技术研究专项经费，其中，自然科学事业费又包括各部门研究机构的经费以及科学事业费；科研基建费包括科研职工生活用房建筑费用以及财政部门下发给各部门基建费中用于购置科研设备、仪器、建筑等的费用。一个国家的 GDP 或一个地区的生产总值在很大程度上反映了该地区的经济增长，中央和地方政府必然将一部分财政支出用于科技投资，加大对科技投入的力度，起到对企业和其他创新主体的示范引领作用，激励创新主体从事科技理论创新与科技应用创新，从而推动经济持续健康稳定的增长。

（2）企业自主筹集经费是指企业自己投入的，用于自身科技进步的科研经费。由于企业作为最主要的市场主体，对市场的生产、销售及经济发展的需求更加了解，为此，企业的科技创新活动能够更加契合市场的实际需求，有效地促进科技成果转化。企业自主筹集经费不仅仅指对前期研发活动的投入，也包括后期对生产销售等活动的投入。企业通过加大科技投入的力度，提高自身的科技创新能力以及盈利能力，一方面，可以提高本企业产品的生产质量，扩大市场占有率；另一方面，企业可以吸引更多的优秀人才，营造良好的社会声誉。在这种情况下，企业的规模将越来越大，市场占有率也会得到提高，同时，企业的融资能力也将得到提升。因此，企业作为微观经济的主体，它的科技投入与经营管理是相互提高、相互促进和相互作用的关系，是驱动区域经济发展的关键力量，可以提高企业生产效率和利润。

（3）金融贷款指银行等金融机构对科技活动的主体提供的资金投入，是一个很好的融资渠道。随着改革开放和社会主义市场经济的不断深入，金融作为现代市场经济运行的核心，在科技创新领域扮演着越来越重要的角色。科技创新的主体为了发展的需要，以及实现新产品、新工艺和新材料的开发应用，通过金融贷款的渠道筹集资金，从而使科技创新成果迅速得到转化，变为现实的生产力，推动我国经济的发展。国家要鼓励金融机构为促进科技创新而进行的金融创新，更好地为高等院校、大中型企业以及小微企业等创新主体提供资金支持，促使各类市场主体全身心地投入科技创新活动中，推动我国经济发展迈出新步伐，登上新台阶，提升国家的整体创新能力。

2. 科技人员投入主要指科技人力资源的投入，科技人力资源具有革命性和创新性的特点，它是科技资源的核心，是提高自主创新能力的重要基础，更是支撑一国科技知识从产生、发展、传播到应用的重要载体，对经济社会的发展起着非常重要的作用。科技人力资源主要包括专业技术人员、R&D 人员和科技活动人员。

三、科技投入的运作机理

科技投入产出与经济增长是一个密切相关的动态系统，该系统运行方式非常复杂，因此，要想利用一国或一个地区的科技统计数据对科技运行情况进行分析，从而得出有参考价值的准确的结论，提出更有价值的政策建议，首先要详细了解科技投入的运作机理和有效的分析方法。科技投入是科学技术在系统运作过程中一个非常重要的组成部分，连带有系统性的特征，它不是一个孤立的指标。

本书所探讨的科技运作机理主要指，科技投入过程中的诸多方面的各类指标，可以全面准确反映科技投入的过程，具体包括科技投入资源的来源方式、参与情况、科技成果转化的情况及对经济发展的作用等。以下将从科技投入的内部运行机理和科技投入与经济的相互作用机理两方面展开讨论：

（一）科技投入的内部运行机理

在科技投入系统内部，一项具体的科研项目成为一种科研成果要经历以下几个阶段：首先是科技经费划拨和科研设备的支持，其次是科学研究形成科技成果，最后是科技成果的鉴定和推广等。科研项目参与人员利用筹集到的科技经费和科研设备进行科学研究，取得预期的科研成果，在成果鉴定后，负责科研成果的监督推广和改进工作。

科技投入内部运行是科技人力、物力、财力在科研活动中的有机结合的过程，在这个过程中，人力是主体，主要指科研人员；物力和财力成为科研条件的物质基础；人力、物力、财力的有机结合最终形成科研成果。科研成果一般来说具有一定的抽象性，它有很多不同的表现形式，比如论文或专著、发明或专利、获奖成果、技术贸易、科技产业产值、科研人员科研水平的提高等都是它的表现形式。而这些科研成果要想对经济社会产生一定的作用，就要进行科研成果的转化，因此，科研成果转化是科技活动的一个重要环节。在科研成果转化的过程中，科研人员不断提升新产品的技术含量，改进工艺流程，并负责科研成果在实际生产过程中的应用等相关工作。

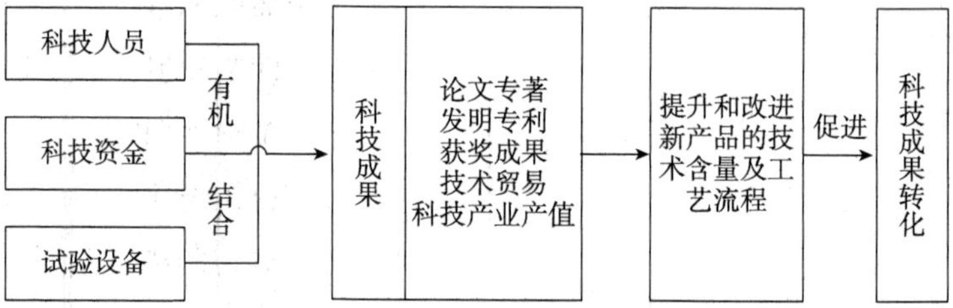

图 3－2　科技投入的内部运行机理

（二）科技投入与经济的相互作用机理

科技投入与经济增长两者是相辅相成、相互促进的关系，一方面，科技投入是经济增长的动力和源泉，另一方面，经济增长是科技投入的经济支持和物质基础。科技投入对经济增长的促进作用体现在：首先科技投入促进了科学技术的持续发展，从而渗透到社会生产的各要素中，改良了生产工具，全面提高了劳动者的素质和社会劳动生产率，由此为生产各部门提供了更好的产品和服务，最终促进了人民生活水平的提高和经济的发展。在工业革命的进程中，尤其是在目前全球的信息产业化浪潮中，科技对经济的巨大作用表现得更加明显。迈入知识经济时代后，经济增长主要依靠知识创新和人力资源，为此，知识、科技、信息在经济增长中开始起着决定性的作用，而资本在经济增长中的作用逐步下降。科技进步对经济发展导向性作用主要表现在整合现存生产能力、提高社会生产效率，使经济走上内涵式的发展道路。

反过来，经济的迅速发展也为科技发展提供了物质基础，有利于相关部门加大对科技投入的力度，从而带来科技的飞速发展。随着经济的快速发展和全球化浪潮的不断加快，无论是发达国家还是发展中国家，人们越来越重视科技带给经济的巨大推动力，都纷纷加大科技投入力度，由此一来，科技投入发展的强有力的后盾便是一国强大的经济实力。伴随着科研工作社会化水平的提高，科研工作者的劳动价值也得到了社会的充分肯定，与此同时，科研成果转化为生产力也在科研设备的不断更新下得到了充足的资金保障。21 世纪以来，各国更是将国家经济发展对科技投入的支持力度融入科技投入运行的各个环节中。

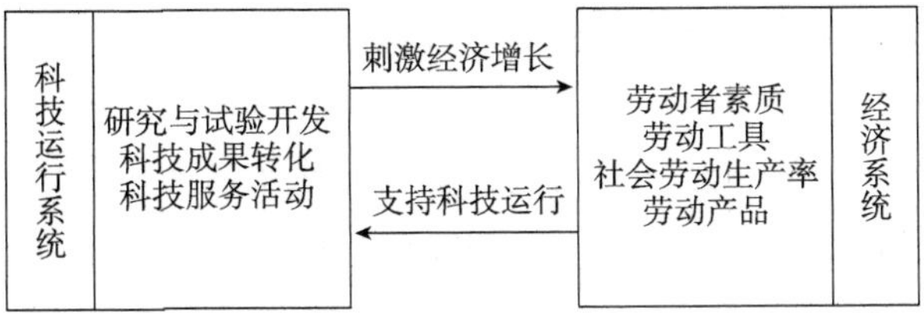

图 3－3　科技投入与经济的相互作用机理

第二节　经济增长的相关理论

一、经济增长的含义与衡量指标

（一）经济增长的含义

经济增长通常是指在一个较长的时间跨度上，一个国家人均产出（或人均收入）水平的持续增加。不同的经济学家对经济增长的含义有着不同的见解。有着“GDP 之父”之称的库兹涅茨在《现代经济增长：发现与思考》一书中指出，经济增长主要是在先进技术和所需要的制度及思想意识相应调整的基础上，为给居民提供各种经济产品、人均商品以及劳务能力的不断增长的能力；经济学家保罗·萨缪尔森在《经济学》一书提到，经济增长通常用一国的实际 GDP（或实际潜在 GDP）的年增长率来衡量，是一国生产能力的跨时期增长；而新制度经济学的领军人物诺斯则指出，经济增长就是指居民人均收入的长期增长，并且真正的经济增长意味着社会总收入必然比人口增长得更快。

尽管不同的经济学家对经济增长的表述各不相同，但是在对经济增长的不同表述中又有其相通之处。首先，经济增长是一种长期的、时间跨度较长的经济现象，比如十年、二十年，甚至上百年，而短期的则属于经济波动的范围。其次，经济增长是一个比较偏重数量的概念，必须用定量的总量指标和人均指标来衡量，比如通常使用的国内生产总值总量、国内生产总值增长率以及人均国内生产总值。最后，经济增长是一个过程，这一过程的必然结果是人民生活水平的不断提高。

通过上述对经济增长的论述可得出，经济增长在考虑人口及价格变动因素的情况下，要实现经济增长就是实现人均实际产出的增长，其实质是体现在国民总产出的持续增加。在剔除价格变动因素的前提下，一国或地区人均实际产出的增长和该国或地区经济实际总产出的增长是紧密相关的，即人均实际产出指数与人口指数的乘积为实际总产出指数。如果人口总数增加，则实际总产出增长率大于人均实际总产出增长率；如果一个国家或地区的人口总数保持不变，则实际总产出增长率等于人均实际总产出增长率。考虑到我国人口自然增长率低于千分之五，所以本书采用实际总产出增长率来表示经济增长。

（二）经济增长的衡量指标

由经济增长的含义可知，国内生产总值（GDP）是衡量一个国家经济增长的标准。它是指在某一既定时期一个国家内生产的所有最终物品与服务的市场价值，反映了一个国家或地区在一定时期的生产能力，具有很强的综合性，是衡量经济福利的一个好指标。

国内生产总值的计算方法包括支出法、收入法和生产法。支出法是在核算期内从最终使用的角度来衡量产品和服务的最终去向，包括三个部分：最终消费支出、资本形成总额和货物与服务净出口；收入法又称要素成本法核算，是把生产要素中所得到的工资、地租、利息、利润等各种收入相加来计算 GDP；生产法又称部门法，该方法一定程度上反映了国内生产总值的来源，是按提供物质产品与劳务的各个部门的产值来计算国内生产总值。

二、经济增长的重要因素

经济增长和发展在关键时期的核心问题是经济增长的影响因素问题，资本、劳动力和技术进步是经济增长的重要因素。

（一）资本

资本包括有形的物质资本和无形的人力资本，本书中的资本投入主要指物质资本的投入。一般情况下，资本的投入量与经济增长成正比，尤其是在经济发展初期，资本投入量的增加会使经济得到迅速发展。许多经济学家认为，资本占国民收入的比例不应该低于10%～15%，应把资本投入量的增加作为实现经济增长的首要任务。

（二）劳动力

劳动力的增加又可分为劳动力数量和劳动力质量的提高，在劳动者同生产资料数量、结构相适应的条件下，劳动者数量与经济增长成正比。从世界各国的经济发展历程来看，当人口结构进入老龄化、劳动力规模增速下滑时，很多国家开始步入低速经济增长的阶段，因此，劳动力的增加对经济增长有着重要的作用。

（三）技术进步

技术进步主要通过两种途径来推动经济增长，第一，通过渗透和影响生产力的三要素来提高生产率，从而推动经济增长；第二，国民生产总值的一个重要组成部分以及经济增长的一个重要来源就是独立的产业产值，它是在高科技的基础上形成的。总之，随着经济的发展，技术进步在经济增长中所做的贡献也越来越大，成为促进经济增长的最主要因素。有研究表明，美国产量的增长绝大多数都是科学技术进步带来的，只有一小部分归之于劳动力和资本的贡献。

三、经济增长理论的发展

每个人对采用何种方式促进经济增长的看法存在差异，一部分经济学家强调，为了促进经济增长，必须增加投资；另一部分经济学家主张政府应制定相应的政策，以刺激研发活动，从而推动技术变革；还有一部分经济学家比较重视培训对劳动者的作用；甚至有部分经济学家认为，推行经济保护主义的方法行之有效。

影响经济增长的因素众多，经济学家试图弄清各种要素对于经济增长的相对重要性。下面将讨论几种重要的经济增长理论，这些理论为本书计量模型的推导奠定了基础。

（一）古典经济增长理论

在资本主义的产生与发展过程中，西方经济学说史中已经有丰富的经济发展思想。西方经济学家开始并越来越重视生产力水平如何提高、社会财富如何增进、国民经济如何改善等问题，这些问题的实质就是生产日益社会化过程中的经济发展问题。其代表人物有亚当·斯密、哈罗德、大卫·李嘉图、多马、马尔萨斯等。

亚当·斯密是西方古典经济学的创立者，是最早研究经济增长问题的人。他在阐述如何增加国民财富的时候指出财富增长的两种途径：第一，通过劳动分工提高劳动生产率；第二，增加生产性劳动的人数。斯密认为，决定财富生产的最关键的因素是资本积累，因为生产性劳动推动起来的资本的增加决定了是否增加生产性劳动。在这里，斯密实际上阐述了经济增长与劳动分工、技术进步和资本积累之间的内在联系，通过分析劳动分工和专业化，把经济增长与技术创新和制度创新联系在一起，与此同时，指出了引致劳动分工和技术进步的决定性因素是资本积累。

大卫·李嘉图与斯密的关于经济增长的观点基本一致，不同之处在于他把研究的重点从生产转向分配，以收入分配为主要线索，提出了经济增长理论。他指出，合理的收入分配对经济增长的决定作用，因为财富在地租增长缓慢的国家里增长得最快，并将收入分配和经济增长关联起来。与此同时，他也指出经济增长并不仅仅是一个技术过程，或者取决于投资和技术进步的表面关系。李嘉图的经济增长理论为深入研究经济增长背后的制度和结构因素提供了有价值的路径，但是，他认为经济发展的长期结果趋于停滞，这一观点在后来的经济发展中被证明有悖于实际。

马尔萨斯提出了有效需求可能不足的理论，他认为，从事生产性劳动的工人，其消费从来也不能单独给资本的持续积累与就业提供充分的激励，在最终的分解中，投资仅仅是为了提供消费所需，如果最终产品不能售出，投资就将不再发生。此外，在马尔萨斯的人口理论分析中，他还指出，如果工资比最低生存线高，那么人口将会继续增长；而如果工资低于最低生存线，则死亡率将会上升，从而人口的均衡状态出现在最低生存工资水平上。

哈罗德和多马分别提出的经济增长模型含义完全相同，故称哈罗德—多马模型。该模型在继承发展凯恩斯理论的基础上，引入了时间因素，同时，凯恩斯的“水平分析法”（国民收入水平、储蓄和投资水平）也被哈罗德—多马的“比率分析法”（增长率、储蓄率）所取代，从而使该模型理论走向长期化和动态化，说明经济增长过程中政府干预的必要性，并成为指导经济计划和政策制定的有效手段。但是，它也存在缺陷，首先，过分强调经济增长的根本动力来自资本积累；其次，储蓄等于投资的假设不适用于发展中国家；最后，没有讨论技术进步的效应。

古典经济增长理论在经济增长理论体系中占有重要地位，成为研究经济增长问题的基本脉络，奠定了经济增长理论的基础。然而，古典经济增长理论对经济增长的解释主要集中在劳动力和资本两大要素上，特别强调物质资本的影响，并把资本存量规模，特别是资本积累的速度看作影响经济发展的核心因素，把科学技术当作外生变量，忽略了科技发展的巨大作用。道格拉斯生产函数和哈罗德—多马模型是这一时期主要的函数模型。道格拉斯生产函数表示的是增加要素投入或者提高技术水平都会引起产量的增加，产量依赖于技术状态及资本和劳动力投入；哈罗德—多马模型研究的是资本增加对经济增长的作用。

（二）马克思关于科学技术是第一生产力的理论

马克思在《资本论》一书中，通过对资本主义经济发展历程的考察，较早地注意到了科技进步对经济增长的作用，认为科学技术是生产力，并着重论述了生产量扩大可以不用依赖资本增量的情况。与此同时，马克思还指出了实现扩大再生产的唯一源泉并不是资本积累，生产逐年扩大应归于两个主要的原因：“首先，投入生产的资本不断增长；其次，资本使用效率的不断提高”。他还指出了劳动生产力是由自然条件、生产过程的社会结合、工人的平均熟练程度、生产资料的规模和效能、科学发展水平以及它在工艺上应用的程度等多种情况决定的，并不是由单一的某一个因素所决定。除此之外，马克思还提出了生产力中也包含科学的论断，科学要想转化为生产力必须通过技术这一中介或桥梁才能发生作用。科学技术的发展程度决定了生产力的发展水平，但两者是相互关联、相互影响的，生产力的发展水平以科学技术发展程度为基础，反过来，社会生产力对科学技术的产生和发展又具有巨大的推动作用。同时，科学技术又受社会经济制度强有力的制约作用，即科学技术、社会制度和经济发展共同构成了相互依赖相互促进的共同体。然而，马克思并未将技术进步作为一个因素写进扩大再生产的模型中，而是写进发展了的扩大再生产模型中。随后，列宁将技术进步这一因素引入扩大再生产模型中。

综上所述，马克思主义关于科学技术与经济增长相互关系的基本思想可以概括为以下几点：首先，在劳动及社会化大生产的具体过程中，产出量的变化必然对应着投入各要素的相应变化；其次，对于经济的持续增长而言，通过提高生产要素的投入量是不可取的，因为生产要素的投入增长是有限的，必须要通过提高投入要素的产出效率来达到，这样一来就可以在同量或少量投入的前提下，有较多产出，或者为了同量的产出减少投入，而这一目标只有通过科技进步才能够实现；最后，生产力水平的提高、生产装备水平和生产工艺的改进、劳动者素质及经营管理水平的提高得益于各生产要素受科技进步的影响而产生作用，同时，一定数量生产要素的结合方式得到改进，并且只有通过科技进步才能提升其使用价值。

（三）新古典经济增长理论

20 世纪 50 年代中期，美国经济学家罗伯特·索洛和英国经济学家斯旺通过实验研究修正和补充了哈罗德—多马增长模型，提出经济增长的重要源泉是技术进步，从而创立了新古典经济增长理论。

新古典经济增长模型又称索洛—斯旺模型，该模型认为，从长期来看，技术进步是经济增长的主要或者唯一动力。假设在完全竞争的条件下，该模型仅研究某一国家的经济增长，资本边际收益递减，外生技术及其收益不变，资本与劳动可以相互替代。为此，索洛在生产函数中引入技术因素并假设其为外生变量，并且保持固定的增长速度，即技术进步率。技术进步使资本的边际收益不断提高，同时抵消了其随人均收入增加而递减的倾向，使人均收入实现持续增长。随后，在《技术变化和总量生产函数》一文中，索洛还提到了全要素生产率的分析方法，并使用该方法验证新古典增长模型时得到，经济增长一大部分都源于技术进步，而劳动力和资本投入只占了不到一半的比例。索洛强调技术进步对于更高生活水平的重要性，技术进步不仅包括生产技术的提高，还包括劳动力和资本质量的改进。新技术一般体现在资本之中，同时它还被应用到新的设备与工厂之中。

新古典经济增长模型说明了储蓄和人口增长如何决定经济稳定状态的资本存量，以及稳定状态的人均收入水平。一反经济增长理论中“资本积累是决定因素”的传统看法，提出了技术进步对经济增长的观点。由于可以通过调节资本—劳动比例来改变资本—产量比例，以增强经济增长率的调节性和稳定性，从而克服哈罗德—多马模型中的“刃锋”问题。与此同时，突出了市场调节的作用。

新古典增长理论模型在修正古典经济增长理论的一些缺陷的同时，自身还存在一些局限性。第一，新古典增长理论阐述了技术进步的重要性，也让人们意识到了技术进步对经济增长的重要作用，但与此同时，它又将技术进步这一重要因素假设为外生的，又排除了影响经济增长的决定性因素。第二，该理论认为各国经济增长率发展趋于同向化，因为它认为发展中国家比发达国家的经济发展更快，然而事实上，各国的经济增长率存在很大的差异，经济增长率各不相同，不会趋于同向。第三，新古典增长理论表明政府的经济决策不会对经济的长期增长产生影响，而最终的事实告诉我们，这点理论预测与实际不相符，政府的一些经济决策不仅会对居民的生活水平产生影响，还会影响经济的长期发展。

（四）新经济增长理论

以索洛等人为代表的经济学家向人们证明了科技在经济增长中的关键作用，但是他们都认为技术进步是外生的，因此，又被称作外生经济增长理论。20 世纪 80 年代中期，增长理论领域有了新的突破。以罗默、卢卡斯为代表的经济学家以舒尔茨的人力资本投资理论为基础，将人力资本这一因素引入经济增长模型中，提出了新经济增长理论，即内生经济增长理论。这里的人力不仅包括劳动力的绝对数量和该国所处的平均技术水平，而且还包括劳动力的教育水平、生产技能训练和相互协作能力的培养等，这些统称“人力资本”。技术进步内生增长模型的基础是：技术与知识要素是一个生产投入要素，在经济增长中并非只起部分的辅助功能，因此，技术进步是经济增长的核心；成本只是生产开发本身的成本，知识商品可反复使用，无须追加成本；大部分技术进步是出于市场激励而导致的有意识行为的结果。内生经济增长理论大致有两种模型，第一种是建立在阿罗的干中学模型基础上的模型，包括罗默的知识外溢和卢卡斯的人力资本模型等；第二种是将 R&D、不完全竞争整合进增长框架的技术进步模型，包括罗默、阿洪等，第二种模型明显受到熊彼特创新思想的影响。

以阿罗的“干中学”概念为基础，罗默提出了知识溢出模型，该模型以知识溢出和知识生产为基础。罗默（1986）假定代表性厂商的产出是该厂商的知识水平、其他有形投入（如物质资本和原始劳动等）和总知识存量 K 的函数。对于个别厂商的自身投入而言，该生产函数表现出规模收益不变、满足新古典生产函数的假定。然而，如果将 K 考虑在内，则这一生产函数对于代表性厂商和整个经济具有不同的含义：代表性厂商将总知识水平 K 视为给定的变量，因此生产函数表现为不变规模收益；但对整个经济（假定它由 N 个同质的厂商组成）而言，由于对于任何常数 $\lambda>1$ 有 $F(\lambda k_i, \lambda K, \lambda x_i) > F(\lambda k_i, K, \lambda x_i) = \lambda F(k_i, K, x_i)$，因此生产函数 F 表现为规模收益递增。在这里，总知识水平 K 成为外部性的来源。此外，罗默（1986）还假定 K 的增长率取决于 K 水平和投资数额（产出中没有用于消费的部分）。这样，罗默模型实际上同“干中学”模型一样，通过知识积累的“副产品”性质和知识存量的外部性得到了内生增长。

卢卡斯在增长理论方面的重要贡献体现在他的一篇开创性论文《论经济发展机制》，该论文为新增长理论的产生奠定了基础。文中提出了两个内生增长模型，并揭示了新古典增长模型的经验缺陷，即不能解释国家之间收入水平和增长率的巨大差异。第一个模型是人力资本外部性模型。在模型中，人力资本投资所产生的收益没有全部被投资者获得，投资具有正的溢出效应。由于存在人力资本的外部性，经济中最优产出增长率高于均衡增长率。人力资本增长率是非工作时间的线性函数。另外，整个经济可以实现内生的增长，由于生产具有规模收益递增的性质。如果不存在人力资本的外部性，经济甚至将以更高的增长率增长。这一结论很重要，它意味着增长的发动机不是外生的技术变化而是内生的人力资本投资。人力资本外部性模型可以解释各国持久收入的差异，但不能解释增长率的差异。该模型解释了存在人口从发展中国家向发达国家移民的强大吸引力的原因，是因为人力资本具有正的外部性，相同技术水平的工人在人力资本平均水平较高的国家中获得较高的工资。第二个模型是“干中学”的外部性模型。该模型包括两种商品和两个国家。在模型中，一种商品的生产率比另一种商品的生产率增长得更快；学习完全外在于厂商但完全内在于生产国；一国专业化于生产哪种商品完全取决于初始资源配置。如果两种商品的替代性强，生产率增长快的那种商品的消费将比另一种商品增长更快。当且仅当两种商品的替代性强时，专业化于生产知识密集型商品的国家才具有更高的增长率。一国开放贸易可能导致该国专业化于生产知识密集度低的商品，从而降低该国的增长率。

新增长理论在世界各国范围内和经济界都产生了较大的影响与轰动，也对经济增长方式和经济发展道路提出了很多意义深刻的意见与见解，无论是在理论上还是在现实中都有一定的借鉴意义。目前，新经济增长理论仍在不断地探索与研究，可以有效地帮助我们认识到现代经济中知识、人力资本和科技所起的重要作用。对于中国而言，经济增长理论的分析对中国经济未来的发展和增长具有重要的启示作用，是研究中国经济增长的基本方法。

第三节　科技投入影响经济增长的机理

科技投入在推动社会经济进步方面起着不可或缺的重要作用，然而科技投入并不是经济增长的直接因素，通常要经过一定的过程，才能够对经济增长产生促进作用。这一过程大致是在人力、物力、财力三者有机结合的基础上，通过科技的合理投入，有效带动科技活动的开展，进而促进了科技产出。在此基础上，经过科技成果的一系列转化，可以有效地在现实生产实践中进行运用，从而增加了物质资本的使用效率，进一步促进了技术的进步，主要表现在以下三个方面：降低成本的同时提高了物质资本的使用价值；在保证物质资本使用价值的前提下降低了生产成本；生产成本不变的前提下提高了物质资本的使用价值。最后，技术进步再通过经济效益、经济结构和经济增长方式等多方面对经济总体产生影响。综上，科技投入对经济增长贡献的机理大体上是：科技投入首先经过一系列的过程促进了技术进步，技术进步再进一步地促进经济增长。

一、科技投入促进科技进步

科技投入大致可以分为三部分：为获取经济和社会效益对技术改造和创新的投入；对为获取科技成果开展理论研究工作的投入；对科学技术服务的投入。在科技系统内部，项目参加人员通过利用筹集到的科研设备及资金进行研究工作，并取得预期的科研成果，进而对科研成果进行监督推广和改进工作。在此基础上，有效运用科研成果，继而实现技术进步。因此，一项具体科研项目的完成大致经历了科研经费投入、科研设备支持、科学研究与开发、科技成果鉴定、成果监督及推广等几个步骤。

具体的运作机理表现在：首先是准备必要的科研条件，投入一定的科研经费和试验设备，在此基础上，科研人员进行科技活动，主要包括研究与发展活动等，在这一过程中，有机结合了科技人力、物力、财力，从而获得了科研成果。科研成果有一定的表现形式：发明或专利、论文或专著、技术贸易、获奖成果、科技人员科研水平的提高、科技产业产值等，这些表现形式无法从根本上定量反映，也有很多定性的反映。科研成果是人类知识和智慧增加的核心价值体现，对人类社会进步和经济发展都产生重要的影响。其次是科研成果的转化，通过转化可以将科研成果应用到实际生产的过程中，在转化的过程中，改进了工艺流程，提升了新产品的技术含量。最后是科技成果的推广，在有效地转化科研成果之后，经过科技服务活动得到推广，实现最终的技术进步，这里所说的技术进步主要是广义上的技术进步。广义的技术进步一般包括生产工艺的改进、劳动者素质及设备技术水平的提高、组织结构的优化、政策调整的作用以及管理水平的提升等，是在经济增长中除资金和劳动力投入数量之外的其他因素的共同贡献。

总结以上科技投入促进科技进步机理的过程可知，科技投入对技术进步的促进作用是通过提高人力资本和物质资本的效率来实现的，对技术进步起着非常重要的推动作用。

二、科技进步促进经济增长

科技投入促进了科技进步，科技进步进一步地促进了经济增长，这主要表现在以下几个方面：

（一）科技进步推动经济总量的不断增长

科技进步推动经济总量的增长主要是在资本和劳动投入不变的情况下，由于技术进步的贡献导致的经济总量的增长，从整体到局部体现在三个方面：第一，从世界科技发展史看，由于科学技术在经济增长中所占的比重不断上升，所以，推动经济增长的贡献也越来越大。第二，从全球看，20 世纪 50 年代，世界各主要资本主义国家的科技进步对经济增长的贡献都超过了生产要素的投入量对经济贡献率的总和，这里的生产要素投入量主要指劳动力和投入资本。20 世纪 70 年代初期，西方主要发达国家的科技进步对经济增长的贡献率进一步提高，上升到 50%，现已经达到了 80%。第三，从中国经济的发展情况看，虽然科技进步对经济增长的贡献率与发达国家相比有较大的差距，但是科技进步对经济增长的贡献率也由 1952—1982 年的年均 27.3% 增长到 1980—1990 年的年均 30% 左右，科技进步在经济增长中的贡献不断提高，所占比重也不断上升。

例如，湖南省素有“杂交水稻之乡”，1980—1994 年农业科技进步对农业生产的贡献率就达到了 34.1%，同期的工业生产中工业科技进步对工业生产的贡献率为 37.5%，总之，科技进步对经济增长带来了很大的效益。进入 20 世纪 90 年代以后，科技进步对经济增长的贡献率更是不断上升，现已经接近 40%。虽然要素投入量的增长是有限的，但技术进步是无限的，同时，我国的资源状况也决定了我国的经济发展不可能走高能耗、粗放经营、浪费的道路，而必须选择集约经营、节约、低耗的道路。所以，经济增长更加需要科技进步的推动来实现，而不能仅靠生产要素的增加来实现。

（二）科技进步促进经济效益的提高

生产工艺水平的改善以及生产设备技术水平的提高都是科技进步的主要表现。首先，生产工艺水平是技术水平的主要标志之一，其生产工艺水平的高低对产品质量、生产消耗、产品成本都起着十分重要的作用。其次，生产的自动化、生产设备的大型化等可以降低成本，提高投入产出效率，提高企业生产的规模效益。与此同时，劳动者素质是影响经济效益的重要因素之一，而科技进步可以提高劳动者的素质。科技进步不仅可以提高劳动者的知识、劳动技能、智力等，还影响着劳动者的生活水平、生活方式、延长寿命、改善健康等多个方面，从而使之能与先进的工艺、先进的设备相互配合，并使其充分发挥作用，从而也相应地提高了经济效益。除此之外，相比提高设备水平、改善生产工艺等硬技术的进步，软科学的技术进步也对经济效益产生更大的影响。所以，科技进步还包括软科学技术的进步，具体表现在宏观和微观决策管理水平的改善和提高。软科学技术对经济效益产生的影响主要实现在生产前后，是从更高层次实现经济效益的提高，具有少投资或不投资就能大幅度提高经济效益的特点。因此，科技进步和创新通过吸收新的技术成果能够有效地采用先进的工艺和设备，改善管理的组织过程，促进产业的高层次和产品的高密化，促进产业技术结构趋于合理化，提高社会劳动生产效率，从而不断满足人民群众的物质文化需求，提高整体的经济效益。

（三）科技进步推动经济增长方式的转变

由于经济增长的持续积累和经济规模的不断扩张，以粗放经营为主的经济增长方式带来的低产出、低效益、高投入、高消耗的矛盾越来越严重，也愈显突出。这就在客观上要求转变以前的外延式经济增长方式，转向主要通过提高经济效益、具有高效率的资源配置的内涵式经济增长。而科技的创新和应用决定了这种转变，因为实现经济增长的集约化需要通过提高科技创新在经济增长中的贡献份额来实现。因此，科技进步不仅是经济增长的引擎，而且是经济增长方式的助推器。

只依靠劳动力和资本的追加投入等低效率的产出来维持企业的生产经

营是不可取的，因为没有科技进步，很难满足人民群众日益增长的物质和文化需求。同时，实际的情况也表明，由于科技的进步，经济得到了巨大的发展。科技推动经济增长方式转变主要表现在以下几个方面：第一，科技进步把企业引上集约化经营轨道，可以更好地使经济活动主体实现规模经济。第二，科技进步提高了宏观经济效益，可以促使经济结构向合理化、高级化发展，从而推动经济的快速发展。第三，科技进步有利于减少生产成本，提高生产要素的产出率，实现集约增长。总之，一方面，由于科技进步，管理技术亦随之提高，从而提高经济资源的综合利用率，实现经济资源的优化配置，扩大投入—产出比率。另一方面，科技进步使生产技术不断更新，专业化程度、生产自动化不断提高，从而提高了投入要素的利用率，降低产品成本，并提高产品性能，增加产品总量，实现了企业最终的集约化经营。

（四）科技进步促进经济结构的调整

科技创新是优化产业结构的主导力量，有利于促进经济结构的调整。各国工业化的进程表明，任何一个国家经济的稳定、持续、协调发展，都离不开该国产业结构的优化升级。产业结构的升级一方面意味着投入比例和劳动生产率的不断提高，另一方面也意味着传统技术的适当更替和改进以及高技术的产业化。科技创新是产业结构优化升级的根本推动力，推动生产力大力发展的同时，提高了劳动生产率和经济效益，并在此基础上来影响消费者的需求偏好以及各产业的投入产出，进而调节产业结构。最后，以科技创新为前提和动因的产业结构的升级，不断扩散到了生产领域的各个方面，比如，生产组织、生产要素、生产条件都要重新组合，生产结果、劳动对象、生产手段都会发生质的变化，其结果会进一步形成积累效应，从而必然取代一些传统部门，紧接着造就和培育出新的高新技术组合，最终使一个国家的产业结构趋于高级化。

第一，科技进步促使新的产业部门的形成。科技进步打破了原有技术个体间的联系以及技术体系的内在平衡，使原有产业、产业部门分解，形成新的产业和产业部门。新产品、新能源、新工艺、新材料的发明及应用，拓宽了生产活动空间，扩大了社会分工范围，形成了新的生产门类和部门。三次产业革命的历史实践表明，科技进步可以促使新兴技术领域的开拓，并带来一系列的新产业群。这样一来，导致了新产品的不断出现以及各种资源的合理利用，并随着新产品生产规模的日益扩大，就逐渐形成了新的产业部门。

第二，科技进步使经济结构发生巨大变革。因为科技进步是形成产业分工的基础，所以产业结构的每一次重大变化或调整，都与科技进步密切相关。当科技进步积累到一定程度，使生产方式发生变革，尤其是当某种新技术将引起若干产业部门的生产效率产生飞跃时，就会使整个产业社会技术体系发生革命，从而使产业结构发生急剧变化，使生产能力产生质的变化，使三次产业结构从农业科技发展到一系列纺织机械的发明和蒸汽机广泛使用，再到以电子计算机为代表的一系列新技术的发展，这样层级递进的依次出现和重点转移都说明，科技进步推动着产业结构的变革。

第三，科技进步引起产业结构的优化升级。实践证明，科技进步成为产业优化升级的强大动力，因为科技进步提高了经济增长的效用，推动了现代产业的发展，已经逐步超越了原先依靠资本、劳动力等资源的投入。在此基础上，科技进步不断了扩展人们对自然资源要素能力的认识和利用，提高了原有自然资源的使用效果、劳动力要素的边际生产率、资本的边际生产率，改进了劳动力质量、资本的结构和数量，因而改变了产业间生产要素流动的格局，促进了产业结构的合理化。与此同时，技术创新也使得了传统产业得到了改进，从而促进产业结构的高度化。通过技术创新，原有的生产设备、生产技术、生产工艺不断更新改造，不仅提高了产品的质量，延长了原有产品的寿命，同时还大大提高了劳动生产率。总之，科技进步使产业结构不断向合理化、高级化发展的这一过程中，带动了整个经济的协调发展，从而使资源配置效率和宏观结构效益得到了极大的提高。

三、科技投入影响经济增长机理图

由上述机理分析，我们可以看出：科技投入是科技进步的物质基础和前提。没有较好的科技投入，就没有较好的科技产出，更谈不上科技成果转化应用，促进科技进步，使科技进步能进一步促进经济的增长。因此，要加快科技进步，加大科技进步对经济增长的促进作用，首先必须更好地提高科技投入水平，合理地进行投入。

总之，对经济增长的要求，具体转化为对科技进步的要求，对科技进步的要求又具体转化为对科技投入的要求，因此，经济增长的要求最终转化为对科技投入的要求。科技投入是影响经济增长的重要因素。

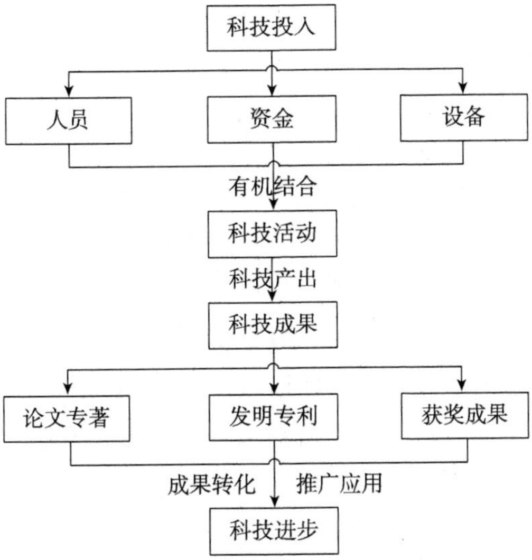

图 3-4　科技投入促进科技进步的机理图

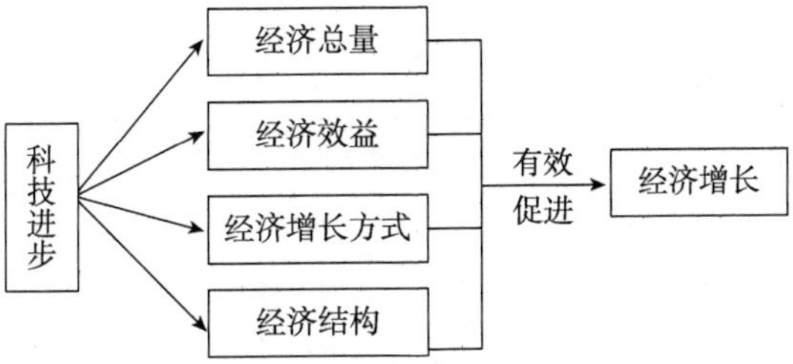

图 3-5　科技进步影响经济增长的机理图

第四章　河南省科技投入的现状及其问题分析

本章共分为两小节，包括河南省的科技投入现状和科技投入存在的问题及原因分析。第一节主要从河南省的科技活动投入指数和强度、财政科技投入情况、R&D 经费投入构成及使用情况、科技人力投入与科技投入投向分析和科技产出情况分析出发，分别从河南省在全国的地位、河南省与发达省份之间、河南省在中部地区的战略地位以及河南省的高新技术产业这几个方面来多角度、全方位地分析河南省科技投入的现状。第二节主要是基于河南省科技投入的现状，进行问题和原因的分析。该章节通过对河南省科技投入的现状、存在的问题以及问题背后的原因进行分析，目的是更好地把握科技投入对经济增长的影响，并为接下来第六章的实证奠定基础。在这里需要说明的是，由于指标之间的统计口径不一致，以及部分指标随着时间的推移不再进行统计，或者归入其他指标的统计等多方面因素，造成数据整理的过程中并没有一个统一的时间区间，但是书中所涉及的时间指标数据足以说明问题。

第一节　河南省科技投入现状

科学技术作为社会动力的引擎，要得到高度的重视，我们要认识到科学技术是第一生产力。当代社会经济发展的第一推动要素就是科学技术，科学技术的发达一方面可以使人民技术知识更加充足，劳动技能更加提高，参与人群更加扩大；另一方面科学技术反作用于社会生产力，进一步地挖掘社会财富。每一个产品竞争力的增强，每一个新兴产业的诞生往往离不开科学技术的重大突破。一个国家只有具备了充足的科技实力，才能使它在国际竞争中占据主动地位。虽然我国的科学技术较之以前已经有了一个较大的进步，但是，我们也应认清现实，认识到我们与发达国家还有一个较大的差距，距离现代化建设的要求还有一段路程要走。所以，我们要不断提高在科技方面的创新手段和方法，加大对科学领域中技术发展方面的投入。科技投入是科技进步的物质基础和前提，科技投入的水平直接影响着科技的进步。要进一步提高河南省科技进步水平和科技进步贡献率，必须认识与分析河南省科技投入的现状。

近几年，河南省出台了一些关于科技投入的相关政策，为了建立健全财政科技投入稳定增长机制，具体包括创新财政科技投入方式、加强财政科技经费管理以及加大财政资金引导科技创新投入的力度等。具体的做法有：强化企业研发投入的主体地位和引领地位、发挥政府在研发投入中的引导作用以及拓宽研发投入的外部渠道。与此同时，自 1991 年国务院批准河南省成立郑州高新技术产业开发区（以下简称高新区），紧接着，至 2015 年 9 月，陆续批准成立郑州、洛阳、安阳、南阳、新乡、平顶山、焦作共 7 个国家级高新区。2016 年 4 月 5 日，国务院又批准成立郑洛国家自主创新示范区，郑州、洛阳、新乡三个高新区成为郑洛新国家自主创新示范区的核心区域。2016 年河南省第十次党代会提出要“奋力建设中西部地区科技创新高地”，对在全省科技创新中起排头兵作用的高新区发展提出了更高的要求。因此，高新区创新发展的水平、创新能力在全省创新高地建设以及全面了解河南省科技投入的现状具有举足轻重的地位和作用。

因此，对于科技领域的投入，是生产中所必需的，也是用来支持开展相应的科技活动所必需的投入。本章将在认识河南整体科技投入水平的基础上，结合相关科技投入指标，从不同的视角出发，将河南与全国科技投入现状进行对比分析，以及分析河南省 7 个国家级高新区工业企业研发及相关情况。对河南省科技投入总体水平的概括主要包括对科技活动投入指数和强度、财政科技投入情况、R&D 经费投入、构成及使用情况、科技人力投入与科技投入投向分析、科技产出情况分析。需要说明的是，科技产出情况是对科技投入情况的一种成果上的体现，它间接地反映了科技投入的情况。

一、科技活动投入指数和投入强度分析

结合《全国科技进步统计监测报告》中科技活动投入指数的数据和排名，整理出表4－1。从表4－1可以看出，河南省整体的科技投入水平有所提升，截至2016年，河南省科技活动投入指数较往年有大幅度的提高，在全国省份中的排名也稳步提升。然而在河南省科技活动投入指数值逐年提高的情况下，仍是低于全国的平均指数。并且，河南省在中部六省以及全国的排名较去年却没有变化，说明该地区科技进步水平虽有所提高，但仍然没有达到“超越”的速度。

表4－1　2004—2015年河南“科技活动投入”指数及排名

年份	河南科技活动投入指数（%）	全国平均指数（%）	河南在中部六省中的排名	河南在全国省份中的排名
2004	26.43	42.74	5	22
2005	26.57	42.08	5	23
2006	29.79	47.74	5	22
2007	35.58	52.2	3	18
2008	35	55.13	6	22
2009	37.19	55.13	6	22
2010	43.45	57.76	5	21
2011	42.64	58.52	5	19
2012	44.47	60.54	5	17
2013	48.08	63.81	5	18
2014	51.52	65.59	5	16
2015	51.58	65.07	5	16

从全国的科技投入强度及排名情况可以看出，2009年R&D科技投入强度排名前五的分别是北京、上海、天津、陕西和江苏，但是R&D科技投入强度的百分比整体来看都较小。河南省的R&D科技投入强度仅为0.9%，排在第21名，海南省的R&D科技投入强度最低为0.35%。2010年R&D科技投入强度排名前五的没有改变，但是排名第一的北京R&D科技投入强度较去年的整体水平有所提高，上升了0.32个百分点。与此同

时，河南省的 R&D 科技投入强度在全国的排名较去年也前进了一名。2011 年 R&D 科技投入强度排名前五的是北京、上海、天津、江苏和陕西，排名第一的北京 R&D 科技投入强度相比去年有所下降，同时江苏和陕西的 R&D 科技投入强度开始慢慢拉开差距，江苏省的 R&D 科技投入强度一反往年，比陕西省高出了许多。在该年份，河南省的 R&D 科技投入强度虽然在量上增长很小，但是其整体排名前进了两名。2012 年 R&D 科技投入强度排名前五的是北京、上海、天津、江苏和广东，R&D 科技投入强度的整体水平较去年有了很大的进步，但是陕西省的 R&D 科技投入强度由 2011 年的排名前五名下降到 2012 年的第八名，相反，广东省的 R&D 科技投入强度在不断地提升。再来看河南省，河南省的 R&D 科技投入强度在全国的排名变化不大，虽然在全国的排名下降一个名次，但是 R&D 科技投入强度的百分比有了较大的提升。

2013 年 R&D 科技投入强度排名前五名的和 2012 年相比，基本没有变化。但是，河南省的 R&D 科技投入强度和去年相比又上升了一个名次。2014 年 R&D 科技投入强度和 2013 年相比，相对稳定，河南省的 R&D 科技投入强度的百分比稳步前进，在全国的排名中又提高了一个名次，排第 17 名。2015 年 R&D 科技投入强度有了小幅度的提高，排名前五名的仍是北京、上海、天津、江苏和广东，河南省的 R&D 科技投入强度在全国的排名和去年相比，没有变化。2016 年，各省份的 R&D 科技投入强度变化不大，河南省的 R&D 科技投入强度在全国的排名和去年相比又提高了一个名次。总体来说，2009—2016 年，全国各省份的 R&D 科技投入强度都有较大的提高，但是地区间的差异比较大，与此同时，河南省在这期间，R&D 科技投入强度在不断地提高，排名也在稳步上升。

表 4-2 中国各省份 2009—2016 年 R&D 科技投入强度及排名情况

单位:%

地区	2009 年	排名	2010 年	排名	2011 年	排名	2012 年	排名	2013 年	排名	2014 年	排名	2015 年	排名	2016 年	排名
北京	5.50	1	5.82	1	5.76	1	5.95	1	5.98	1	5.95	1	6.01	1	5.96	1
天津	2.37	3	2.49	3	2.63	3	2.80	3	2.96	3	2.96	3	3.08	3	3.00	3
河北	0.78	22	0.76	22	0.82	22	0.92	20	0.99	20	1.06	20	1.18	18	1.20	18
山西	1.10	19	0.98	18	1.01	17	1.09	16	1.22	16	1.19	16	1.04	20	1.03	20
内蒙古	0.53	28	0.55	28	0.59	28	0.64	27	0.69	25	0.69	25	0.76	25	0.79	25
辽宁	1.53	10	1.56	10	1.64	10	1.57	11	1.64	11	1.52	12	1.27	15	1.69	13
吉林	1.12	16	0.87	21	0.84	20	0.92	21	0.92	22	0.95	22	1.01	22	0.94	23
黑龙江	1.27	13	1.19	14	1.02	16	1.07	18	1.14	17	1.07	19	1.05	19	0.99	21
上海	2.81	2	2.81	2	3.11	2	3.37	2	3.56	2	3.66	2	3.73	2	3.82	2
江苏	2.04	5	2.07	5	2.17	4	2.38	4	2.49	4	2.54	4	2.57	4	2.66	4
浙江	1.73	6	1.78	6	1.85	8	2.08	6	2.16	6	2.26	6	2.36	6	2.43	6
安徽	1.35	12	1.32	12	1.40	11	1.64	10	1.83	9	1.89	9	1.96	9	1.97	9
福建	1.11	17	1.16	16	1.26	14	1.38	14	1.44	13	1.48	13	1.51	13	1.59	14
江西	0.99	20	0.92	19	0.83	21	0.88	22	0.94	21	0.97	21	1.04	21	1.13	19
山东	1.53	9	1.72	8	1.86	7	2.04	7	2.13	7	2.19	7	2.27	7	2.34	7
河南	0.90	21	0.91	20	0.98	18	1.05	19	1.10	18	1.14	17	1.18	17	1.23	16
湖北	1.65	8	1.65	9	1.65	9	1.73	9	1.80	10	1.87	10	1.90	10	1.86	10
湖南	1.18	15	1.16	15	1.19	15	1.30	15	1.33	15	1.36	15	1.43	14	1.50	15
广东	1.65	7	1.76	7	1.96	6	2.17	5	2.31	5	2.37	5	2.47	5	2.56	5

续表

地区	2009年	排名	2010年	排名	2011年	排名	2012年	排名	2013年	排名	2014年	排名	2015年	排名	2016年	排名
广西	0.61	26	0.66	25	0.69	25	0.75	24	0.75	24	0.71	24	0.63	26	0.65	26
海南	0.35	30	0.34	30	0.41	30	0.48	30	0.47	30	0.48	30	0.46	30	0.54	30
重庆	1.22	14	1.27	13	1.28	13	1.40	13	1.38	14	1.42	14	1.57	12	1.72	12
四川	1.52	11	1.54	11	1.40	12	1.47	12	1.52	12	1.57	11	1.67	11	1.72	11
贵州	0.68	25	0.65	26	0.64	26	0.61	28	0.58	28	0.60	28	0.59	27	0.63	27
云南	0.60	27	0.61	27	0.63	27	0.67	26	0.67	26	0.67	26	0.80	24	0.89	24
陕西	2.32	4	2.15	4	1.99	5	1.99	8	2.12	8	2.07	8	2.18	8	2.19	8
甘肃	1.10	18	1.02	17	0.97	19	1.07	17	1.06	19	1.12	18	1.22	16	1.22	17
青海	0.70	24	0.74	23	0.75	23	0.69	25	0.65	27	0.62	27	0.48	29	0.54	29
宁夏	0.77	23	0.68	24	0.73	24	0.78	23	0.81	23	0.87	23	0.88	23	0.95	22
新疆	0.51	29	0.49	29	0.50	29	0.53	29	0.54	29	0.53	29	0.56	28	0.59	28

资料来源：2010—2017年历年的《中国科技统计年鉴》。

从河南省的研发投入强度以及与国内先进省份的比较来看，党的十八大以来，随着国家创新驱动发展战略的实施，河南省研发投入稳定增长，研发经费投入强度持续提高，研发投入强度在全国的位次逐步前移，2016年投入强度（R&D与GDP之比）达到1.23%，比2015年提高0.05个百分点，比2012年的1.05%提高0.18个百分点，平均每年提高0.045个百分点；在全国的位次中，2016年为第16名，比2015年前移一名，比2012年前移三名。与全国发达省份相比，全国科技投入强度前10的省份中，北京、上海、天津连续8年稳居第一名、第二名、第三名。河南省在全国排位8年中也稳中有升，但投入强度还是远远落后于全国平均强度。

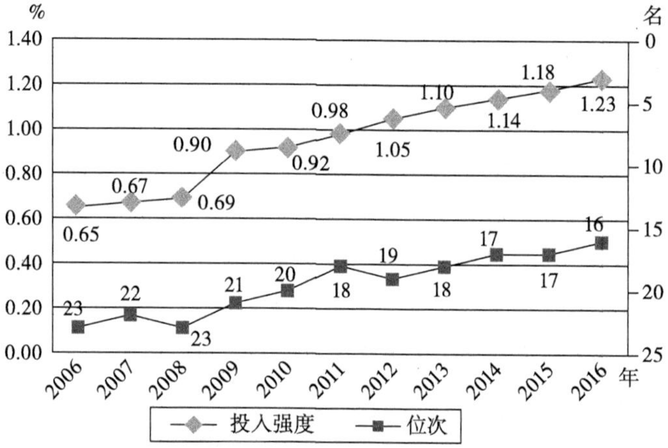

图4-1　河南研发投入强度及在全国的位次

表4-3　河南省R&D投入强度与国内先进省份比较　　单位：%

2009年			2010年			2011年			2012年		
地区	投入强度	排名	地区	投入强度	排名	地区	投入强度	排名	地区	投入强度	排名
北京	5.5	1	北京	5.8	1	北京	5.8	1	北京	6	1
上海	2.8	2	上海	2.8	2	上海	3.1	2	上海	3.4	2
天津	2.4	3	天津	2.5	3	天津	2.6	3	天津	2.8	3
陕西	2.3	4	陕西	2.2	4	江苏	2.2	4	江苏	2.4	4
江苏	2	5	江苏	2.1	5	陕西	2	5	广东	2.2	5
浙江	1.7	6	浙江	1.8	6	广东	2	6	浙江	2.1	6

续表

2009年			2010年			2011年			2012年		
地区	投入强度	排名	地区	投入强度	排名	地区	投入强度	排名	地区	投入强度	排名
广东	1.7	7	广东	1.8	7	山东	1.9	7	山东	2	7
湖北	1.7	8	山东	1.7	8	浙江	1.9	8	陕西	2	8
山东	1.5	9	湖北	1.7	9	湖北	1.7	9	湖北	1.7	9
辽宁	1.5	10	辽宁	1.6	10	辽宁	1.6	10	安徽	1.6	10
河南	0.9	21	河南	0.9	20	河南	1	18	河南	1.1	19
全国	1.66		全国	1.71		全国	1.78		全国	1.91	
2013年			2014年			2015年			2016年		
地区	投入强度	排名	地区	投入强度	排名	地区	投入强度	排名	地区	投入强度	排名
北京	5.98	1	北京	6	1	北京	6.01	1	北京	5.96	1
上海	3.56	2	上海	3.7	2	上海	3.73	2	上海	3.82	2
天津	2.96	3	天津	3	3	天津	3.08	3	天津	3	3
江苏	2.49	4	江苏	2.5	4	江苏	2.57	4	江苏	2.66	4
广东	2.31	5	广东	2.4	5	广东	2.47	5	广东	2.56	5
浙江	2.16	6	浙江	2.3	6	浙江	2.36	6	浙江	2.43	6
山东	2.13	7	山东	2.2	7	山东	2.27	7	山东	2.34	7
陕西	2.12	8	陕西	2.1	8	陕西	2.18	8	陕西	2.19	8
安徽	1.83	9	安徽	1.9	9	安徽	1.96	9	安徽	1.97	9
湖北	1.8	10	湖北	1.9	10	湖北	1.9	10	湖北	1.86	10
河南	1.1	18	河南	1.1	17	河南	1.18	17	河南	1.23	16
全国	1.99		全国	2.02		全国	2.06		全国	2.11	

从表4-4河南省规模以上工业企业的基本情况可以看出，近几年，河南省规模以上工业企业的个数，有研发机构的企业数以及有R&D活动的企业数在全国中的比例不断上升。R&D活动的企业数也有了量的飞跃。

表4-4 河南省规模以上工业企业的基本情况 单位：个，%

年份	企业数			有研发机构的企业数			有R&D活动的企业数		
	河南省	全国	占比	河南省	全国	占比	河南省	全国	占比
2009	18510	429378	4.31	1095	25391	4.31	1327	36387	3.65
2010	2536	45536	5.57	639	12568	5.08	645	12889	5.00
2011	18328	325753	5.63	993	25454	3.90	1250	37467	3.34
2012	19237	343769	5.60	1089	38864	2.80	1374	47204	2.91
2013	20495	360819	5.68	1178	43277	2.72	1750	55440	3.16
2014	21752	377868	5.76	1267	47689	2.66	2126	63676	3.34
2015	22893	383153	5.97	1565	52833	2.96	2454	73570	3.34
2016	23680	378579	6.25	1738	61765	2.81	2666	86891	3.07

由表4-5河南省高新区工业企业的基本情况可以看出，2016年河南省高新区有研发活动的企业为261个，占比为45.79%，远远高于全省有研发活动的企业占比，也高于所在市的平均水平。特别是处于郑洛新国家自主创新示范区核心区域的郑州、洛阳、新乡三家高新区，有研发活动得到企业占比分别达到69.86%、69.41%、55.71%，研发活动相对活跃。从研发机构来看，七个国家级高新区的570家规模以上工业企业中，有研发机构的企业为142家，占比24.91%，共拥有231家研发机构，远远高于全省7.34%的平均水平。郑州、洛阳、新乡高新区有研发机构的企业占比分别为38.36%、20.00%和40.00%。平顶山、安阳、南阳、焦作四个高新区有研发机构的企业占比也高于所在市的水平。

表4-5 2016年河南省高新区有研发活动及研发机构的企业数及占比

单位：个，%

地区	规模以上工业企业数	有研发活动的企业	占比	有研发机构的企业	占比
全省	23680	2666	11.26	1738	7.34
高新区合计	570	261	45.79	142	24.91
郑州高新区	146	102	69.86	56	38.36
洛阳高新区	85	59	69.41	17	20.00
新乡高新区	70	39	55.71	28	40.00

续表

地区	规模以上工业企业数	有研发活动的企业	占比	有研发机构的企业	占比
平顶山高新区	36	10	27.78	4	11.11
安阳高新区	51	13	25.49	7	13.73
南阳高新区	83	22	26.51	13	15.66
焦作高新区	99	16	16.16	17	17.17

对于工业企业来说，研发投入强度（研发经费投入占主营业务收入比重）是反映企业研发投入情况的通用指标。从投入强度来看，除安阳外，各高新区投入强度明显高于全市水平，比全省0.52%的平均水平高1.81个百分点，高新区合计达到2.33%，反映出高新区企业研发投入积极性较高。

表4－6　各高新区规模以上工业企业研发投入强度　单位：万元，%

地区	R&D 经费内部支出合计	主营业务收入	研发投入强度（研发经费占主营业务收入比重）
全省	4096962	792821349.8	0.52
高新区合计	394888.4	16946643.4	2.33
郑州高新区	132791.5	3608530.3	3.68
洛阳高新区	97177.8	2052798.4	4.73
新乡高新区	60314.1	3294483	1.83
平顶山高新区	25010.3	1432360.2	1.75
安阳高新区	3829.8	1266951.3	0.3
南阳高新区	44436.4	802625.9	5.54
焦作高新区	31328.5	4488894.3	0.7

二、财政科技投入情况

财政科技拨款分为直接拨款和间接投入。直接拨款指国家每年从财政支出中列出一部分支持科技投入；间接投入指国家通过减税等政策鼓励企业以及单位个人，将原本应该上缴的资金拨给企业鼓励其研发。地方财政科技拨款是国家财政科技拨款体系的重要组成部分，是保障地方科技计划实施和科研机构正常运行，贯彻落实“科教兴省”和河南省“十三五”建设科技发展规划的主要手段，在全社会多渠道科技投入中占据重要地位并发挥着引导和调节作用。无论是直接拨款还是间接投入，政府的资金投入都是科技投入的坚实后盾。只有政府财政的大力支持，人们才有动力进行科技研究。

虽然河南省用于科学研究的财政支出由 2002 年的 7.95 亿元上升到 2016 年的 96.1 亿元，总量一直在稳步前进，15 年内翻了 11 倍，但是投入的情况并不是十分理想，增长及其不稳定，2014 年和 2015 年财政科技拨款增长率仅有 2.23% 和 1.8% 。且用于科学研究的财政支出占地方财政支出的比重也相对偏低，且没有明显的增长。说明用于科学研究的财政支出稳定持续增长不足，占地方财政支出的强度也不够。

表 4－7　河南省财政科技投入增长情况　　单位：亿元，%

年份	用于科学研究的财政支出		地方财政支出		用于科学研究的财政支出占地方财政支出的比重
	额度	增长率	额度	增长率	
2002	7.95	9.66	629.18	23.71	1.26
2003	9.06	13.96	716.6	13.89	1.26
2004	10.4	14.79	879.96	22.80	1.18
2005	13.85	33.17	1116.04	26.83	1.24
2006	18.84	36.03	1440.09	29.04	1.31
2007	24.38	29.41	1870.61	29.90	1.30
2008	30.44	24.86	2281.61	21.97	1.33
2009	35.52	16.69	2905.76	27.36	1.22
2010	44.67	25.76	3416.14	17.56	1.31
2011	56.59	26.68	4248.82	24.37	1.33
2012	69.64	23.06	5006.4	17.83	1.39
2013	80	14.88	5582.31	11.50	1.43
2014	81.78	2.23	6028.69	8.00	1.36
2015	83.25	1.80	6799.35	12.78	1.22
2016	96.1	15.44	7453.74	9.62	1.29

资料来源：全国科技经费投入统计公报、河南科技统计年鉴、国家统计局。

三、R&D 经费投入、构成及使用情况

（一）R&D 经费投入情况

R&D 经费投入有利于河南省创造与创新能力的增强，是科技投入的重要组成部分。R&D 经费投入与国内生产总值之比，是评价一个国家或地区科技活动规模和水平的一个重要尺度。这一指标既考虑了科技活动经费的投入，又考虑了社会经济活动的产出，在很大程度上排除了地区之间经济实力的差距，从两者相关程度上考察科技经费投入，反映一个地区的科技投入强度，更具有可比性。该部分从整体到局部对河南省 R&D 经费投入状况进行分析。

首先，从全国的视角来看，我国 R&D 经费投入差异悬殊，地区间差异明显。1997 年，R&D 经费投入最高的地区为广东省，其值为 93. 15 亿元，排在第二名至第五名的省份依次为北京、江苏、四川和上海，其值分别为 55. 06 亿元、34. 34 亿元、30. 18 亿元和 29. 60 亿元，而 R&D 经费投入最低的地区为青海省，其投入仅为 0. 0049 亿元，其与排在首位的广东省的差距非常大。与此同时，河南在 1997 年的 R&D 经费投入为 3. 04 亿元，与排名第一的广东相差悬殊。再来看 2000 年，R&D 经费投入排在前五名的依次为北京、广东、上海、江苏、山东，而 R&D 经费投入最低的地区为海南省，仅为 0. 8 亿元，与排名第一的 155. 70 亿元相比，差距仍然比较大。从年均增长率来看，1997—2000 年北京的 R&D 经费投入年均增长率为 41. 41%，而广东的年均增长率仅有 4. 76%，所以在 R&D 经费投入上，1997 年广东排名第一而 2000 年北京排名第一。同时，山东省在 2000 年已进入 R&D 经费投入排名前五的序列，这是由于山东省从 1997 年到 2000 年的年均速度较快。另外可以发现，1997—2000 年 R&D 经费投入年增长率最高的是内蒙古，为 304. 12%，而在此时期 R&D 经费投入增长速度最慢的是贵州省，与 1997 年相比，2000 年的贵州省的 R&D 经费投入不但没有增加，反而出现了下降。河南省在这一时期有了较大的提升空间，年均增长率为 101. 31%，同时，在全国的名次也有所提高。

2005 年，R&D 经费投入排在前五名的依次是北京、江苏、广东、上

海、山东，2000—2005年，江苏省的R&D经费投入年均增长率高于广东省和上海市，其R&D经费投入已经超越北京排名全国第二。然而，山东省在这一时期增长速度较快，R&D经费投入已经与排名第四名的上海在总量上非常接近。同时，河南省的R&D经费投入在2005年也有了量的飞跃，但是R&D经费投入的年均增长率有下降的趋势，所以在全国的排名并没有很大的提高。2010年，R&D经费投入排在前五名的依次为江苏、北京、广东、山东、浙江，江苏省R&D经费投入增长速度在2006—2010年快于北京，2010年R&D经费投入已经超越北京排名全国第一。而浙江省在2006—2010年的增长速度快于上海，2010年R&D经费投入已排在全国的第五名。然而上海市由于R&D经费投入的年均增长率较低，已滑落至全国第六名。与此同时，河南省2010年R&D经费投入较之前有了很大的进步，年均增长率也有了较大的提高。

2014年，R&D经费投入排在前五名的依次为江苏、广东、山东、北京和浙江。从总量上来看，江苏、广东、山东、北京的R&D经费投入已超过1000亿元。从年均增长率来看，广东和山东的R&D经费投入的年均增长速度在2011—2014年明显快于北京，已超过北京分别位列全国第二和第三。这一时期，河南省的R&D经费投入为400亿元，在数量上较之以前有很大的提高，但是年均增长率仅为17.32%。2016年，R&D经费投入排名前五名的依次为广东、江苏、山东、北京和浙江。其中，江苏和广东的R&D经费投入已超过2000亿元，总量上有了很大的提升。这一时期，R&D经费投入年均增长率最高的是云南省，为24.32%。而河南省进步的空间并不是那么大，增长速度为11.5%。总体来说，由图4-2可以清晰地发现，1997—2016年，各地区R&D经费投入都有所增加，然而各地区R&D经费投入的差异非常大。而且，还可以看出“强者恒强，弱者恒弱”的现象。

表 4-8　中国各省份部分年份 R&D 经费投入及其年均增长率

单位：亿元，%

地区＼年份	R&D 经费投入						年均增长率					
	1997	2000	2005	2010	2014	2016	1997—2000	2001—2005	2006—2010	2011—2014	2015—2016	1997—2016
北京	55.06	155.70	382.10	821.82	1268.80	1484.58	41.41	19.67	16.55	11.47	8.17	44.20
天津	11.86	24.70	72.60	229.56	464.69	537.32	27.70	24.06	25.89	19.28	7.53	52.76
河北	9.30	26.30	58.90	155.45	313.09	383.43	41.41	17.50	21.42	19.13	10.66	51.17
山西	1.62	9.90	26.30	89.90	152.19	132.62	82.83	21.58	27.87	14.07	-6.65	63.14
内蒙古	0.05	3.30	11.70	63.70	122.13	147.51	304.12	28.81	40.34	17.67	9.90	142.96
辽宁	16.27	41.70	124.70	287.47	435.19	372.72	36.85	24.49	18.18	10.92	-7.46	41.62
吉林	4.18	13.40	39.30	75.80	130.72	139.67	47.45	24.01	14.04	14.60	3.37	47.68
黑龙江	11.76	14.90	48.90	123.04	161.35	152.50	8.21	26.83	20.27	7.01	-2.78	32.94
上海	29.60	73.80	208.40	481.70	861.95	1049.32	35.60	23.07	18.24	15.66	10.33	48.66
江苏	34.34	73.10	269.80	857.95	1652.82	2026.87	28.64	29.84	26.03	17.81	10.74	57.32
浙江	10.96	33.40	163.30	494.23	907.85	1130.63	44.98	37.36	24.79	16.42	11.60	67.39
安徽	3.17	20.00	45.90	163.72	393.60	475.13	84.78	18.07	28.96	24.52	9.87	74.48
福建	11.44	21.20	53.60	170.90	355.00	454.29	22.83	20.38	26.10	20.05	13.12	50.54
江西	6.71	8.20	28.50	87.15	153.10	207.31	6.91	28.29	25.05	15.13	16.37	46.40
山东	20.85	52.00	195.10	672.00	1304.10	1566.09	35.61	30.27	28.06	18.03	9.59	61.59
河南	3.04	24.80	55.60	211.17	400.00	494.19	101.31	17.52	30.59	17.32	11.15	76.06
湖北	10.63	34.80	75.00	264.12	510.90	600.04	48.48	16.60	28.63	17.93	8.37	56.54
湖南	8.94	19.20	44.50	186.56	367.90	468.84	29.02	18.31	33.20	18.50	12.89	55.27

续表

年份 地区	R&D 经费投入						年均增长率					
	1997	2000	2005	2010	2014	2016	1997—2000	2001—2005	2006—2010	2011—2014	2015—2016	1997—2016
广东	93.15	107.10	243.80	808.75	1605.40	2035.14	4.76	17.88	27.10	18.70	12.59	40.87
广西	0.72	8.40	14.60	62.87	111.90	117.75	126.80	11.69	33.91	15.50	2.58	76.18
海南	0.70	0.80	1.60	7.02	16.90	21.71	4.55	14.87	34.41	24.56	13.34	46.46
重庆	2.90	10.10	32.00	100.27	201.90	302.18	51.58	25.94	25.66	19.12	22.34	67.57
四川	30.18	44.90	96.60	264.27	449.30	561.42	14.16	16.56	22.30	14.19	11.78	38.38
贵州	10.83	4.20	11.00	29.97	55.50	73.40	-27.08	21.24	22.20	16.65	15.00	23.69
云南	1.30	6.80	21.30	44.17	85.90	132.76	73.59	25.65	15.70	18.09	24.32	67.20
陕西	27.64	49.50	92.40	217.50	366.80	419.56	21.44	13.30	18.67	13.96	6.95	35.29
甘肃	2.82	7.30	19.60	41.94	76.90	86.99	37.31	21.84	16.43	16.37	6.36	46.38
青海	0.00	1.30	3.00	9.94	14.30	14.00	—	18.20	27.07	9.52	-1.05	—
宁夏	0.13	1.70	3.20	11.51	23.90	29.93	135.60	13.49	29.18	20.04	11.91	83.00
新疆	0.60	3.20	6.40	26.65	49.20	56.63	74.72	14.87	33.02	16.56	7.29	65.74

资料来源:1998—2017 年历年的《中国科技统计年鉴》。2014 年的 R&D 数据来源于中国科技统计网(www.sts.org.cn)。需要说明的是,表中青海省 1997 年的 R&D 经费投入为 0.00,其实际数据为 0.0049,这是由于表中数据统一保留两位小数。

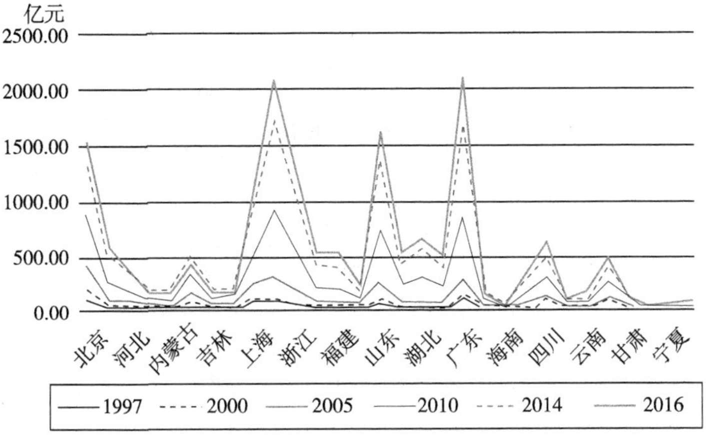

图 4－2　中国各省市自治区 R&D 经费投入

其次，从河南省研究与试验发展（R&D）经费增长的具体情况来看，2016 年河南省研发经费投入总量为 494. 19 亿元，比上年增加 59. 15 亿元，增长 13. 6%；增速比全国平均水平高 3 个百分点，比河南省 GDP 现价增速高 5. 1 个百分点，比上年研发经费增速提高 4. 2 个百分点。“十八大”以来河南省研发投入快速增长，2012 年到 2016 年河南省研发经费投入由 310. 78 亿元增加到 494. 19 亿元，增长 59. 02%，年均增长 12. 29%，高于 GDP 年均增长 7. 93% 的速度；河南研发投入在全国的位次由 2012 年的第 11 名，上升至 2015 年的第 10 名。然而，河南省 R&D 经费投入年增长率极其不稳定，在 2006 年和 2009 年 R&D 经费投入年增长率较高，分别达到 43. 57% 和 40. 83%；从 2011 年至 2015 年 R&D 经费投入增长率在不断地下降，到 2016 年又有小幅度的上升；从 R&D 经费投入占国内生产总值的比重来看，河南省要远远低于全国水平，且增长缓慢。总体来说，R&D 投入强度仍然较低，有待加强。

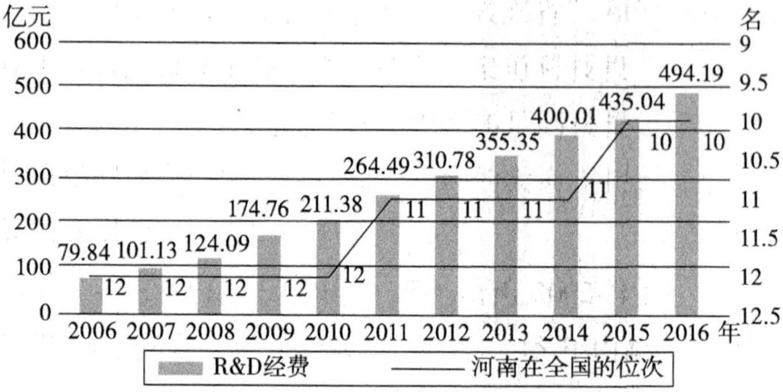

图 4－3　河南省 R&D 经费内部支出及在全国的位次变化情况

表 4－9　1999—2016 年河南省 R&D 经费内部支出与 GDP 数据对照

年份	R&D 经费内部支出（亿元）	河南省 R&D 经费年增长率	地区生产总值（亿元）	GDP 名义增长率	河南省 R&D 经费内部支出占国内生产总值的比重	全国 R&D 经费内部支出占 GDP 的比重
1999	14. 12		4517. 94		0. 31%	0. 83%
2000	24. 8	75. 71%	5052. 99	11. 84%	0. 49%	0. 90%
2001	28. 31	14. 14%	5533. 01	9. 50%	0. 51%	0. 95%
2002	29. 32	3. 55%	6035. 48	9. 08%	0. 49%	1. 07%
2003	34. 19	16. 63%	6867. 7	13. 79%	0. 50%	1. 13%
2004	42. 36	23. 88%	8853. 79	28. 92%	0. 50%	1. 23%
2005	55. 61	31. 29%	10587. 42	19. 58%	0. 53%	1. 34%
2006	79. 84	43. 57%	12362. 79	16. 77%	0. 65%	1. 37%
2007	101. 13	26. 67%	15012. 46	21. 43%	0. 67%	1. 37%
2008	124. 09	22. 70%	18018. 53	20. 02%	0. 69%	1. 44%
2009	174. 76	40. 83%	19480. 46	8. 11%	0. 90%	1. 66%
2010	211. 38	20. 95%	23092. 36	18. 54%	0. 92%	1. 71%
2011	264. 49	25. 13%	26931. 03	16. 62%	0. 98%	1. 78%
2012	310. 78	17. 50%	29599. 31	9. 91%	1. 05%	1. 91%
2013	355. 35	14. 34%	32191. 3	8. 76%	1. 10%	1. 99%
2014	400. 01	12. 57%	34938. 24	8. 53%	1. 14%	2. 02%
2015	435. 04	8. 76%	37002. 16	5. 91%	1. 18%	2. 06%
2016	494. 19	13. 60%	40471. 79	9. 38%	1. 22%	2. 11%

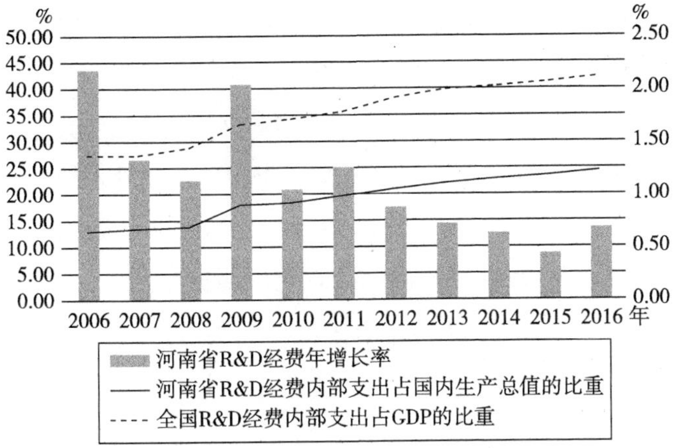

图 4－4　R&D 经费内部支出占 GDP 的比重

（二）R&D 经费构成情况

科技经费的投入包括科技活动经费投入、财政科技投入、R&D 经费投入、大中型企业等的投入等，然而，科技活动经费范围太广，没有针对性。因此，以 R&D 经费为主要对象进行分析，更能代表研发投入的多少。

由河南省 R&D 经费来源构成可知，R&D 经费从 2009 年的 1747599 万元增长到 2016 年的 4941880 万元，呈现平稳增长的好趋势。

从来自政府的资金看，政府的资金有一定的增长，由 2009 年的 277610 万元增长到 2016 年的 493898 万元，增加了 0.78 倍。虽然总量上有所增长，但从图 4－5 可以看出，政府资金占 R&D 经费的比重呈现出逐年下降的趋势，而且远远低于全国的水平。从来自企业的资金投入看，2009—2016 年，企业的科技投入逐年增加，尤其是“十三五”期间，国家明确了企业作为技术创新的主体地位，企业资金所占的比重呈现出上升的势头，其比重由 2009 年的 81.36% 上升至 2016 年的 86.85%，提高了 5.49 个百分点。随着河南省科技投入体制改革的深入，企业在 R&D 经费的投入主体地位进一步加强，与此同时，河南省企业资金所占的比重高出全国的水平。从国外资金的投入看，2009—2016 年，国外资金发展不稳定，忽高忽低，其占 R&D 经费的比重也是先下降再上升后下降的趋势。与全国的比较中，可以看出全国的国外资金占 R&D 经费的比重也是不太稳定，总体呈下降的趋势，但是整体水平要远远高于河南省，河南省的国外资金投入尚有待增加，并可使之成为科技投入的重要来源之一。从上述分析可得出以下结论，虽然河南省多元化的科技投入体系已经形成，但是 R&D 经费的投入结构不合理，政府投入的主导作用、企业投入的主体作用、国外资金的支撑作用以及社会筹资的辅助补充作用还没有充分发挥出来。

表 4－10　河南省 R&D 经费来源构成

年份	R&D 经费（万元）	政府资金（万元）	政府资金占 R&D 经费的比重	企业资金（万元）	企业资金占 R&D 经费的比重	国外资金（万元）	国外资金占 R&D 经费的比重
2009	1747599	277610	15.89%	1421898	81.36%	5942	0.34%
2010	2111675	317136	15.02%	1724876	81.68%	1321	0.06%
2011	2644923	339418	12.83%	2214143	83.71%	1797	0.07%
2012	3107802	427073	13.74%	2541870	81.79%	3723	0.12%
2013	3553246	432970	12.19%	2998950	84.40%	8299	0.23%
2014	4000099	454974	11.37%	3416270	85.40%	5273	0.13%
2015	4350430	483254	11.11%	3719668	85.50%	2124	0.05%
2016	4941880	493898	9.99%	4292055	86.85%	36	0.00%

资料来源：根据《河南科技统计年鉴》（2010—2017 年）数据整理得到。

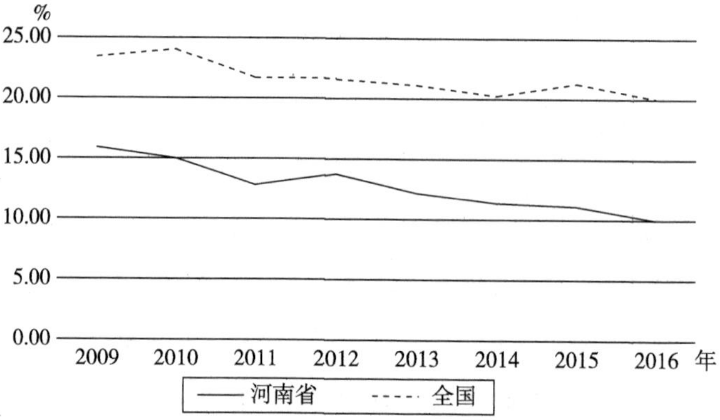

图 4－5　政府资金占 R&D 经费的比重

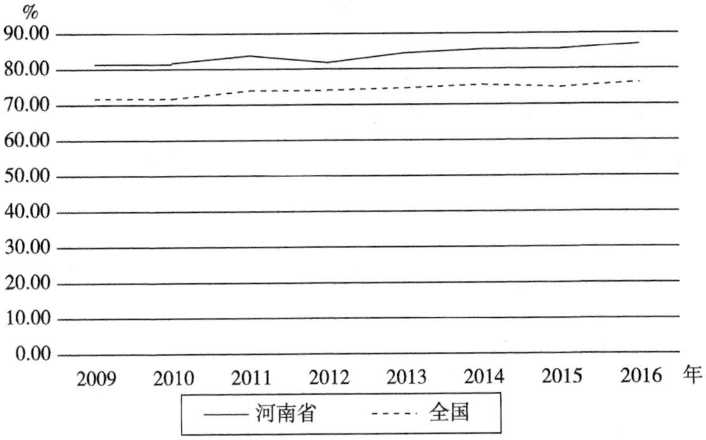

图 4－6　企业资金占 R&D 经费的比重

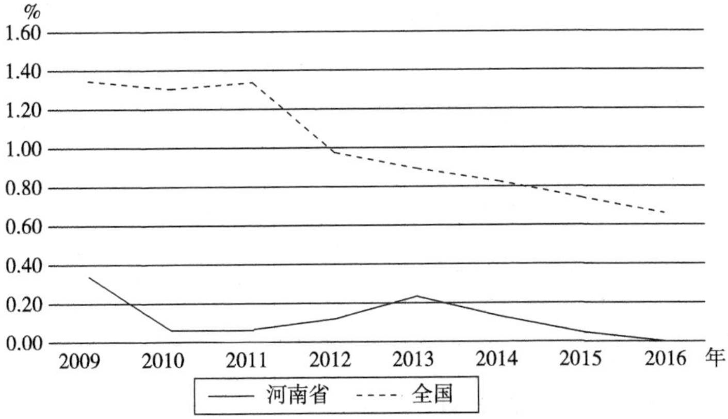

图 4－7　国外资金占 R&D 经费的比重

（三）R&D 经费使用情况

R&D 经费的使用情况包括 R&D 经费的执行结构及投入类型，这些关系到 R&D 投入的产生及优化。企业、政府属研究机构、高等院校是执行研发活动的“三驾马车”。河南省 R&D 经费投入的执行结构如表 4－11 所示。企业 R&D 活动经费在全省 R&D 活动经费的投入从 2006 年的 61.31 亿元上升到 2016 年的 435.33 亿元，年均增速为 22.01%，增长较快。企业作为 R&D 执行的主体，其所占的比重一直保持在 80% 以上，并有所增加。

高等院校 R&D 执行经费由 2006 年 3.99 亿元增加至 2016 年的 19.97 亿元，年均增长 17.97%，但其所占的比重略有下降。科研机构 R&D 经费由 2006 年的 13.89 亿元增加至 2016 年的 36.04 亿元，增长较为平稳，其所占的比重有所下降。

表 4－11　河南省 R&D 经费执行结构

年份	企业（亿元）	比重	科研机构（亿元）	比重	高等院校（亿元）	比重
2006	61.31	76.79%	13.89	17.40%	3.99	5.00%
2007	80.52	79.62%	14.68	14.52%	5.29	5.23%
2008	101.34	81.67%	16.3	13.14%	5.84	4.71%
2009	144.26	82.55%	20.28	11.60%	7.54	4.31%
2010	175.06	82.82%	24.61	11.64%	9.17	4.34%
2011	224.08	84.72%	26.54	10.03%	11.21	4.24%
2012	259.41	83.47%	33.56	10.80%	15.13	4.87%
2013	306.99	86.39%	30	8.44%	15.91	4.48%
2014	348.97	87.24%	31.44	7.86%	17	4.25%
2015	380.49	87.46%	33.14	7.62%	18.71	4.30%
2016	435.33	88.09%	36.04	7.29%	19.97	4.04%

资料来源：《河南科技统计年鉴》。

近年来，特别是随着“大众创业，万众创新”政策的实施，河南研发投入的增加得益于企业研发投入的大幅增加。2016 年，河南省企业研发投入 437.49 亿元，比 2015 年增加 54.84 亿元，增长 14.33%，企业对全社会研发经费增长的贡献为 2.71%；工业企业研发投入在全国的位次，由 2012 年的第 9 名，到 2016 年提高到第 7 名，位次明显前移。从近几年企业研发投入占比可以看到，伴随着科研机构改制及企业研发主体地位的不断提高，河南省研发投入中企业占比不断提高，从 2012 年的 83.47% 提高到 2016 年的 88.09%，科研机构（含军工）研发投入占 7%，高等院校只占 4%，事业单位仅占 1%。企业研发主体地位不断增强，研发投入占比达到历史新高，企业对全社会研发经费增长的拉动作用进一步增强，研发支柱效果越发明显。

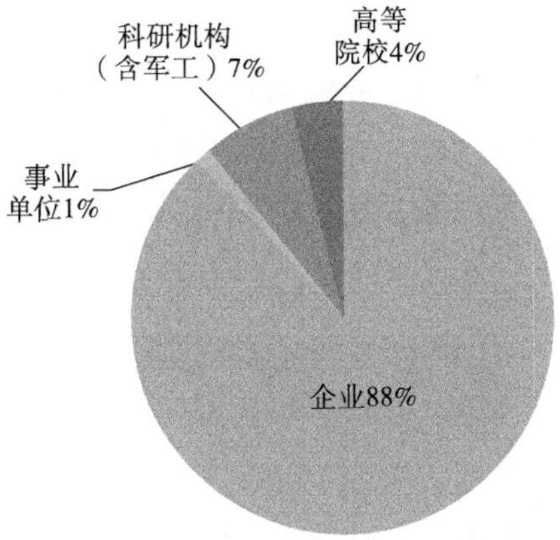

图 4－8　2016 年河南省研发投入组成情况

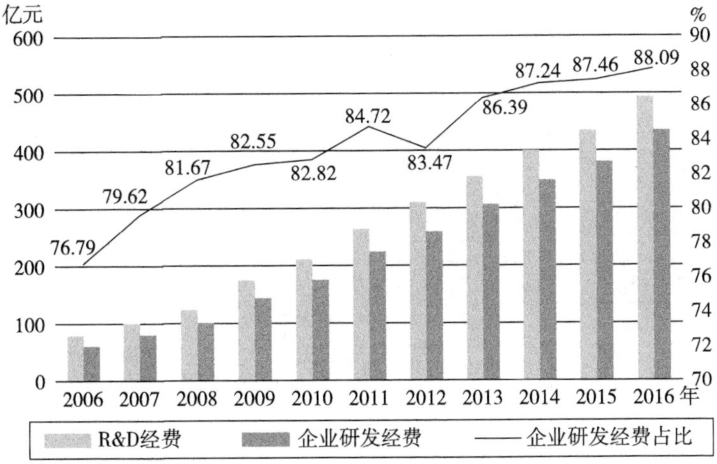

图 4－9　企业研发经费占比变化

对 R&D 的投入类型，主要可以分为基础研究、应用研究和试验发展研究三种类型，R&D 活动经费为基础研究、应用研究和试验发展活动提供支持，基础研究、应用研究占比反映的是研发层次的高低，关系到一个国家和地区研发能力是否可持续发展。只有合理地分配好投入的资源才能使这三种类型的研究协调发展，进而不断推动科技的进步。“十八大”以来，河南省研发投入中基础研究、应用研究占比逐步提高，由 2012 年的 6.18%，上升至 2016 年的 8.15%，占比提高近 2 个百分点，研发层次逐步优化。

由表4-12可以看出，2016年河南省的基础研究和应用研究的综合比重只占到了全部比重的8.14%，而这样一个比例从总体上来说是相当低的，与其他省份相比存在一定的差距。2011年河南省试验发展占R&D经费的比重更是达到了94.22%，虽然近几年有下降的趋势，但是仍占有较大的比重，与此同时，基础研究和应用研究所占的比重也不稳定。这说明河南省在创新发展的过程中，重心主要放在了试验发展上，基础性的技术和设施还存在比较薄弱的创新优势，所以产生了比较低的依赖性，但还是有一定的发展基础。虽然科技成果最终会以试验发展的形式表现出来，但是也是靠基础研究和应用研究作为支撑，没有基础研究就很难有新的发展和突破。因此，河南省还是应该在基础研究和应用研究上给予更多的重视，加大经费的投入比重。

表4-12　河南省R&D经费投入类型结构

年份	基础研究（亿元）	比重	应用研究（亿元）	比重	试验发展（亿元）	比重
2006	1.7	2.13%	10.17	12.74%	61.53	77.07%
2007	1.48	1.46%	7.1	7.02%	87.3	86.32%
2008	1.43	1.15%	7.5	6.04%	111.21	89.62%
2009	2.5	1.43%	8.59	4.92%	163.67	93.65%
2010	3.1	1.47%	9.41	4.45%	198.87	94.08%
2011	4.58	1.73%	10.71	4.05%	249.2	94.22%
2012	7.57	2.44%	11.66	3.75%	291.56	93.82%
2013	8.18	2.30%	16.61	4.67%	330.56	93.02%
2014	7.68	1.92%	17.71	4.43%	374.63	93.66%
2015	8.05	1.85%	21.82	5.02%	405.17	93.13%
2016	10.76	2.18%	29.49	5.97%	453.94	91.86%

从研发经费投入情况看，2016年郑州、洛阳、新乡高新区，研发经费分别为13.28亿元、9.72亿元、6.03亿元，在七个高新区中处于前三位，而剩余四个高新区研发经费投入都在5亿元以下。与此同时，各大高新区在基础研究这块，投入经费为零，而应用研究除了郑州、洛阳、南阳有少

许研发经费投入外，其余全部为零。由此可以看出，研发经费主要投入到了试验发展活动中，说明研发层次不高。从经费来源看，七个国家级高新区工业企业研发共使用政府资金1.39亿元，占全省的14.45%，各高新区政府资金所占比例普遍不高，除郑州、洛阳、新乡、南阳四个高新区政府资金比例高于全省平均水平外，其余三个高新区政府资金占比明显低于全省平均水平，说明各高新区的研发经费以企业自投为主。

表4-13　各高新区研发经费支出情况　　单位：万元，%

地区	R&D经费支出	基础研究	应用研究	试验发展	政府资金	政府资金占比
全省	4096962	961	68088	4029712	95987.9	2.34
高新区合计	394888.4	0	803.3	394085.1	13865.6	3.51
郑州高新区	132791.5	0	147.2	132644.3	4850	3.65
洛阳高新区	97177.8	0	532.1	96645.7	5179.3	5.33
新乡高新区	60314.1	0	0	60314.1	1744.3	2.89
平顶山高新区	25010.3	0	0	25010.3	83.3	0.33
安阳高新区	3829.8	0	0	3829.8	35.6	0.93
南阳高新区	44436.4	0	124	44312.4	1868.1	4.2
焦作高新区	31328.5	0	0	31328.5	105	0.34

四、科技人力投入与科技投入投向分析

（一）科技人力投入分析

在科技领域的活动中，人力资本同样是不可缺少的重要成员部分。科技人员始终是科技过程中最直接、最积极的因素，是将科技上的投入转化为相应科技成果的重要力量。科技活动人员潜力的发挥，直接关系到一个国家和地区科技进步和创新及经济的发展。同时，科技活动人员的知识水平及科研能力直接影响着科技活动的质量，影响科技财力投入的效果。科技领域中的人力资本主要包括科技工作的参与人员，相应的工程师和科学家的数量。

从表4-14可以看出，河南省近几年的科技活动人员数量在不断上升，由2010年的262112人上升到2016年的371369人，虽然数量增长比较稳

定，但是增长率变化幅度较大，在2015年增长率达到了最低。从图4－10可以看出，科技活动人员数量的年增长率呈现出上下波动的特点，该特点反映了河南省人才配置已经逐步走向市场化，政府有关部门应该考虑如何充分利用科技人员具有流动性的特点，更为合理地配置人力资源，促进河南省科技发展和经济增长。

表4－14　河南省2010—2016年科技人员数量增长情况

年份	科技活动人员（人）	增长率
2010	262112	10.31%
2011	292902	11.75%
2012	305990	4.47%
2013	330257	7.93%
2014	343697	4.07%
2015	346902	0.93%
2016	371369	7.05%

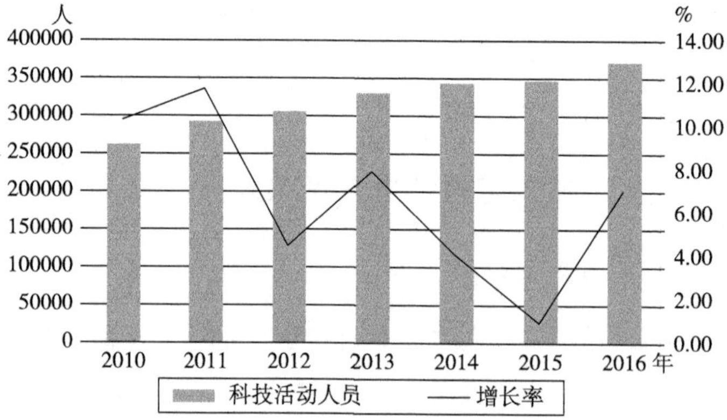

图4－10　河南省科技活动人员情况

科技人力投入中最重要的是每年的R&D人员全时当量的投入量。表4－15为2009—2016年中国各省份R&D人员投入情况及年增长率，从地区分布来看，东部地区主要是一些发达省份，R&D人员全时当量占的比重较高，从2009年的1488201人年增长到2016年的2545150人年，数量上有了较大的飞跃，其中，2011年的年增长率最高，为14.31%。中部地区的R&D

表 4-15　2009—2016 年中国各省份 R&D 人员投入情况及年增长率

地区	R&D 人员全时当量(人年)								年增长率						
	2009	2010	2011	2012	2013	2014	2015	2016	2010	2011	2012	2013	2014	2015	2016
全国	2291252	2553829	2882903	3246840	3532817	3710580	3758848	3878057	11.46%	12.89%	8.81%	8.81%	5.03%	1.30%	3.17%
东部地区	1488201	1690367	1932195	2104644	2285449	2401632	2467662	2545150	13.58%	14.31%	8.59%	8.59%	5.08%	2.75%	3.14%
中部地区	481650	524466	595115	539330	600615	631359	632186	652827	8.89%	13.47%	11.36%	11.36%	5.12%	0.13%	3.27%
西部地区	321367	339025	355627	400610	441201	465582	467761	489047	5.49%	4.90%	10.13%	10.13%	5.53%	0.47%	4.55%
东北地区				202259	205552	212008	191239	191034			1.63%	1.63%	3.14%	-9.80%	-0.11%
北京	191779	193718	217255	235493	242175	245384	245728	253337	1.01%	12.15%	2.84%	2.84%	1.33%	0.14%	3.10%
天津	52039	58771	74293	89609	100219	113335	124321	119384	12.94%	26.41%	11.84%	11.84%	13.09%	9.69%	-3.97%
河北	56509	62305	73025	78533	89546	100946	106975	111384	10.26%	17.21%	14.02%	14.02%	12.73%	5.97%	4.12%
山西	47772	46279	47355	47029	49035	48955	42873	44147	-3.12%	2.32%	4.27%	4.27%	-0.16%	-12.42%	2.97%
内蒙古	21676	24765	27604	31819	37280	36435	38248	39480	14.25%	11.46%	17.16%	17.16%	-2.27%	4.97%	3.22%
辽宁	80925	84654	80977	87180	94885	99586	85366	87839	4.61%	-4.34%	8.84%	8.84%	4.95%	-14.28%	2.90%
吉林	39393	45313	44815	49961	48008	49774	49276	48252	15.03%	-1.10%	-3.91%	-3.91%	3.68%	-1.00%	-2.08%
黑龙江	54159	61854	66599	65118	62660	62648	56598	54942	14.21%	7.67%	-3.78%	-3.78%	-0.02%	-9.66%	-2.92%
上海	132859	134952	148500	153361	165755	168173	171798	183932	1.58%	10.04%	8.08%	8.08%	1.46%	2.16%	7.06%
江苏	273273	315831	342765	401920	466159	498801	520303	543438	15.57%	8.53%	15.98%	15.98%	7.00%	4.31%	4.45%
浙江	185069	223484	253687	278110	311042	338398	364710	376553	20.76%	13.51%	11.84%	11.84%	8.80%	7.78%	3.25%
安徽	59697	64169	81087	103047	119342	129319	133558	135829	7.49%	26.37%	15.81%	15.81%	8.36%	3.28%	1.70%
福建	63269	76737	96884	114492	122544	135866	126572	132155	21.29%	26.25%	7.03%	7.03%	10.87%	-6.84%	4.41%

续表

地区	R&D 人员全时当量（人年）								年增长率						
	2009	2010	2011	2012	2013	2014	2015	2016	2010	2011	2012	2013	2014	2015	2016
江西	33055	34823	37517	38152	43512	43469	46548	50620	5. 35%	7. 74%	14. 05%	14. 05%	-0. 10%	7. 08%	8. 75%
山东	164620	190329	228608	254013	279331	286352	297845	301480	15. 62%	20. 11%	9. 97%	9. 97%	2. 51%	4. 01%	1. 22%
河南	92571	101467	118041	128323	152252	161444	158858	166279	9. 61%	16. 33%	18. 65%	18. 65%	6. 04%	-1. 60%	4. 67%
湖北	91161	97924	113920	122748	133061	140741	135481	136608	7. 42%	16. 34%	8. 40%	8. 40%	5. 77%	-3. 74%	0. 83%
湖南	63843	72637	85783	100032	103414	107432	114869	119345	13. 77%	18. 10%	3. 38%	3. 38%	3. 89%	6. 92%	3. 90%
广东	283650	344692	410805	492327	501718	506862	501696	515649	21. 52%	19. 18%	1. 91%	1. 91%	1. 03%	-1. 02%	2. 78%
广西	29856	33987	40135	41268	40664	41208	38269	39903	13. 84%	18. 09%	-1. 46%	-1. 46%	1. 34%	-7. 13%	4. 27%
海南	4210	4893	5397	6787	6962	7514	7713	7840	16. 23%	10. 30%	2. 57%	2. 57%	7. 94%	2. 64%	1. 65%
重庆	35005	37078	40698	46122	52612	58354	61520	68055	5. 92%	9. 76%	14. 07%	14. 07%	10. 91%	5. 43%	10. 62%
四川	85921	83800	82485	98010	109708	119676	116842	124614	-2. 47%	-1. 57%	11. 94%	11. 94%	9. 09%	-2. 37%	6. 65%
贵州	13093	15087	15886	18732	23888	23969	23537	24124	15. 24%	5. 29%	27. 52%	27. 52%	0. 34%	-1. 80%	2. 50%
云南	21110	22552	25092	27817	28483	30523	39535	41116	6. 83%	11. 27%	2. 39%	2. 39%	7. 16%	29. 53%	4. 00%
陕西	68040	73218	73501	82428	93494	97138	92618	94755	7. 61%	0. 39%	13. 42%	13. 42%	3. 90%	-4. 65%	2. 31%
甘肃	21158	21661	21332	24290	25047	27122	25859	25759	2. 38%	-1. 52%	3. 12%	3. 12%	8. 28%	-4. 66%	-0. 39%
青海	4603	4858	5006	5181	4767	4731	4008	4166	5. 55%	3. 04%	-7. 99%	-7. 99%	-0. 76%	-15. 28%	3. 94%
宁夏	6920	6378	7358	8073	8234	9500	9247	9004	-7. 83%	15. 37%	2. 00%	2. 00%	15. 37%	-2. 67%	-2. 62%
新疆	12655	14382	15451	15671	15822	15662	16949	16945	13. 65%	7. 44%	0. 96%	0. 96%	-1. 01%	8. 22%	-0. 02%

人员全时当量所占比重优于西部地区，次于东部地区，从 2009 年的 481650 人年增长到 2016 年的 652827 人年，其中，2011 年的年增长率最高，高达 13.47%。西部地区的经济实力相对落后，故 R&D 人员全时当量的投入也相对较少，由 2009 年的 321367 人年增长到 2016 年的 489047 人年，其中，2012 年的年增长率最高，为 10.13%。东北地区主要是黑龙江、辽宁和吉林三个省份，R&D 人员全时当量投入较少，2015 年和 2016 年还有下降的趋势，年增长率也分别为 -9.80% 和 -0.11%。

从各个省份的 R&D 人员全时当量的投入看，2009 年 R&D 人员全时当量投入最多的排名前五的省份是广东、江苏、北京、浙江和山东，在全国 R&D 人员全时当量投入中所占比重最大。2010 年 R&D 人员全时当量投入最多的排名前五的省份基本没有改变，但是，浙江省由 2009 年的排名第四上升到 2010 年的排名第三，北京的年增长率最低，广东和浙江的年增长率高达 21.52% 和 20.76%，有了很大的提高。2011 年，各省份都有了较大的进步，排名前五的省份基本没有变化，其中山东省在 2011 年有了较高的年增长率，高达 20.11%。2012 年，排名前五名中增长率最高的是江苏省，年增长率高达 15.98%，2012 年以后的各个年份中，各省份的 R&D 人员全时当量相对稳定，变化不是特别大，排名前五的省份也基本没有什么变化，同时，年增长率也比较稳定。总之，各省份 R&D 人员全时当量的投入量地区差异比较大，但是，总体水平随着年份的增长在不断地提高。

从具体的河南省 R&D 人员全时当量情况可以看出，无论是全国的还是河南省的 R&D 人员全时当量，数量上都在逐年增加，增加幅度不大。从全国 R&D 人员全时当量的增长率来看，整体呈下降趋势，由 2010 年的 11.46% 下降到 2016 年的 3.17%。而河南省 R&D 人员全时当量的增长率极其不稳定，在 2013 年达到了目前最高水平，为 18.71%，在 2015 年又跌到了低谷，但是，河南省 R&D 人员全时当量占全国的比重则比较稳定。

表4-16 河南省R&D人员全时当量情况

年份	全国R&D人员全时当量（万人年）	增长率	河南省R&D人员全时当量（万人年）	增长率	河南省R&D人员全时当量占全国的比重
2010	255.38	11.46%	10.15	9.61%	3.97%
2011	288.29	12.89%	11.8	16.26%	4.09%
2012	324.68	12.62%	12.83	8.73%	3.95%
2013	353.28	8.81%	15.23	18.71%	4.31%
2014	371.06	5.03%	16.14	5.98%	4.35%
2015	375.88	1.30%	15.89	-1.55%	4.23%
2016	387.81	3.17%	16.63	4.66%	4.29%

研发人员是研发活动的主要承担者，其中研究人员又是研发人员的核心，研究人员占研发人员的比例在一定程度上反映人才的聚集程度。2016年河南省七个国家级高新区工业企业从业人员中，研发人员占比均高于全省2.63%的平均水平，也高于全市平均水平；研发人员中，研究人员占39.81%，高于全省32.15%的平均水平，除新乡、安阳两个高新区研究人员占比低于全省平均和所在直辖市水平外，其他五个高新区研究人员占比均高于全省平均水平和所在市平均水平，反映出高新区是研究人才相对集聚的区域。

表4-17 各高新区研发人员情况 单位：人，%

地区	从业人员平均数	研发人员	研究人员	研发人员占比	研究人员占比
全省	7150064	187804	60383	2.63	32.15
高新区合计	169440	20542	8177	12.12	39.81
郑州高新区	43710	7926	3155	18.13	39.81
洛阳高新区	19277	4554	1887	23.62	41.44
新乡高新区	31936	2681	831	8.39	31
平顶山高新区	10196	705	325	6.91	46.1
安阳高新区	10576	523	151	4.95	28.87
南阳高新区	13549	2526	1116	18.64	44.18
焦作高新区	40196	1627	712	4.05	43.76

（二）科技投入投向分析

科技投入投向分析是科技投入现状分析的重要方面，一般按产业、执行部门和科技活动进行结构投向分析：产业指工业、农业、交通运输、建筑等；执行部门主要指企业、科研机构、高等院校及其他部门；科技活动是指研究与开发投入活动（基础研究、应用研究和试验开发）、研究与开发成果应用投入活动和科技服务投入活动。

从表4－18可以看出，在科技活动人员投入方面，制造业为212130人，占比57.12%，占有较大的比重；其次是教育，占比18.64%；而农林牧渔业占比只有0.24%。在R&D经费投入方面，占比最高的是制造业，经费支出高达3853235.5万元；其次是科学研究和技术服务业，占比为9.12%，稍高于科技活动人员的占比；而教育及农林牧渔业的R&D经费较低，只有4.04%和0.11%。在R&D人员投入方面，占比最高的仍是制造业，为67.28%；其次是教育行业，R&D人员投入为24780人，占比为9.92%；科学研究和技术服务业占比稍低于教育行业，为8.21%；农林牧渔业仍是最低，占比仅为0.21%。在R&D项目课题数方面，投入力度较大的是教育行业，占比为62.51%，远远高于教育行业在其他R&D方面的投入；制造行业在R&D项目课题数方面低于在其他R&D方面的投入，为27.51%；科学研究和技术服务业R&D项目课题数仅为1807项，占比为4.35%；农林牧渔业占比仅有0.09%。

经如上分析得下述结论：首先，农业的科技投入无论是R&D经费支出还是R&D人员均较低，这与河南省农业大省的地位是不相符的，应相应加大农业科技投入；其次，制造业的科技投入在2016年占比都相对较高，说明河南省在不断地加大科研研发与大中型企业的联系；最后，第三产业（教育业和科学研究及技术服务业）的科技投入占比相对于制造业来说，并不是很强，尤其是科学研究及技术服务业，无论是R&D经费支出还是R&D人员，或是R&D项目课题数，占比均较低，而教育行业近几年得到了重视，占比较之以前有所提高，但是在科技投入的这几个方面分布不均匀，应提高教育行业的R&D经费支出。

表 4-18 河南省 2016 年科技投入投向结构分析（按行业分析）

项目	科技活动人员（人）		R&D 经费支出（万元）		R&D 人员（人）		R&D 项目课题数（项）	
	额度	比例	额度	比例	额度	比例	额度	比例
合计	371369	100%	4941879.7	100%	249876	100%	41513	100%
农、林、牧、渔业	892	0.24%	5296.5	0.11%	517	0.21%	39	0.09%
采矿业	20476	5.51%	188565.1	3.82%	15537	6.22%	848	2.04%
制造业	212130	57.12%	3853235.5	77.97%	168121	67.28%	11422	27.51%
电力、热力、燃气、及水生产和供应业	4718	1.27%	55161.1	1.12%	4146	1.66%	292	0.70%
建筑业	21066	5.67%	132146.4	2.67%	7306	2.92%	359	0.86%
交通运输、仓储和邮政业	59	0.02%	968.0	0.02%	41	0.02%	2	0.00%
信息传输、软件和信息技术服务业	4785	1.29%	31965.2	0.65%	2269	0.91%	159	0.38%
金融业	164	0.04%						
租赁和商务服务业	65	0.02%	139.0	0.00%	21	0.01%	3	0.01%
科学研究和技术服务业	30047	8.09%	450662.6	9.12%	20515	8.21%	1807	4.35%
水利、环境和公共设施管理业	200	0.05%	1208.0	0.02%	125	0.05%	15	0.04%
教育	69232	18.64%	199690.5	4.04%	24780	9.92%	25949	62.51%
卫生和社会工作	7459	2.01%	22427.6	0.45%	6467	2.59%	614	1.48%
文化、体育和娱乐业	76	0.02%	414.2	0.01%	31	0.01%	4	0.01%

五、科技产出情况分析

R&D 人员及 R&D 经费的增加只是科学技术发展的必要条件，科技产出是科技人力资源与科技经费结合效果的集中反映。因此，有投入就有产出，研究科技产出情况有利于更好地研究科技投入的特点及存在的问题，科技产出主要包括：论文、科技著作、专利、技术市场成交额及高技术产品等，该小节将从这几个方面进行分析。

（一）科技论文与新产品开发分析

科技论文是科学技术人员或其他研究人员在科学实验的基础上，对自然科学，工程技术科学，以及人文艺术研究领域的现象（或问题）进行科学分析、综合的研究和阐述，进一步进行一些现象和问题的研究。作为科技研究成果的科技论文可以在专业刊物上发表，也可在学术会议以及科技论坛上报告、交流，并力争通过开发使研究成果转化为生产力。科技论文主要功能是记录、总结科研成果，促进科研工作的完成，是科学研究的重要手段。与此同时，科技论文又是科技人员交流学术思想和科研成果的工具。所以，科技论文既可作为科级领导部门进行科技决策的根据，也可以作为考核科技人员的依据。科技论文数量越多，质量越高，标志科技人员和科研单位的科技水平越高。从图 4－11 可以看出，河南省近几年科技论文的产出数量在波动中上升，在 2015 年达到了最高。

表 4－19　河南省科技论文产出情况　　单位：篇，%

年份	发表科技论文	年增长率
2008	48531	
2009	55953	15.29
2010	55010	－1.69
2011	60082	9.22
2012	60665	0.97
2013	57311	－5.53
2014	58919	2.81
2015	63293	7.42
2016	60287	－4.75

SCI、EI、CPCI－S（ISTP）是世界三大重要检索系统，其收录文章的状况是评价国家、单位和科研人员的成绩、水平以及进行奖励的重要依据之一。因此被收录的科技论文是世界公认的高质量论文，从此可以反映地区科研工作者的整体学术水平和科研能力。

首先，从全国的视角来看，2008 年我国的科技论文整体数量较低，占

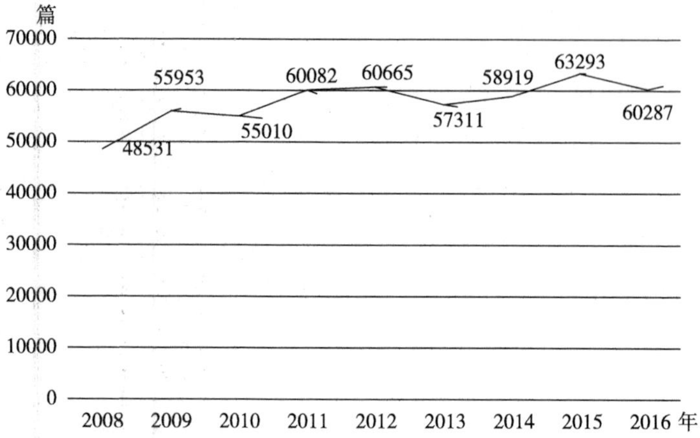

图 4-11　2008—2016 年科技论文产出情况趋势图

比重最高的是 SCI，其次是 EI。整体水平排名前五的有北京、上海、江苏、浙江以及湖北，河南省三类论文总量在全国的排名中居于第 15 名。2011 年，各类论文的数量都有了较大的提高，SCI 收录的论文由 2008 年的 95506 篇增长到 2011 年的 136445 篇，年均增长率为 12.63%，EI 收录的论文由 2008 年的 85281 篇增长到 2011 年的 116343 篇，年均增长率为 10.91%，但是 ISTP 收录的论文有所下降，由 2008 年的 59299 篇下降到 2011 年的 50458 篇，年均增长率为 -5.24%，三类论文整体数量排名前五的没有变化。与此同时，河南省在 2011 年的三类论文也有了较大的提高，2008—2011 年的年均增长率超出全国的水平。2015 年，SCI 和 EI 收录的论文数量都有了较大的提高，其中，SCI 收录的论文由 2011 年的 136445 篇上升到 2015 年的 265469 篇，年均增长率为 18.10%。EI 收录的论文由 2011 年的 116343 篇上升到 2015 年的 204332 篇，年均增长率为 15.12%。但是 ISTP 收录的论文有所下降，由 2011 年的 50458 篇下降到 2015 年的 36853 篇，年均增长率为 -7.55%。同时，河南省在 2015 年的三类论文也有了较大的提高，2011—2015 年的年均增长率不仅超出全国的水平，而且还高于 2008—2011 年的年均增长率。

表 4-20 我国各省份部分年份被国外主要检索工具收录的科技论文情况

单位：篇，%

地区	2008 年			2011 年			2015 年			2008—2011 年年均增长率			2011—2015 年年均增长率		
	SCI	EI	ISTP	SCI	EI	CPCI - S	SCI	EI	CPCI - S	SCI	EI	CPCI - S	SCI	EI	CPCI - S
全国	95506	85281	59299	136445	116343	50458	265469	204332	36853	12. 63	10. 91	-5. 24	18. 10	15. 12	-7. 55
北京	18945	16893	12238	25630	23337	8041	46179	38460	8863	10. 60	11. 37	-13. 06	15. 86	13. 30	2. 46
天津	2880	2766	1455	3634	3286	1525	8107	6523	927	8. 06	5. 91	1. 58	22. 21	18. 70	-11. 70
河北	1046	1011	2427	1541	1431	1727	3374	2995	920	13. 79	12. 28	-10. 72	21. 64	20. 28	-14. 57
山西	795	690	880	1146	1007	556	2596	2336	184	12. 96	13. 43	-14. 19	22. 68	23. 41	-24. 15
内蒙古	188	156	95	295	255	266	870	763	185	16. 20	17. 80	40. 95	31. 05	31. 52	-8. 68
辽宁	4145	4844	2114	5320	5552	3064	9987	8943	1944	8. 67	4. 65	13. 17	17. 05	12. 66	-10. 75
吉林	2952	2387	912	4026	3577	872	6852	5504	1065	10. 90	14. 43	-1. 48	14. 22	11. 38	5. 13
黑龙江	2330	4019	2788	3648	5081	2412	7184	7500	1163	16. 12	8. 13	-4. 71	18. 46	10. 22	-16. 67
上海	10782	8334	4895	14350	9851	3471	24818	15328	2756	10. 00	5. 73	-10. 83	14. 68	11. 69	-5. 60
江苏	8019	7441	4792	12913	11316	3717	27483	21261	2858	17. 21	15. 00	-8. 12	20. 78	17. 08	-6. 36
浙江	5733	4412	2488	7713	5642	2794	13674	9391	1270	10. 39	8. 54	3. 94	15. 39	13. 58	-17. 89
安徽	2888	2308	1179	3731	2981	908	7155	5780	630	8. 91	8. 90	-8. 34	17. 68	18. 00	-8. 73
福建	1911	1231	783	2682	1779	617	5383	3594	406	11. 96	13. 06	-7. 63	19. 03	19. 22	-9. 93
江西	668	503	519	1058	861	980	2624	2251	763	16. 57	19. 62	23. 60	25. 49	27. 16	-6. 07
山东	4523	2925	3394	6493	4214	2784	13250	7360	1599	12. 81	12. 94	-6. 39	19. 52	14. 96	-12. 94
河南	1498	1183	1691	2567	1805	2149	5903	4633	782	19. 67	15. 12	8. 32	23. 14	26. 57	-22. 33
湖北	5306	4569	4779	6779	5740	2662	13335	11357	2097	8. 51	7. 90	-17. 72	18. 43	18. 60	-5. 79

续表

地区	2008 年			2011 年			2015 年			2008—2011 年年均增长率			2011—2015 年年均增长率		
	SCI	EI	ISTP	SCI	EI	CPCI - S	SCI	EI	CPCI - S	SCI	EI	CPCI - S	SCI	EI	CPCI - S
湖南	3147	3889	1947	4405	5772	1522	8813	8173	939	11. 86	14. 07	-7. 88	18. 93	9. 08	-11. 37
广东	4575	3192	2277	7743	4424	2164	16127	8037	1683	19. 17	11. 49	-1. 68	20. 13	16. 10	-6. 09
广西	566	365	324	870	601	561	1973	1215	347	15. 41	18. 08	20. 08	22. 72	19. 24	-11. 32
海南	68	28	28	199	56	113	543	203	140	43. 04	25. 99	59. 21	28. 52	37. 98	5. 50
重庆	1353	1104	962	2688	2683	1154	5913	4505	646	25. 71	34. 45	6. 25	21. 79	13. 83	-13. 50
四川	3629	3770	2155	5517	4827	1775	10846	9219	1516	14. 98	8. 59	-6. 26	18. 41	17. 56	-3. 87
贵州	287	145	93	405	223	139	857	504	186	12. 17	15. 43	14. 33	20. 61	22. 61	7. 55
云南	913	370	155	1344	615	466	2643	1454	467	13. 76	18. 46	44. 33	18. 42	24. 00	0. 05
陕西	4047	5483	3231	6584	7481	3255	13195	13443	1934	17. 61	10. 91	0. 25	18. 98	15. 78	-12. 20
甘肃	1942	1190	526	2440	1592	505	3836	2722	380	7. 91	10. 19	-1. 35	11. 98	14. 35	-6. 86
青海	67	31	12	77	36	15	186	95	28	4. 75	5. 11	7. 72	24. 67	27. 45	16. 89
宁夏	42	21	16	81	57	46	276	133	45	24. 47	39. 49	42. 19	35. 86	23. 59	-0. 55
新疆	252	121	137	509	261	162	1462	636	125	26. 41	29. 21	5. 75	30. 18	24. 94	-6. 28

从2008—2015年河南省与全国的科技论文产出对比的具体情况分析来看，河南省的高质量科技论文在逐年增长，但是增长幅度不大，相对比较稳定。其中，CPCI－S收录的论文数量增长极其不稳定，变化幅度较大，近几年还有下降的趋势。就河南省和全国对比的视角来看，河南省的高质量科技论文在全国的排名稳步提升，但是所占比重较小。

表4－21 2008—2015年科技论文产出情况 单位：篇，名

年份	SCI			EI			CPCI－S		
	河南省	全国	在全国的位次	河南省	全国	在全国的位次	河南省	全国	在全国的位次
2008	1498	95506	18	1183	85281	18	1691	59299	14
2009	1807	108806	19	1463	93017	17	1504	52159	15
2010	2106	121530	19	1841	112070	17	3160	86754	12
2011	2567	136445	18	1805	116343	17	2149	50458	11
2012	2707	158615	18	2228	116429	17	2577	56351	9
2013	3909	192697	17	3093	153717	17	1212	48707	16
2014	4791	235139	17	3674	163799	16	1107	48224	16
2015	5903	265469	17	4633	204332	16	782	36853	16

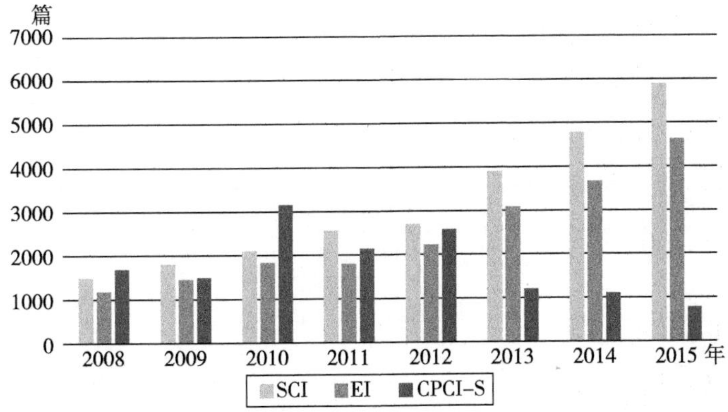

图4－12 2008—2015年河南省科技论文产出柱状图

新产品开发情况也是反映研发情况的重要指标，如果企业没有研发活动，就谈不上新产品开发。从新产品开发情况看，各高新区在新产品开发项目数和经费投入方面，占各市的比重较高，特别是郑、洛、新三个高新

区比重达30%左右，说明高新区也是新产品的开发集聚地。同时，各高新区对新产品开发的投入也较多，新产品开发经费占主营业务收入的比重较高，全省为0.43%，高新区达到2.17%，郑州、洛阳、南阳高新区新产品开发经费占主营业务收入比重高于高新区合计比重，除安阳高新区外，各高新区新产品开发经费占主营业务收入的比重均高于所在市的平均水平。

表4－22　各高新区新产品开发情况

地区	新产品开发项目数（项）	新产品开发经费支出（万元）	主营业务收入（万元）	新产品开发经费占主营业务收入的比重（%）
全省	10385	3370815.9	792821350	0.43
高新区合计	1767	367991.9	16946643.4	2.17
郑州市	2319	656121.6	131865472	0.5
郑州高新区	706	125267.8	3608530.3	3.47
占全市比重	30.4	19.1		
洛阳市	1493	417901.2	71417542	0.59
洛阳高新区	395	92506.6	2052798.4	4.51
占全市比重	26.5	22.1		
新乡市	850	212224	37317084.5	0.57
新乡高新区	304	54032.4	3294483	1.64
占全市比重	35.8	25.5		
平顶山市	509	170832.7	20701707.1	0.83
平顶山高新区	58	24023.9	1432360.2	1.68
占全市比重	11.4	14.1		
安阳市	385	142871.2	33484658.1	0.43
安阳高新区	44	2931.6	1266951.3	0.23
占全市比重	11.4	2.1		
南阳市	711	223877.1	39109872.2	0.57
南阳高新区	176	35377.1	802625.9	4.41
占全市比重	24.8	15.8		
焦作市	731	241197.7	56172479.3	0.43
焦作高新区	84	33852.5	4488894.3	0.75
占全市比重	11.5	14		

（二）科技著作出版与拥有专利的情况

科技著作是科学技术研究成果得以广泛传播的重要载体，对于国家科技发展起着极为重要的推动作用。科技著作的出版不是孤立的，它与科技发展有着很强的依存关系。因此，研究河南省科技著作的出版情况有利于反馈科技投入的效果。

从图 4-13 可以看出，河南省科技著作的出版数量由 2008 年的 2610 种上升为 2016 年的 2831 种，整体水平在上升。但是中间过程发展不稳定，2008—2009 年，科技著作的出版种类迅速上升，到 2010 年，又急剧下降。在 2010—2016 年，科技著作的出版种类在稳步上升。

表 4-23　河南省科技著作出版情况　　单位：种

年份	出版科技著作	年增长率
2008	2610	
2009	2919	11.84%
2010	1908	-34.64%
2011	1946	1.99%
2012	2086	7.19%
2013	2195	5.23%
2014	2183	-0.55%
2015	2650	21.39%
2016	2831	6.83%

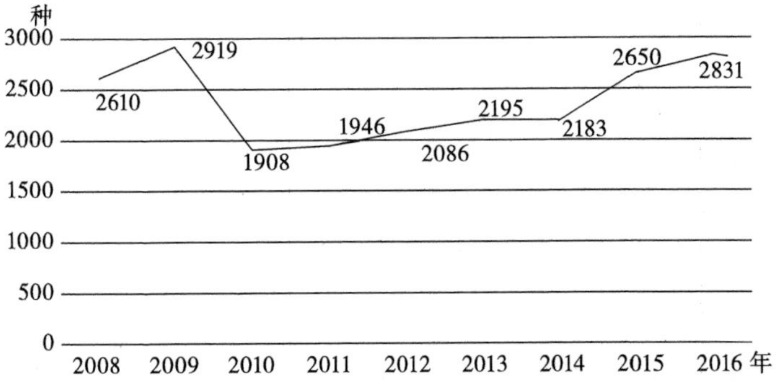

图 4-13　2008—2016 年河南省出版科技著作数量的趋势

专利申请、发明专利申请、有效发明专利以及专利实施情况是反映研发成果产出的最重要的指标。专利是智力劳动创造的知识形态的成果权的一种表现形式，是研发活动的又一种重要的产出形式。专利作为研究与发展活动的产出成果形式与科技论文涉及的研发类型有所区别，科技论文主要涉及基础研究和应用研究。而专利主要出现在应用研究和试验发展领域。专利的应用和推广会带来直接的经济效益。能提出申请专利的发明创造本身是具备相当的知识含量、技术含量和应用创新水平的。因此，专利申请受理量较之专利申请授权量更具有科技成果的代表性。

从全国的专利申请受理数和专利有效数可以看出，中国各区域、各省份近几年的专利受理数有了较大的进步，尤其是近两年。2015 年专利申请受理数为 2639446 件，年增长率为 19.40%，2016 年增长到 3305225 件，年增长率高达 25.22%。其中，2016 年专利申请受理数排名前五的有江苏、广东、浙江、山东和北京，河南省排名全国第 12 名。从专利的有效数来看，近几年专利的有效数有了较大的进步空间，但是年增长率要低于专利申请受理数的年增长率。与此同时，从近两年的专利有效数的情况来看，2015 年的年增长率高于 2016 年，2016 年专利有效数排名前五的省份有广东、江苏、浙江、北京和山东。除此之外，河南省的专利有效数也有了较大的提高，2015 年和 2016 年的年增长率高于全国的水平，并且 2015 年的年增长率高于中部地区的水平。

表 4－24　中国各省份专利申请受理数

单位：件，%

地区	1995	2000	2005	2009	2010	2011	2012	2013	2014	2015	2016	2015 年增长率	2016 年增长率
全国	69535	140339	383157	877611	1109428	1504670	1912151	2234560	2210616	2639446	3305225	19.40	25.22
东部地区	35808	82700	262416	637402	780151	1079386	1363991	1572329	1494007	1751374	2228606	17.23	27.25
中部地区	9969	16335	37594	91175	140203	177100	234599	277222	306119	382707	510682	25.02	33.44
西部地区	9741	16381	34053	84721	112713	153545	206046	271064	304711	391038	435112	28.33	11.27
东北地区	8407	12758	25823	40751	50930	68730	80933	89011	81649	91564	106818	12.14	16.66
北京	6362	10344	22572	50236	57296	77955	92305	123336	138111	156312	189129	13.18	20.99
天津	1648	2789	11657	19624	25973	38489	41009	60915	63422	79963	106514	26.08	33.20
河北	2707	3848	6401	11361	12295	17595	23241	27619	30000	44060	54838	46.87	24.46
山西	917	1475	1985	6822	7927	12769	16786	18859	15687	14948	20031	−4.71	34.00
内蒙古	647	1138	1455	2484	2912	3841	4732	6388	6359	8876	10672	39.58	20.23
辽宁	4449	7151	15672	25803	34216	37102	41152	45996	37860	42153	52603	11.34	24.79
吉林	1389	2501	4101	5934	6445	8196	9171	10751	11933	14800	18922	24.03	27.85
黑龙江	2569	3106	6050	9014	10269	23432	30610	32264	31856	34611	35293	8.65	1.97
上海	2456	11337	32741	62241	71196	80215	82682	86450	81664	100006	119937	22.46	19.93
江苏	4078	8211	34811	174329	235873	348381	472656	504500	421907	428337	512429	1.52	19.63
浙江	4042	10316	43221	108482	120742	177066	249373	294014	261435	307264	393147	17.53	27.95
安徽	1026	1877	3516	16386	47128	48556	74888	93353	99160	127709	172552	28.79	35.11
福建	1979	4211	9460	17559	21994	32325	42773	53701	58075	83146	130376	43.17	56.80

续表

地区	1995	2000	2005	2009	2010	2011	2012	2013	2014	2015	2016	2015 年增长率	2016 年增长率
江西	1008	1557	2815	5224	6307	9673	12458	16938	25594	36936	60494	44. 32	63. 78
山东	4624	10019	28835	66857	80856	109599	128614	155170	158619	193220	212911	21. 81	10. 19
河南	2386	3823	8981	19589	25149	34076	43442	55920	62434	74373	94669	19. 12	27. 29
湖北	2004	3486	11534	27206	31311	42510	51316	50816	59050	74240	95157	25. 72	28. 17
湖南	2628	4117	8763	15948	22381	29516	35709	41336	44194	54501	67779	23. 32	24. 36
广东	7729	21123	72220	125673	152907	196272	229514	264265	278358	355939	505667	27. 87	42. 07
广西	1231	1762	2379	4277	5117	8106	13610	23251	32298	43696	59239	35. 29	35. 57
海南	183	502	498	1040	1019	1489	1824	2359	2416	3127	3658	29. 43	16. 98
重庆	318	1780	6260	13482	22825	32039	38924	49036	55298	82791	59518	49. 72	-28. 11
四川	2868	4496	10567	33047	40230	49734	66312	82453	91167	110746	142522	21. 48	28. 69
贵州	562	986	2226	3709	4414	8351	11296	17405	22467	18295	25315	-18. 57	38. 37
云南	959	1710	2556	4633	5645	7150	9260	11512	13343	17603	23709	31. 93	34. 69
陕西	1721	2080	4166	15570	22949	32227	43608	57287	56235	74904	69611	33. 20	-7. 07
甘肃	546	798	1759	2676	3558	5287	8261	10976	12020	14584	20276	21. 33	39. 03
青海	100	174	216	499	602	732	844	1099	1534	2590	3284	68. 84	26. 80
宁夏	169	341	516	1277	739	1079	1985	3230	3532	4394	6149	24. 41	39. 94
新疆	609	1088	1851	2872	3560	4736	7044	8224	10210	12250	14105	19. 98	15. 14

表 4-25　中国各省份有效专利数

单位：件，%

地区	2007	2008	2009	2010	2011	2012	2013	2014	2015	2016	2015 年增长率	2016 年增长率
全国	622409	923797	1193110	1825403	2303015	3005023	3635929	4032362	4792356	5527183	18.85	15.33
东部地区	417907	631209	841515	1308739	1657851	2178907	2611289	2862063	3371430	3863963	17.80	14.61
中部地区	52530	80506	104881	168457	234200	319521	413120	484371	600824	715935	24.04	19.16
西部地区	58325	87808	111890	175264	211352	273288	349625	410598	522476	629583	27.25	20.50
东北地区	34907	49860	56245	79452	98956	127407	151376	161208	178805	197003	10.92	10.18
北京	43584	55771	71076	100623	131255	170516	219243	274667	344916	417666	25.58	21.09
天津	10909	17319	20515	29672	38690	52338	68540	83628	103775	124443	24.09	19.92
河北	11222	15776	18606	27472	33813	43358	54781	66529	86360	105490	29.81	22.15
山西	4125	6076	7921	11998	14764	19561	25037	29077	34009	38702	16.96	13.80
内蒙古	2727	3711	4188	5935	7162	8996	11421	13734	16799	20007	22.32	19.10
辽宁	18948	27614	31107	45241	54320	64019	74134	80089	90970	101657	13.59	11.75
吉林	6199	8657	9619	13201	15594	18818	21926	24668	29046	34101	17.75	17.40
黑龙江	9760	13589	15519	21010	29042	44570	55316	56451	58789	61245	4.14	4.18
上海	46547	66941	83235	126178	149202	173513	194496	218156	251157	285877	15.13	13.82
江苏	53065	94372	154887	273249	371322	537180	616779	594186	674053	740215	13.44	9.82
浙江	75298	121343	170474	268471	331703	449957	552681	597051	668889	732438	12.03	9.50
安徽	6438	10447	16608	32460	60400	88326	119704	135785	162177	188240	19.44	16.07
福建	16068	22976	28364	44116	58969	81267	107246	126232	162451	197393	28.69	21.51

续表

地区	2007	2008	2009	2010	2011	2012	2013	2014	2015	2016	2015 年增长率	2016 年增长率
江西	3820	5706	7050	10931	14237	19663	26037	34458	51824	73745	50. 40	42. 30
山东	37342	58482	71771	111295	139884	177511	206983	226424	270920	312937	19. 65	15. 51
河南	13324	20713	26917	39972	50785	67824	84420	99590	126381	148862	26. 90	17. 79
湖北	12252	19931	25745	40580	50906	64719	82392	96682	119345	143802	23. 44	20. 49
湖南	12571	17633	20640	32516	43108	59428	75530	88779	107088	122584	20. 62	14. 47
广东	123035	177144	221131	325566	400571	490159	586592	670131	802493	940138	19. 75	17. 15
广西	4256	6213	7421	10503	13149	16822	22038	28303	37215	45928	31. 49	23. 41
海南	837	1085	1456	2097	2442	3108	3948	5059	6416	7366	26. 82	14. 81
重庆	11939	16361	20012	30947	41070	53383	66208	73780	94975	116201	28. 73	22. 35
四川	17197	29310	39415	66644	74455	94938	119531	135209	169203	193737	25. 14	14. 50
贵州	3691	5130	6241	8995	11240	15931	21835	27965	34909	37562	24. 83	7. 60
云南	4913	6608	8051	11363	13683	17483	21837	26736	34045	40583	27. 34	19. 20
陕西	7305	11106	14828	24158	31544	41447	55310	66573	86053	116270	29. 26	35. 11
甘肃	2159	3113	3657	5318	6728	9260	12459	15077	18580	22593	23. 23	21. 60
青海	320	559	656	857	1195	1502	1588	1946	2975	3962	52. 88	33. 18
宁夏	788	1336	1969	2790	2133	2493	3277	4221	5317	7220	25. 97	35. 79
新疆	2869	4130	5022	7225	8603	10571	13594	16466	21681	24531	31. 67	13. 15

从具体的河南省专利申请受理数和有效数来看，河南省专利申请受理数从2009年的19589件上升到2016年的94669件，数量上有了大幅度的增加；从河南省占中部地区的比重来看，近几年有下滑的趋势，而占全国的比重在稳步提高。河南省专利有效数增长比较迅速，从2009年的26917件增加到2016年的148862件，而在中部地区以及全国的比重中可以看到，增长比较稳定。

表4-26　2009—2016年专利申请受理数和有效专利数情况分析

单位：件，%

年份	专利申请受理数			专利有效数		
	河南省	河南省占中部地区的比重	河南省占全国的比重	河南省	河南省占中部地区的比重	河南省占全国的比重
2009	19589	21.49	2.23	26917	25.66	2.26
2010	25149	17.94	2.27	39972	23.73	2.19
2011	34076	19.24	2.26	50785	21.68	2.21
2012	43442	18.52	2.27	67824	21.23	2.26
2013	55920	20.17	2.50	84420	20.43	2.32
2014	62434	20.40	2.82	99590	20.56	2.47
2015	74373	19.43	2.82	126381	21.03	2.64
2016	94669	18.54	2.86	148862	20.79	2.69

专利分为发明、实用新型和外观设计三种类型。发明专利并不要求它是经过实践证明可以直接应用于工业生产的技术成果，它可以是一项解决技术问题的方案或是一种构思，具有在工业上应用的可能性，但这也不能将这种技术方案或构思与单纯的课题、设想相混同，因单纯的课题、设想不具备工业上应用的可能性。实用新型是指对产品的形状、构造或者其结合所提出的实用的新的技术方案，实用新型的技术方案更注重实用性，其技术水平较发明而言，要低一些。外观设计与发明、实用新型有着明显的区别，外观设计注重的是设计人对一项产品的外观所做出的富于艺术性、具有美感的创造，但这种具有艺术性的创造，不是单纯的工艺品，它必须具有能够为产业上所应用的实用性。

外观设计专利实质上是保护美术思想的，而发明专利和实用新型专利保护的是技术思想。虽然外观设计和实用新型与产品的形状有关，但两者的目的却不相同，前者的目的在于使产品形状产生美感，而后者的目的在于使具有形态的产品能够解决某一技术问题。由表 4 - 27 可知，河南省专利申请受理量随着年份的增长而不断增加，由 1999 年的 3464 项上升到 2016 年的 94669 项，增长迅猛。其中发明专利、实用新型专利以及外观设计专利都有较大的增长，占比最高的是实用新型专利。从近几年的增长趋势可以看出，发明专利占的比重越来越高，但是专利申请受理量主要靠实用新型专利拉动。

表 4 - 27　河南省专利申请受理数情况　单位：项，%

年份	专利申请受理量合计	发明专利	占比	实用新型专利	占比	外观设计专利	占比
1999	3464	594	17.15	2327	67.18	538	15.53
2000	3818	650	17.02	2551	66.82	617	16.16
2001	4092	743	18.16	2688	65.69	661	16.15
2002	4441	876	19.73	2780	62.60	785	17.68
2003	5261	1025	19.48	3219	61.19	1017	19.33
2004	6318	1213	19.20	3448	54.57	1657	26.23
2005	8981	1703	18.96	4594	51.15	2684	29.89
2006	11538	2404	20.84	5376	46.59	3758	32.57
2007	14916	2875	19.27	5571	37.35	6470	43.38
2008	19090	4954	25.95	8167	42.78	5969	31.27
2009	19589	4952	25.28	9912	50.60	4725	24.12
2010	25149	6408	25.48	13856	55.10	4885	19.42
2011	34076	8833	25.92	19120	56.11	6123	17.97
2012	43442	10910	25.11	23594	54.31	8938	20.57
2013	55920	15580	27.86	29420	52.61	10920	19.53
2014	62434	19646	31.47	30716	49.20	12072	19.34
2015	74373	21338	28.69	40778	54.83	12257	16.48
2016	94669	28582	30.19	51358	54.25	14729	15.56

从高新区专利申请等各项指标占全市比重可以看出，各高新区专利申请的积极性较高，占全市的比重较高，并且专利申请的含金量较高，有效

发明专利及专利实施情况都明显好于其他区域，也反映出高新区在知识产权的保护、使用方面走在各市前列。从每百万元 R&D 经费投入专利申请件数来看，高新区为 0.74 件，高于 0.43 件的全省平均水平，其中郑州、洛阳、安阳百万 R&D 专利申请数高于全省高新区水平；除平顶山外各高新区也明显高于所在省辖市的平均水平，特别是郑州、洛阳、新乡三个高新区水平更高。

表 4－28　各高新区专利申请及实施情况　　单位：件

地区	专利申请数	发明专利	有效发明专利	已被实施	百万 R&D 专利申请
全省	17457	6197	15863	7843	0.43
高新区合计	2935	1174	3632	1545	0.74
郑州市	5351	1632	2843	1363	0.59
郑州高新区	1226	381	739	287	0.92
占全市比重	22.91	23.35	25.99	21.06	
洛阳市	2853	1245	4433	2749	0.63
洛阳高新区	992	543	1886	833	1.02
占全市比重	34.77	43.61	42.54	30.3	
新乡市	1096	370	865	489	0.41
新乡高新区	301	92	246	144	0.5
占全市比重	27.46	24.86	28.44	29.45	
平顶山市	588	304	450	360	0.26
平顶山高新区	55	32	54	27	0.22
占全市比重	9.35	10.53	12	7.5	
安阳市	315	108	293	163	0.21
安阳高新区	60	19	112	63	1.57
占全市比重	19.05	17.59	38.23	38.65	
南阳市	870	334	1137	539	0.31
南阳高新区	213	74	454	151	0.48
占全市比重	24.48	22.16	39.93	28.01	
焦作市	739	203	841	378	0.25
焦作高新区	88	33	141	40	0.28
占全市比重	11.91	16.26	16.77	10.58	

（三）项目数与技术成果市场化情况

科研项目，即开展科学技术研究的一系列独特的、复杂的并相互关联的活动，这些活动有着一个明确的目标或目的，必须在特定的时间、预算、资源限定内，依据规范完成。项目参数包括项目范围、质量、成本、时间、资源等。科研项目的重大发现、理论突破往往孕育着新的知识革命，知识革命意味着知识体系、知识结构的大调整、大变革，必然将引发技术和生产方面的新的发展。

从我国部分年份项目数产出情况来看，近几年我国在 R&D 项目数、R&D 项目参加人员折合全时当量以及 R&D 项目经费内部支出这三个方面都有所增长。从具体的执行部门来看，高等学校在 R&D 项目数占有较大的比重，但是 R&D 项目的参加人员折合全时当量以及 R&D 项目经费的内部支出远远低于企业、规模以上工业企业和研究与开发机构，而且，近几年这种趋势没有得到改观。从具体的地区来看，占比最大的是东部地区，年增长率最高的是中部地区。从具体的省份来看，2012 年，R&D 项目数排名前五的有北京、江苏、广东、浙江和上海，虽然北京的 R&D 项目数较多，但是 R&D 项目的参加人员不及广东，R&D 项目的经费内部支出不及江苏，说明投入力度仍然不够。2014 年，各省份都有较大的提高，R&D 项目数排名前五的省份没有变化，其中，广东省的 R&D 项目经费内部支出最高。2016 年和 2014 年相比，虽然整体数量上有了较大的提高，但是排名上变化不大。与此同时，河南省在这三年内整体水平得到了提高，年均增长率较稳定。

表 4－29　我国部分年份项目数产出情况

项目	2012			2014			2016		
	R&D 项目（课题）数（项）	R&D 项目（课题）参加人员折合全时当量（人年）	R&D 项目（课题）经费内部支出（万元）	R&D 项目（课题）数（项）	R&D 项目（课题）参加人员折合全时当量（人年）	R&D 项目（课题）经费内部支出（万元）	R&D 项目（课题）数（项）	R&D 项目（课题）参加人员折合全时当量（人年）	R&D 项目（课题）经费内部支出（万元）
全国	1072383	2937707	84742365	1242429	3326423	106669716	1413445	3533128	136807689
按执行部门分									
企业	313651	2238797	67302457	360646	2572552	86240241	392110	2744169	112097946
规上工业企业	287524	2027232	62306119	333756	2339301	79573256	360997	2467758	100643333
研究与开发机构	79343	310505	10782978	91465	339874	12726914	100925	343624	15925368
高等学校	657027	313107	6072681	766731	334868	7018323	894279	359837	7772226
其他	22362	75298	584250	23587	79129	684238	26131	85498	1012150
按地区分									
东部地区	607202	1919108	57914902	711010	2210334	74417560	827056	2343191	94680260
中部地区	190778	481620	12533311	220202	557258	15836762	235185	589975	20715507
西部地区	193619	357742	9311244	224045	377334	11116072	260634	436569	16113194
东北地区	80784	179238	4982910	87172	181496	5299323	90570	163393	5298728
北京	109514	217963	8427518	127017	228260	9530733	135387	226138	11487262

续表

项目	2012			2014			2016		
	R&D 项目(课题)数(项)	R&D 项目(课题)参加人员折合全时当量(人年)	R&D 项目(课题)经费内部支出(万元)	R&D 项目(课题)数(项)	R&D 项目(课题)参加人员折合全时当量(人年)	R&D 项目(课题)经费内部支出(万元)	R&D 项目(课题)数(项)	R&D 项目(课题)参加人员折合全时当量(人年)	R&D 项目(课题)经费内部支出(万元)
天津	31893	80557	2776808	39007	103600	3755434	39415	107966	4658418
河北	25570	69280	1989626	29130	89240	2647914	35207	99414	3279384
山西	13349	42167	1019735	13584	43933	1212589	13631	39453	1064962
内蒙古	9936	27327	817421	10213	26985	964346	11691	33595	1300995
辽宁	36507	77260	3041143	38779	84331	3205380	41979	77135	3055917
吉林	20698	43437	856769	23503	43484	1035626	25977	36549	942210
黑龙江	23579	58541	1084998	24890	53682	1058317	22614	49710	1300601
上海	65802	139430	5109803	75627	152964	7022882	75608	168494	9161267
江苏	97597	371314	11040895	118332	464850	14346936	138251	504178	18588064
浙江	84509	260923	6573787	97478	320718	8314485	129607	360174	10610047
安徽	39251	92745	2241921	45535	121055	3150487	47830	125307	4264248
福建	30008	102313	2309740	36401	122487	3086932	50270	120950	4054365
江西	19157	33251	964728	24022	36120	1197841	28175	46055	1986345
山东	64906	231347	8572598	74979	262276	11118323	82245	273917	13693360
河南	30319	113921	2717569	35926	142074	3484470	41513	151035	4437380

续表

项目	2012			2014			2016		
	R&D 项目（课题）数（项）	R&D 项目（课题）参加人员折合全时当量（人年）	R&D 项目（课题）经费内部支出（万元）	R&D 项目（课题）数（项）	R&D 项目（课题）参加人员折合全时当量（人年）	R&D 项目（课题）经费内部支出（万元）	R&D 项目（课题）数（项）	R&D 项目（课题）参加人员折合全时当量（人年）	R&D 项目（课题）经费内部支出（万元）
湖北	48669	110110	3208902	55777	120099	3768678	58613	119239	4930193
湖南	40033	89426	2380456	45358	93976	3022698	45423	108887	4032380
广东	93179	439950	11032998	108109	459189	14468756	135652	476730	19020491
广西	22519	36964	756582	23147	37152	917016	26046	35765	961381
海南	4224	6031	81128	4930	6751	125165	5414	5229	127602
重庆	21799	40684	1262372	27709	48188	1588189	34864	62271	2579416
四川	45991	88820	2574502	54867	101792	3077869	60416	111666	4498271
贵州	12185	16969	351276	15649	16855	370353	17573	21679	673116
云南	16049	25040	478313	17835	27703	659019	24597	36941	1119891
陕西	36303	73694	2074204	42558	66978	2304148	49311	85626	3554249
甘肃	13108	21363	439022	13626	23594	559116	14394	21341	631906
青海	1495	4583	109082	2052	4277	113610	2143	3472	99678
宁夏	5090	7364	139497	5280	8598	189308	6078	8398	250715
新疆	8413	13933	294602	10191	14171	355864	12344	14935	429006

从河南省具体的项目数产出情况来看，河南省近几年的项目课题数在不断地增长，由2000年的7904项增长到2016年的41513项，但是增长率忽高忽低，极其不稳定。项目的实际经费支出数量也在不断增长，但是年增长率也极其不稳定。

表4－30　河南省项目数产出情况

年份	项目（课题）数（项）	年增长率（%）	项目（课题）参加人员折合全时当量（人年）	项目（课题）实际经费支出（万元）	年增长率（%）
2000	7904		34541	240917	
2001	8100	2.48	39613	286061	18.74
2002	8470	4.57	40946	306365	7.10
2003	9293	9.72	41122	383182	25.07
2004	12105	30.26	49965	694121	81.15
2005	16069	32.75	67710	879857	26.76
2006	18904	17.64	81395	1272475	44.62
2007	24395	29.05	88452	1672864	31.47
2008	27349	12.11	103143	2019899	20.74
2009	22347	－18.29	75803	1473627	－27.04
2010	24050	7.62	88926	1835316	24.54
2011	28422	18.18	104061	2296656	25.14
2012	30319	6.67	113922	2717569	18.33
2013	33015	8.89	137039	3188165	17.32
2014	36449	10.40	146880	3584681	12.44
2015	39956	9.62	144023	3898617	8.76
2016	41513	3.90	157365	4437380	13.82

技术市场成交额主要指登记合同成交总额中，明确规定属于技术交易的金额。技术交易的总体特点、技术转移和成果转化的效果可以反映技术市场的主要趋势以及科技投入的含量。从全国各省份的技术市场成交额来看，近几年，各省份的技术市场成交额随着年份的增加不断提高。从2015年的技术市场成交额来看，各省份之间差距较大，北京的技术市场成交额占比最大。从2015年的年增长率来看，海南省的技术市场成交额最低，但

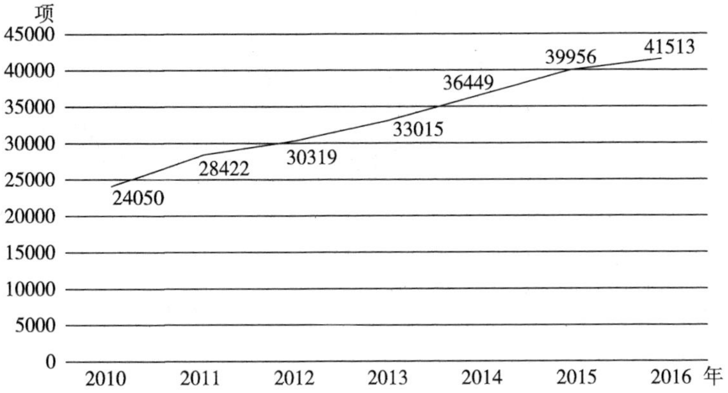

图 4－14　2010—2016 年河南省项目数量的趋势

是增长率最高。从 2016 年的技术市场成交额来看，排名变化幅度不大，排名第一的北京，2016 年增长率高于 2015 年增长率，其中年增长率最高的是广西。

表 4－31　中国各省份技术市场成交额

单位：亿元，%

地区	2007 年	2008 年	2009 年	2010 年	2011 年	2012 年	2013 年	2014 年	2015 年	2016 年	2015 年增长率	2016 年增长率
北京	882.56	1027.22	1236.25	1579.54	1890.28	2458.5	2851.72	3137.19	3453.89	3940.98	10.10	14.10
天津	72.34	86.61	105.46	119.34	169.38	232.33	276.16	388.56	503.44	552.64	29.57	9.77
河北	16.43	16.59	17.21	19.29	26.25	37.82	31.56	29.22	39.54	59	35.32	49.22
山西	8.27	12.84	16.21	18.49	22.48	30.61	52.77	48.46	51.2	42.56	5.65	－16.88
内蒙古	10.98	9.44	14.77	27.15	22.67	106.1	38.74	13.94	15.39	12.05	10.40	－21.70
辽宁	92.93	99.73	119.71	130.68	159.66	230.66	173.38	217.46	267.49	323.22	23.01	20.83
吉林	17.48	19.61	19.76	18.81	26.26	25.12	34.72	28.58	26.47	116.42	－7.38	339.82
黑龙江	35.02	41.26	48.86	52.91	62.07	100.45	101.77	120.28	127.26	125.81	5.80	－1.14
上海	354.89	386.17	435.41	431.44	480.75	518.75	531.68	592.45	663.78	780.99	12.04	17.66
江苏	78.42	94.02	108.22	249.34	333.43	400.91	527.5	543.16	572.92	635.64	5.48	10.95
浙江	45.35	58.92	56.46	60.35	71.9	81.31	81.5	87.25	98.1	198.37	12.44	102.21
安徽	26.45	32.49	35.62	46.15	65.03	86.16	130.83	169.83	190.47	217.37	12.15	14.12
福建	14.56	17.97	23.26	35.66	34.57	50.09	44.69	39.19	52.14	43.22	33.04	－17.11
江西	9.95	7.76	9.79	23.05	34.19	39.78	43.06	50.76	64.85	79.01	27.76	21.84
山东	45.03	66.01	71.94	100.68	126.38	140.02	179.4	249.29	307.55	395.95	23.37	28.74
河南	26.19	25.44	26.3	27.2	38.76	39.94	40.24	40.79	45.04	58.71	10.42	30.35
湖北	52.21	62.9	77.03	90.72	125.69	196.39	397.62	580.68	789.34	903.84	35.93	14.51
湖南	46.08	47.7	44.04	40.09	35.39	42.24	77.21	97.93	105.06	105.63	7.28	0.54

续表

地区	2007 年	2008 年	2009 年	2010 年	2011 年	2012 年	2013 年	2014 年	2015 年	2016 年	2015 年增长率	2016 年增长率
广东	132.84	201.63	170.98	235.89	275.06	364.94	529.39	413.25	662.58	758.17	60.33	14.43
广西	1	2.7	1.77	4.14	5.64	2.52	7.34	11.58	7.31	33.99	-36.87	364.98
海南	0.73	3.56	0.56	3.27	3.46	0.57	3.87	0.65	2.19	3.44	236.92	57.08
重庆	39.57	62.19	38.32	79.44	68.15	54.02	90.28	156.2	57.24	147.19	-63.35	157.15
四川	30.39	43.53	54.6	54.74	67.83	111.24	148.58	199.05	282.32	299.3	41.83	6.01
贵州	0.66	2.04	1.78	7.72	13.65	9.67	18.4	20.04	25.96	20.44	29.54	-21.26
云南	9.75	5.05	10.25	10.88	11.71	45.48	42	47.92	51.84	58.26	8.18	12.38
陕西	30.17	43.83	69.81	102.41	215.37	334.82	533.28	640.02	721.82	802.79	12.78	11.22
甘肃	26.21	29.76	35.63	43.08	52.64	73.06	99.99	114.52	129.7	150.66	13.26	16.16
青海	5.3	7.7	8.5	11.41	16.84	19.3	26.89	29.1	46.88	56.92	61.10	21.42
宁夏	0.66	0.89	0.9	1	3.94	2.91	1.43	3.18	3.52	4.05	10.69	15.06
新疆	7.17	7.4	1.21	4.52	4.38	5.39	3	2.82	3.03	4.28	7.45	41.25

从河南省技术市场发展情况来看，技术市场合同书在2011年到2014年有所锐减，但技术市场合同成交金额近几年迅速上升，技术市场的合同均成交额也增长较快。这是由于随着经济的发展，技术合同构成越来越复杂，单一的技术开发、技术转让、技术咨询、技术服务合同相对逐渐减小，而集工程设备、技术开发、技术服务为一体的重大技术合同越来越多，合同的均成交额不断上升。

表4－32　河南省技术市场发展情况

年份	技术市场成交合同（项）	技术市场成交额（千元）	合同均成交额（千元/项）
2008	4478	254425	56. 82
2009	3915	2637761	673. 8
2010	4617	2769320	599. 8
2011	5010	3876015	773. 7
2012	4204	4021132	956. 5
2013	3799	4139000	1089
2014	2958	4164150	1408
2015	3497	4555720	1303
2016	4275	5924193	1386

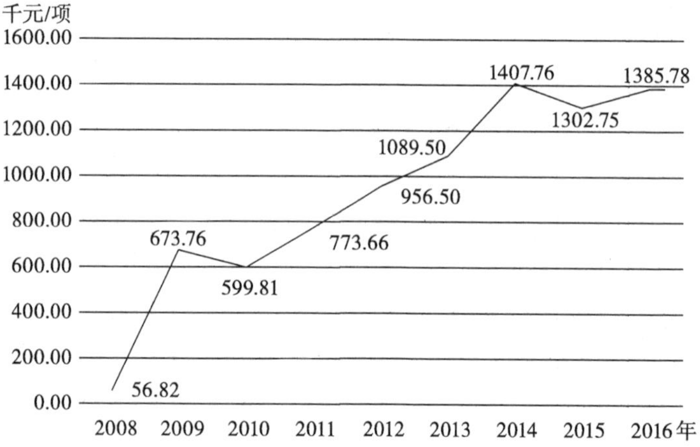

图4－15　2008—2016年河南省平均每份合同成交金额

（四）高技术产业情况

高技术产业是指用当代尖端技术（主要指信息技术、生物工程和新材料等领域）生产高技术产品的产业群，是研究开发投入高、研究开发人员比重大的产业。高技术产业发展快，对其他产业的渗透能力强。其产业意义包括：大力发展高技术产业，可以大幅度提高我国的劳动生产率，减少资源消耗；利用高技术产业改造传统产业和基础产业，可以迅速改善我国的产业结构，推进经济协调稳定发展；大力发展高技术产业，可以迅速提高我国企业的竞争力，增强综合国力。

高技术产品进出口贸易额一定程度上反映了科技投入的效果，从近四年中国各省份高技术产品进出口贸易额来看，无论是出口贸易额还是进口贸易额，其数量和增长率上基本上都是呈现先增长后下降的趋势。从2015年的年增长率来看，中部地区的进出口贸易额年增长率分别为19.67%和20.09%，增长幅度较大，远远超出东部地区以及全国的水平。与此同时，河南省的进出口贸易额在数量上也有了较大的提高，其年增长率也得到了大幅提升。2016年，全国的进出口贸易额有所下降，中部地区的出口贸易额有小幅提升，但是进口贸易额有所下降，其中，河南省的变化幅度和中部地区的基本一致。

表 4-33　中国各省份部分年份高技术产品进出口贸易额

单位：百万美元，%

地区	2013 年		2014 年		2015 年		2016 年		2015 年增长率		2016 年增长率	
	出口贸易额	进口贸易额	出口贸易额	进口贸易额	出口贸易额	进口贸易额	出口贸易额	进口贸易额	出口贸易额	进口贸易额	出口贸易额	进口贸易额
全国	660330	558193	660543	551384	655297	549291	604174	523724	-0.79	-0.38	-7.80	-4.65
东部地区	563327	492016	542395	468010	534444	461221	482400	435033	-1.47	-1.45	-9.74	-5.68
中部地区	37092	24506	46000	32782	55051	39369	57042	36926	19.67	20.09	3.62	-6.20
西部地区	53799	34529	66336	43114	60714	41951	59440	44752	-8.48	-2.70	-2.10	6.68
东北地区	6111	7142	5812	7477	5089	6750	5291	7012	-12.44	-9.72	3.98	3.88
北京	20354	29219	18750	29427	14036	26465	11319	25495	-25.14	-10.07	-19.36	-3.66
天津	19289	30637	19942	30487	19716	23905	15344	23524	-1.14	-21.59	-22.18	-1.59
河北	2811	1143	2754	1157	2362	975	1894	1074	-14.23	-15.77	-19.80	10.18
山西	3228	944	3763	1867	3960	2361	6291	3280	5.24	26.49	58.87	38.94
内蒙古	110	787	345	261	334	182	378	799	-3.25	-30.14	13.14	338.17
辽宁	5430	4557	5122	4894	4564	4651	4806	4823	-10.89	-4.96	5.31	3.69
吉林	386	1921	354	2243	306	1748	295	1780	-13.69	-22.09	-3.59	1.84
黑龙江	296	664	336	339	219	351	191	409	-34.80	3.37	-13.08	16.68
上海	88710	79191	89064	81920	85231	84102	79057	77713	-4.30	2.66	-7.24	-7.60
江苏	127965	93009	129364	90454	131110	90772	116887	78684	1.35	0.35	-10.85	-13.32
浙江	14276	7667	15499	8202	16797	7589	16849	7984	8.37	-7.48	0.31	5.21
安徽	2826	2805	6117	4003	6691	3525	5985	2864	9.39	-11.95	-10.55	-18.74

续表

地区	2013 年		2014 年		2015 年		2016 年		2015 年增长率		2016 年增长率	
	出口贸易额	进口贸易额	出口贸易额	进口贸易额	出口贸易额	进口贸易额	出口贸易额	进口贸易额	出口贸易额	进口贸易额	出口贸易额	进口贸易额
福建	15527	14772	15043	12987	14634	13572	12487	13720	-2.72	4.51	-14.67	1.10
江西	3442	1574	5253	3446	5126	3224	4409	3735	-2.42	-6.46	-13.99	15.85
山东	17394	15621	20590	18663	17694	17752	14749	14590	-14.07	-4.88	-16.64	-17.81
河南	20726	14810	22156	17053	27663	22137	28328	19897	24.86	29.82	2.40	-10.12
湖北	5209	3217	6311	4895	8013	5554	9409	5656	26.98	13.46	17.42	1.83
湖南	1660	1156	2400	1518	3596	2567	2619	1494	49.81	69.15	-27.16	-41.80
广东	256431	218669	231056	193259	232572	193299	213613	189717	0.66	0.02	-8.15	-1.85
广西	1942	1213	2878	1771	3698	3999	3595	3570	28.49	125.79	-2.79	-10.75
海南	571	2087	332	1455	292	2791	201	2531	-12.22	91.84	-31.29	-9.31
重庆	24836	11476	31084	13854	28120	12177	25093	13041	-9.54	-12.10	-10.77	7.10
四川	19217	13664	21046	15824	15151	11659	15677	15789	-28.01	-26.32	3.47	35.42
贵州	154	69	348	162	1368	1042	990	279	292.85	543.08	-27.63	-73.23
云南	2019	1396	1446	815	1145	773	1493	610	-20.85	-5.19	30.40	-21.03
陕西	4739	5614	8037	9747	9916	11464	11261	9804	23.37	17.62	13.57	-14.48
甘肃	242	118	248	162	378	204	502	497	52.26	26.26	32.84	143.55
青海	24	27	14	15	43	6	26	7	214.98	-63.83	-39.17	21.14
宁夏	129	38	415	305	235	75	130	32	-43.41	-75.35	-44.67	-57.10
新疆	331	114	455	120	322	163	292	93	-29.29	36.34	-9.13	-42.99

近年来，我国高技术产业迅猛发展。由表4－34可知，2010年到2014年，河南省高技术产业产值从1185.6亿元上升到5293.1亿元，占全省工业总产值比例也由3.45%上升到7.75%；高技术出口销售收入增长迅猛，从2010年的59.5亿美元上升到2014年的2387.6亿美元，高技术出口销售收入占全省工业制成品出口总额的比例由9.43%上升到74.3%。高技术产业在河南省经济发展中起到越来越重要的支撑作用。

表4－34　河南省高技术产业发展情况

年份	高技术产品产值（亿元）	高技术产品产值占全省工业总产值比例（%）	高技术出口销售收入（亿美元）	高技术出口销售收入占全省制成品出口总额比例（%）
2010	1185.6	3.45	59.5	9.43
2011	2033.5	4.31	436.6	34.42
2012	3257.8	6.31	1343.2	66.2
2013	4284.4	7.19	1894	72.83
2014	5293.1	7.75	2387.6	74.3

第二节　河南省科技投入存在的问题及其原因分析

该小节主要是通过分析以上河南省科技投入的现状数据，找出河南省科技投入存在的问题，并寻求河南省科技投入部分问题的背后原因。主要表现在以下几个方面：

一、各级政府直属研究机构研发能力非常薄弱

2016年河南省科技厅纳入统计的各级政府直属研发机构116家，其中只有60家有研发活动，占51.72%，也就是说，近一半研究机构没有研发活动，研发经费投入合计7.92亿元，还没有一家大企业研发投入多，占全省R&D的比重仅1.60%。说明河南省政府直属研究机构研发能力非常薄弱。各省辖市政府直属研发机构研发实力普遍薄弱，研发机构主要集中在郑州市、安阳市，只有郑州市、安阳市政府直属研发机构研发经费投入突

破亿元，有 14 个省辖市政府直属研发机构研发经费投入不到 1000 万元，其中有 3 个省辖市低于（等于）10 万元，政府直属研究机构在全省研发工作中没有发挥出应有作用。

研发经费投入中的政府资金对全省研发经费投入发挥重要的引导促进作用。2016 年河南省研发经费投入中政府资金（含中央资金）49. 39 亿元，仅比 2012 年增加 6. 68 亿元，平均每年增加 1. 67 亿元；2016 年比 2012 年增长 15. 65%，年均增长 3. 70%；政府研发资金投入中，中央资金占一半多，河南省各级政府资金投入很少，起不到扶持和支撑作用。政府研发经费投入增速缓慢，导致政府研发经费占比逐年降低，对全省研发经费投入的引导作用在逐步降低。

高等院校和军工单位是河南省研发投入的重要组成部分，2012 年高等院校和军工单位研发投入增速都达到历史高点，分别增长 25. 07% 和 34. 82%，此后基本维持低速增长，2016 年分别只增长 4. 90% 和 6. 79%，远远低于全省研发投入增长速度，并低于 GDP 增长速度。高等院校和军工单位的低速增长限制了全省研发投入的较快增长。大中型工业企业中有研发活动、有研发机构的企业占比不高，影响研发潜力的发挥。2016 年全省大中型工业企业 5739 家，有研发活动单位 1391 家，有研发机构 987 家，占比均不到 1/4，将影响工业企业研发潜力的发挥和研发投入的持续性增长。

造成该问题的原因主要是对科技投入缺乏准确认识，存在误区。绝大多数科技投入部门认为，如果本年的科技投入在绝对值上相较上一年的科技投入高，就得出相关投入部门较为重视科技投入的结论。由此，大多相关部门的科技投入报告也通过这种绝对值比较方式展现自己的科技投入成绩。这种观念和做法是错误的，没有认识到科技投入是生产型的投入，需要优先安排投入在一定的等待期后才会有所收效。河南省的这种观念更新的速度比沿海地区慢很多，有的直接增加应用研究的投入，因为他们认为应用研究的投入可以更直接地产生经济收益，可以直接提高生产力。对于非应用型的基础研究不愿过多地增加投入，视基础研究为不能直接产生经济效益的一般非生产部门。然而，基础研究是极其重要的，基础研究的实用价值需要体现在应用型的科研当中，因此对于应用型研究来说，基础研究的意义重大，且基础研究的成功也需要付出极大的时间和精力投入，不可以轻易忽视。部分科研投入部门更倾向于短期能够见到经济效益的科研项目投资，以便尽快突出本部门的政治成绩，近年来全省的科技投入占GDP比重没有较大的突破，与这种科研投入热衷现象有很大的关系，原始创新能力的投入不能只停留在口号与形式上。

二、财政科技投入增长机制不完善

近年来，河南省投入到科研中的财政规模相对少，而且尚未实现逐步增长的机制。目前，从河南省财政科技投入占研发经费的比例与占政府财政支出两项指数来看都远远落后于发达省份在相应阶段的支出比例。尽管河南省财政科技投入逐年增加，但是其增加比例和速度仍达不到社会经济快速发展的需求，与国际经济发展竞争相比存在明显的差距。河南省内不同地市的财政科技投入也存在不平衡的现象，诸如郑州、洛阳、南阳等财力较为雄厚的地市财政科技投入总量较大，但其他地市财政科技投入相对较低。

财政科技资源配置协调决策机制不健全。河南省在财政科技资源配置协调决策机制上的发展上不健全，科技资源配置上存在条块分割的情况，同时在顶层设计与统筹规划上没有较高的科学性，导致河南省科技资源配置出现条块化分割现象，较难实现围绕政府发展方向而进行科技资源配置的优化机制，从而出现一些科技资源浪费、投入项目水平低、投入重复等现象。财政科技经费投入方式不适应市场经济和公共财政原则的要求。现阶段，财政科技投入的方式较为简单固定，不能够适应市场经济和公共财政原则的要求。同时，财政科技投入的方式较为单一，不能完全地发挥财政资金的引导作用，财政科技经费使用效率低。很长一段时间，河南科技经费预算和评审、财务检查和验收、经费绩效评价不到位，科技项目存在重立项、轻管理、重投入、轻绩效等问题，影响了财政科技经费的使用效率。对于科技活动特别是一些重大项目的经费缺乏有效跟踪监督机制，相关项目的投入效果没有相应的考评体系，缺少公正科学的评价。

原因是财税政策对科技投入的支持度不够。河南省目前的财税制度对增加科技投入缺少大力度的支持措施，如提高科技成果转化速度、鼓励企业采用高新技术等。技术性收入不征收营业税的政策也会影响到河南省技术市场的成交量，同时，高新技术产品相应技术的研发成本和知识增值部分不能使用进项税进行抵扣，就造成了越是知识含量高的产品，增值税的税赋就越多。在税收优惠上，目前的优惠税收政策主要有利于企业和已有科研成果，对于正在开发的项目和科技开发的环节优惠政策较少。再次需要说明的是，研发一项成熟的科技成果或者应用于社会生产领域的科技成果，一般要经过实验室研究、中间试验、产业化实现三个阶段。作为科技经费投入来讲，前两个阶段的投入风险大，投入后带来的收益较少且周期长，但这更应该是政府扶持的重点。目前的税收优惠政策则明显侧重于对企业开发新产品所带来的利润给予一定的税收减免，相反，对于企业用于科研开发的投资以及开发过程中可能的失败，在税收上照顾得不够。

在经济转型的过程中，河南省的一些税收政策大多是由于某一阶段的需要而临时出台的，尚未经过长久的精心研究与策划，不能实现总体上的产业导向。在出台税收政策优惠后，区域优惠的政策成为主导，减弱了对产业的优惠，这种现象容易造成在相同技术水平上，发生“假注册”的情况，从而引起不必要的人力与财力的浪费，也违反了运用税收政策去促进科技长远发展和产业升级的初衷。因此，在劳动力市场已经成熟的情况下，企业要想引进高科技人才并留住人才，需要对其付出较高的薪资，同时缴纳更多的个人所得税。在税务部门征收企业所得税时，科技人才的高新部分不允许计入企业成本开支而必须进入企业所得税应纳税所得额，形成重复税收。除了以上情况外，税收与产业技术政策和改革措施也不配套，不仅阻碍了科技投入总体效率的提高，而且抑制了企业各类科技人才加速研究开发的积极性。

三、河南省科技投入来源渠道不健全

河南省的科技投入来源主要是政府、企业和金融机构的贷款这三种方式，但是，政府能够给予的资助力度有限，银行和国外的部分资金对企业投资时对风险的防范意识较高，大多需要企业用固定资产来做抵押，一定程度上给企业在科技投入上带来了阻碍，影响企业的科技投入。此外，河南省在金融科技企业上面的贷款数额也有待增加，虽然从目前来看河南省多元化的科技投入资金体系已经成型，但是政府投入为主导、企业投入为主体、金融贷款为支撑以及社会筹资辅助补充的科技投入体系还没有充分发挥作用，科技投入资金的来源途径上不完善，河南省科技投入的市场运作机制尚不健全。

河南省不比沿海地区，在国家政策上缺少更大力度的扶持，能够获得国家科技拨款的机会有限。此外，来自银行的科技贷款近年来增长不明显，也是急待解决的问题。究其根源是河南省的工业基础较为薄弱，发挥科技投入的能力较低，科技贷款的风险大，见到效益的时间长，在缺少风险保障机制的环境下，银行不愿意承担因为失败项目而带来的贷款风险，同时也无法享受成果项目的回报。因此，银行在贷款评估时，更愿意选择较为成熟、安全的项目，然而科技产品的项目本身具有风险高、投入大的特点，导致银行不敢轻易投资，久而久之造成金融行业对科技项目的贷款缺少积极性，金融部门对科技项目的投入较少。

企业通过科技项目申请政府资金，包括无息贷款，更多的是政府无偿拨发给企业的。在这种形式下，国家无法取得股权，也不能参与科技项目带来的收益分红，更无法在后期获得企业利润后收回原有的资金投入，这违反了财政无偿投资应形成国有资产的产权原则，给科技投入带来了不利的影响。另外，由于河南省所处的地理位置和经济条件与沿海地区相比没有优势可言，外商在河南省的投资不多，因此国外资金对科技投入较少。

四、R&D 经费在使用中各个环节配置不合理

2016 年河南省 R&D 经费的基础研究、应用研究、试验发展三个环节的投入比例为 2∶6∶92。国内学者对我国与其他有关国家做了对比，确定 R&D 经费在这三类研究中的合理配置关系应为：基础研究占 10%，应用研究占 25% ~30%，试验发展占 60% ~63%，可见河南省 R&D 经费配置不合理。主要体现在基础的研究投入较低，而试验发展阶段投入高，导致科技项目创新的水准不高，新产品、新工艺较少，发明专利在三类专利中所

占的比例更少，高技术产品出口逆差的劣势多年来一直未能改变。

基础研究是创新程度较高的研究工作，基础研究的新成果能够增加人类知识总量，创造新的知识财富，可以理解为基础研究的本质就在于创新。因此，一个省的基础研究是本省创新思维集中的展现，河南省的基础研究投入相对较少，在以创新求发展的21世纪处于被动和落后的境地，难以实现科技突破。

主要原因是科技活动管理方面存在许多弊端，表现在政企不分的现象仍然存在，而且项目管理制度不健全造成的资源浪费还很严重。首先，政企不分的现象主要表现在一些研究机构或者大型工业企业等以行政手段管理科学企业或者科研组织，造成了财务、人事等诸多方面的矛盾，科技研发人员的贡献不能得到充分的保障；其次，缺乏一种管理市场和控制技术走向的战略管理体系，关系企业长期竞争地位、行业的发展走势的整体设计和策略目标以及科技投入配置的系统化考虑严重缺失。

与此同时，在科技项目选择上，很多评估单位或个人仅根据自身条件或个人偏好来考虑，对于研究结果的实际价值缺乏关注。在科研单位立项之初不重视检索和查新工作，例如有些项目已经有其他组织正在从事，科研部门却毫不知情，造成了科研资源的极大浪费。在经费日常使用中，用于出差、项目验收、各种补助、成果鉴定、雇请临时工等非研究费用，一般情况下都要占到项目课题费的50%以上，行政开支过大，此外，科研经费不能分配到最需要经费的科研人员手中，许多知名的教授和研究人员同时拥有很多项重大的科研项目，却因为精力有限而只做足表面工作，难以产出更高学术水平的科研成果，甚至会出现负的边际产出。

五、稳定河南 R&D 投入在全国的位次难度较大

多年来，安徽省、湖南省研发投入总量一直紧随河南省，并且差距有逐步缩小的趋势。2016 年安徽省研发投入比河南省少 19. 06 亿元；湖南省仅比河南省少 25. 35 亿元，差距很小。而 2016 年政府投入研发的资金，河南省为 49. 39 亿元，安徽省为 85. 12 亿元，湖南省为 56. 32 亿元，均高于河南省；并且安徽省、湖南省高等院校、政府属研发机构，研发总量均大

于河南省，发展势头较好。河南省短期内很难摆脱安徽省、湖南省的追赶，稳定河南省 R&D 投入在全国的位次难度较大。

六、科技人力投入强度不够，技术创新能力差

河南省在对科技人员的管理以及资金投入上面还有很大的欠缺，再加上省外一些一线城市及沿海地区甚至是发达国家对国家高科技人才政策和环境的极大吸引，使得河南省的科技人才外流情况严重，尤其是科学家、高级工程师等。

2016 年河南省每万名劳动力中 R&D 人员全时当量为 16.63 人年，低于全国的水平。21 世纪更是重视人才的时代，人才的争夺是各省各地区经济发展的首要保障，河南省若不能积极寻求原因，找出吸引人才的积极措施，这对经济发展极为不利。与此同时，河南省的科技资源丰富，但是技术创新的能力却较为低下，科技资源利用率极低，在科技竞争激烈的今天，创新能力的薄弱对河南省的民族工业发展来说是不利的，应当早日敲响警钟。技术创新能力低，不能够掌握科技进步对经济贡献的主动权，将科技进步转变为经济增长的方式也较难实现。

七、工业企业科技投入结构不合理

近年来，河南省增加了科技体制改革的力度，一方面加快了应用类科研院所进入与转变企业的进程，同时对国家大型企业技术开发中心的建设力度有所增加。目前来看，对企业的科技投入在河南省的科技投入中占到主导地位，但是与工业企业的发展速度与规模相比来看，企业科技投入的强度仍然偏低。

与此同时，河南省大多数企业提高生产的技术水平大多依靠国外进口的生产线和进口设备，而对于技术转让、技术许可、技术服务和技术咨询等软件的需求不强。一般而言，目前我省从国外引入的技术并非国际上的尖端水平，大多已进入成熟期或者衰退期的技术，该类技术很难提高河南省的自主创新能力。

主要原因是企业科技投入制度不健全。企业科技投入不足主要体现在

以下几个方面：企业科技投入的风险太大，企业缺乏科技投入的动力、缺乏科技人才以及我国的知识产权保护乏力，商业道德低下。首先，从企业的科技投入风险来讲，科技投入的风险较大，科技创新投入成功没有什么收获，但是一旦失败就要承担责任，这种不完善的管理制度将会导致一大批科研人员持有保守的心态来从事科研工作，不求有功，但求无过，不愿意过多地冒险。

其次，对于企业缺乏科技投入的动力来说，河南省的大中型企业从20世纪80年代就开始逐步走入困境，绝大部分企业只是在保工资，无暇顾及研究开发。这些企业要想摆脱低水平、外延式发展的模式仍需一段时间。

再次，河南省的国有企业和集体企业收入很低，差距不明显，不仅吸引不了硕士生和博士生加盟，连企业原有的科技人才也流失严重。

最后，我国在知识产权的保护方面缺乏强有力的措施，一家优秀的企业投入大量的人力、物力、财力和时间研究出来的很有价值的技术创新项目，众多的企业便立刻抢占成果。随着优秀企业的专利权、版权、商标权受到严重侵犯、市场被扰乱，技术创新的效益也会付诸东流，对整个科研生态造成负面影响，容易滋生恶性循环。

八、研究机构的体制改革不到位

研究机构的体制改革主要体现在研究机构的研究课题、研究人员的自身知识素养以及工业设计的新思路等。而近几年，河南省研究机构的体制改革不够成熟，研究的课题缺乏创新，增长数量不稳定，研究人员的知识认识老化等问题较为明显，工业设计方面的研究思路陈旧，对新兴的学科了解认识不全面，且研究人员多固守自己所擅长的研究领域，不同单位对非自身专业领域的问题思考较少，多个学科相互协作的研究情况也相对较少。在这种各自为政、分散开发、缺乏整体意志的背景下，科技资源难以有效配置，市场监管难以有效运行。

研究机构、高等院校的运行模式存在体制性的障碍。多年来，河南省内的高校将科研工作的重心多放在获奖等级，以及学术科研成果所能达到的等级上，对所研究的成果是否具有实用价值考虑较少。部分科研人员的理论水平很高，论文著作也不少，但是转化成产品需要付出的成本很高，应用价值不大。河南省高校与企业之间的联系也不够紧密，与企业联合起来申请科研项目的情况也较少，很少有企业具有与高校进行合作的意识，而且需要付出较高的合作成本，从而很少选择与高校合作开发新产品。

此外，长期以来河南省多数科研机构的科研任务来自政府委派的研究任务，这种模式下，科研项目不能很好地与企业的技术水平、工业等情况所衔接，出现对企业感受不真切、反应不敏捷、了解不到位等情况。科研机构缺乏主动的服务意识和市场开发观念，再加上高科技成果多数需要将科研人员与科技成果一起带进企业的“带土移植”模式，并按照用户的实际需要不断对项目产品修缮和维护，这种情况导致我国科技成果的转化机制在成果转入企业后出现断裂，相关的企业没有持续对相关技术开发服务，导致其科技成果产业化的进程充满了许多不应有的风险，并为此而付出了许多效率和效益的损失。

第五章　河南省经济增长历程、现状及问题分析

本章主要分析河南省经济增长的现状以及经济增长存在的问题。第一节主要阐述河南省经济增长的历程，具体包括经济社会发展总况、产业结构调整历程、非公有制经济发展历程、城镇化发展历程这四个方面。第二节在此基础上，从经济增长总量、经济结构变化以及人均产值变化方面出发，剖析河南省经济增长的现状，并将河南省与全国其他省份进行比较。第三节主要是基于河南省经济增长现状，进行问题的分析。本章通过对河南省经济增长的现状及其问题的分析，发现河南省在经济增长过程中的问题以及影响经济增长的因素，从而为后面科技与经济实证分析的章节做铺垫。

第一节　河南省经济增长的历程

经济增长通常是指在一个较长的时间跨度上，一个国家或地区生产总值的持续增加。经济增长率的高低体现了一个国家或地区在一定时期内经济总量的增长速度，也是衡量一个国家或地区总体经济实力增长速度的标志。

一、经济社会发展总况

回顾 1978 年改革开放以来河南省和全国经济增长情况，表 5 - 1 是 1978—2016 年中国和河南省 GDP 增速，从表中可以看出：

（一）整体来说，河南省的 GDP 增速和全国的 GDP 增速虽然有差距，但是变化趋势基本吻合，尤其是 1980 年以后。在 1980 年，全国和河南省的 GDP 增速相差很大，全国的 GDP 增速与去年相比基本稳定，而河南省的 GDP 增速与上一年相比，增长较快。这一点从 1978—2016 年中国和河南省的 GDP 增长速度变化趋势图可以看出。

（二）从趋势图可以发现，阶段性的特征是全国和河南省的经济增长共同呈现出来的特征。整体来看，1978 年以来，全国和河南省经济均是在波动中增长的，增长的阶段性非常明显。具体可以分为四个阶段：1978—1991 年，全国和河南省的经济增长速度波动幅度较大，与此同时，河南省的经济增长速度要高于全国的经济增长速度。在这一时期，河南省 GDP 增速最低的年份是 1982 年，增速仅为 4.3%，但到 1983 年，又猛增到 23.8%，是这一时期增速最高的一年。十四年间，河南省经济平均增长速度为 10.2%，增速的中位数为 9.25%。同一时期，中国经济增长速度最低的是 1990 年，为 3.9%，经济增速最高的是 1984 年，为 15.2%。其经济增长的平均速度是 9.29%，中位数是 9.15%。

1992—1997 年，是全国和河南省经济快速增长的阶段。这一时期，河南省经济增速和全国经济增速基本重合，都处于快速增长阶段。其中，河南省在这一阶段经济增长最快的是 1993 年，增速为 15.8%，增长最慢的是 1997 年，为 10.4%，平均增速为 13.73%。中国在这一阶段经济增长最快的是 1992 年，增速为 14.3%，增长最慢的是 1997 年，增速为 9.2%，平均增长速度为 11.9%。

1998—2002 年，由于受到亚洲金融危机的影响，全国和河南省的经济增长速度都放缓，从增长速度趋势图可以看出，河南省和中国的经济增长速度都有下降的趋势。河南省经济增长速度最低的是 1999 年，增速仅为 8.1%，是“新常态”概念在我国提出以前经济增速最低的一年。

2003—2012 年，属于经济增长恢复时期，在这十年间，河南省的经济增长速度均保持在 10% 以上。全国平均经济增速仍高达 10.5%。到 2013—2016 年，河南省与全国的经济增长速度均有所回落，该阶段，河南省的经济仍保持 8% 以上的增速。但中国经济增速已经下滑至 8% 以下。2013—2016 年是经济增速下滑阶段，但河南省的经济增速要高于全国的经济增速。

（三）从全局来看，1978 年以来，河南省经济总体增长速度高于全国平均水平。1978—2016 年，仅有 8 年，河南省经济增速有低于全国平均增速，一年与全国平均增速相等，剩下的 30 年，河南省经济增速均高于全国平均水平。39 年间，河南省经济平均增速为 11.1%，全国经济平均增速为 9.7%。

表 5-1　1978—2016 年中国和河南省 GDP 增速　　单位:%

年份	GDP 增速		年份	GDP 增速		年份	GDP 增速	
	河南省	全国		河南省	全国		河南省	全国
1978	11.3	11.6	1991	6.9	9.3	2004	13.7	10.1
1979	8.7	7.6	1992	13.7	14.3	2005	14.2	11.3
1980	15.4	7.9	1993	15.8	13.9	2006	14.4	12.7
1981	7.8	5.1	1994	13.8	13.1	2007	14.6	14.2
1982	4.3	9	1995	14.8	11	2008	12.1	9.6
1983	23.8	10.8	1996	13.9	9.9	2009	10.9	9.2
1984	10.1	15.2	1997	10.4	9.2	2010	12.5	10.6
1985	13.5	13.5	1998	8.8	7.8	2011	11.9	9.5
1986	4.6	8.9	1999	8.1	7.6	2012	10.1	7.7
1987	15	11.7	2000	9.5	8.4	2013	9	7.7
1988	9.8	11.3	2001	9	8.3	2014	8.9	7.3
1989	7	4.2	2002	9.5	9.1	2015	8.3	6.9
1990	4.5	3.9	2003	10.7	10	2016	8.1	6.7

资料来源：1978—2016 年数据来自 2017 年河南省统计年鉴、2017 年中国统计年鉴。

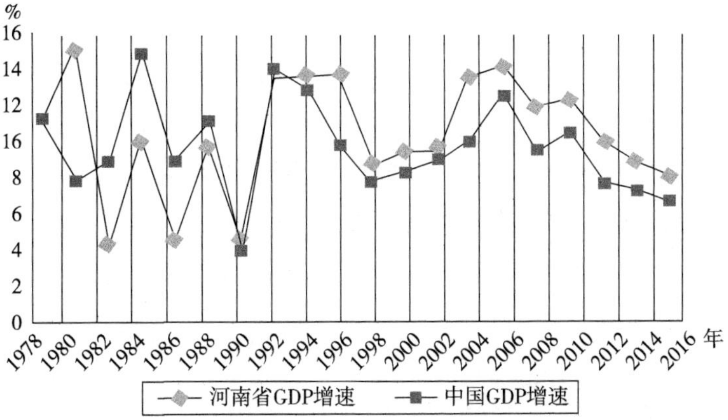

图 5-1　1978—2016 年中国和河南省 GDP 增长速度趋势

（四）总体来说，河南省经济增长的波动幅度比全国平均水平要高。为了进一步比较河南省经济增长速度的性质，采用 SPSS 软件，对河南省和全国的经济增速进行分阶段的统计描述，结果见表 5-2。

表 5-2　1978—2015 年中国和河南省经济增长分阶段统计量　　单位：%

指标	1978—1991		1992—1997		1998—2002		2003—2011		2013—2015		1978—2015	
	中国	河南省	中国	河南省	中国	河南省	中国	河南省	中国	河南省	中国	河南省
均值	9.29	10.2	11.9	13.73	8.24	8.98	10.8	12.78	7.4	9.08	9.72	11.09
极大值	15.2	23.8	14.3	15.8	7.6	9.5	14.2	14.6	7.7	10.1	15.2	23.8
极小值	3.9	4.3	9.2	10.4	9.1	8.1	9.2	10.7	6.9	8.3	3.9	4.3
标准差	3.37	5.37	2.16	1.82	0.58	0.58	1.67	1.5	0.38	0.75	2.7	3.78
方差	11.35	28.86	4.66	3.31	0.34	0.34	2.79	2.25	0.15	0.56	7.28	14.32

资料来源：采用 SPSS 软件计算。

由表可以看出，大部分的时间内，河南省经济增速统计指标如平均值、极大值、极小值、标准差和方差均高于全国相应指标值，这说明在这几十年的时间内，河南省在经济增长速度和经济增长波动幅度均高于全国平均水平。分阶段分指标来看，在划分的五个阶段内，河南省经济增速的平均值均高于全国平均水平。从经济增速的标准差和方差值来看，1998—2002 年，河南省指标和全国的相应指标得分一致；1992—1997 年和 2003—2011 年两个阶段，全国经济增速的这两个指标略高于河南省相应指标；剩余阶段，河南省经济增速的标准差和方差值均高于全国的平均水平。

因为经济持续的高增长所带来的疲软，使我国经济进入“新常态”具有必然性，由此导致的经济增速必然下滑。分析世界银行的数据，我们可以看出，二战以来，世界主要国家和地区中，能够在 25 年以上的时间内，始终维持经济增速在 7% 的经济体不超过十个。1992 年以来，虽然 2008 年以后我国经济增速有所下降，但我们仍能得出结论说：我国经济增速连续 22 年保持 7% 以上。

二、产业结构调整历程

河南省产业结构变动过程和全国产业结构变动过程在总体上非常相似，特别是在 20 世纪 90 年代以前；而自 20 世纪 90 年代以来，尤其是在某些行业中，河南省的发展水平较低，速度缓慢。因此，该小节将河南省产业结构变动过程大体上分为四个阶段，分别是：1949 年前（第一个阶段)、1949—1978 年（第二个阶段)、1978—1992 年（第三个阶段）以及 1992 年至今（第四个阶段)。第四个阶段的河南省产业结构情况将在下一小节的河南省经济结构变化的现状中提到。

（一）1949 年以前，河南省的产业结构情况

1949 年以前，河南省的经济形式仍然是以封闭、半封闭为特点的自然经济，农业经济以绝对优势，占据主体地位，工业生产仅仅涉及轻工业，交通运输业、邮电行业、能源工业、商业均不发达，且这些产业依附或者服务于以农业为主的第一产业。根据《河南省情》（河南人民出版社 1987 年版）的统计，到 1949 年，河南省社会总产值为 23. 82 亿元，农业总产值为 17. 84 亿元，占社会总产值的比重为 74. 9%；工业总产值为 2. 33 亿元，占比为 9. 78%；建筑业的总产值为 2. 82 亿元，占比为 11. 84%；而交通运输、邮电、商业、饮食业的总产值为 0. 83 亿元，占比仅为 3. 48%。以上数据说明了，农业在河南省经济发展中的重要地位。

（二）1949—1978 年，新中国成立后到改革开放前河南省产业结构变动情况

新中国成立后到确立“改革开放”方针政策这一时期内，我国模仿苏联，实行高度集中的计划经济体制，这一阶段又可以细分为五个时期，分别是：1949—1952 年的三大经济恢复时期、1953—1957 年的“一五”时期、1958—1962 年的“二五”时期、1963—1965 年国民经济大调整时期、1966—1970 年的“三五”时期、1971—1975 年的“四五”时期以及 1976—1978 年的“五五”计划前三年。在计划经济体制实行期间，市场规律不能发挥作用，国家不允许存在商品之间的交换，这实际上是完全由政府主导的经济，在政府的干预下，经济活动尤其是重大国民经济活动才能得到开展。这样一来，国民经济的发展与产业布局、产业发展都完全体现着政府的意图，经济发展的固有规律受到了忽视，河南省的产业结构调整也是在政府的主导下完成的。

1949—1952 年为国民经济恢复时期，鉴于我国实际情况，政府将自己首要任务定位为恢复生产，大力发展经济。这一时期的产业政策导向为：在国民经济整体的恢复和重建的基础上，有计划地重点恢复和发展重工业，同时为满足人民日常消费的需要，恢复并增加有利于国计民生的轻工业，促进纺织业、食品等行业的发展。到1952年底，河南省的经济情况已经有所恢复，产业结构状况并没有大的变动。“一五”计划时期，河南省产业结构开始有了重大变动，这一时期，中央颁布了“一五”计划方针，即“工业建设以重工业为主，轻工业为辅。重工业首先建设钢铁、煤、电力、石油、机械制造、军事工业、有色金属及基本化学工业；轻工业建设的重点是纺织、造纸和制药工业”。该时期，国家将河南省定位为重工业为主的建设区。在全国制定的694项大中型项目和156项重点建设项目中，河南省分别占了258项和9项，这些项目初步奠定了河南省的工业基础。“二五”时期，由于国家忽视客观经济规律，轻率地发动“大跃进”和农村人民公社化运动，以及三年自然灾害，河南省的国民经济遭到了严重的挫折。在接下来的几个时期内，由于政治局势动荡，河南省的经济发展此起彼伏。

当然，河南省的产业结构也随着国家政策、河南社会经济的巨大波动而有所调整，笔者从国内生产总值的构成、基本建设投资产业构成、各产业从业人员结构比例以及每万元积累增加的国民收入额变动四个指标全面来分析河南省产业结构的变动情况，对应这些指标分别反映各产业价值规模的变化、各产业资本形成状况、劳动力生产要素的分配、经济效益的状况，具体分析如下：

第一，从国内生产总值（GDP）的产业构成来看，1949—1952年，河南省的农、轻、重比例并无大的变化。“一五”期间，工农业总产值由1952年的73.5%下降到1957年的65.5%，重工业产值比重上升到9.5%，农、轻、重比例发生了重大的变化，第二产业、第三产业得到了快速的发展，尤其是重工业的发展反映了当时的政策要求。从1958—1978年这二十年间，河南省一直继承着优先发展重工业的指导思想，工业产值由34.8%上升为64.2%，重工业产值由9.8%上升为34.6%，而农业产值由1957年的65.5%下降到1978年的35.8%，下降了近30个百分点。

第二，基本建设投资的产业构成方面，从“一五”时期到1978年底，重工业共投入143.52亿元，轻工业的投入共为17.15亿元，而农林牧渔业的投入仅有4.16亿元。农、轻、重之比为1∶4.12∶34.5，重工业是轻工业的8.37倍。这种现象说明了产业发展不均衡，产业资本的投入严重失衡。

第三，劳动力生产要素的产业分布方面，大体上是“一、二、三”的格局，但是个别年份三次产业就业人数变化极大，造成了产业分布比例失衡。例如，“二五”时期强调加强重工业的思想，所以二次产业就业人数骤增。但从每个产业的纵向比较来看，第一产业所占比重逐年降低，第二产业比重逐年上升，而第三产业小幅变化，这种趋势主要是政策主导的工业化过程的反映。

第四，在经济效益方面，由表5-3可以看出“一五”时期每万元积累增加的国民收入整体水平虽然在下降，但是要高于其他时期的国民收入；“二五”时期，国民收入急剧下降，五年来国民收入分别是32元、8元、6元、-612元、-158元，到1963年仍是-7元。这主要是苏联逼债和自然灾害造成的结果。1968年由于“文化大革命”的影响，国民收入为-54元。以上说明，由于受工业化的指导思想以及社会政治经济形势的变化，经济效益也在不断地变化。

表5-3　河南省历年每百元积累增加的国民收入　　单位：元

年份	每万元积累增加的国民收入	年份	每万元积累增加的国民收入
1950	354	1966	64
1951	198	1967	11
1952	46	1968	-54
1953	64	1969	45
1954	35	1970	45
1955	24	1971	22
1956	6	1972	16
1957	23	1973	13
1958	32	1974	5
1959	8	1975	16
1960	6	1976	-9

续表

年份	每万元积累增加的国民收入	年份	每万元积累增加的国民收入
1961	-612	1977	40
1962	-158	1978	37
1963	-7		
1964	79		
1965	89		

资料来源：《河南统计年鉴1993》第100页。

（三）1978—1992年，即从十一届三中全会确定改革开放方针到邓小平“南方谈话”和十四大明确提出要建立社会主义市场经济体制。

这一时期坚持解放思想、实事求是，“家庭联产承包责任制”政策极大地促进了农业发展，农业经营体制得到了改变，农业劳动生产率得到了迅速的提高。城市也发生了很大的变化，经济体制改革也逐步展开。新政策、新思想的变化使国民经济逐渐活跃起来，社会经济总量大增，各行各业也发生了巨大的变化。与此同时，河南省也逐步改变了本省的工业化取向，从优先发展重工业转向优先发展与人民生活密切相关的轻纺工业，这极大地促进了第三产业的发展，河南省经济整体实力得到了加强。

从表5-4河南省历年工农业总产值指数表可以看出，农业发展波动较大，1982年、1986年、1988年分别为增长-2.4%、-4.3%、-1.5%，而在1981年工农业总增长指数达到了13%，1983年、1987年甚至分别增长了22%、18%；工业增长的波动也比较大，每年大都在10%左右，在1985年、1992年波动尤其大，增长分别达到了22.7%、26.7%，而1981年增长5%。由此，1978—1985年，河南省的产业结构呈现“一、二、三”的发展格局，第一产业在GDP中所占比重超过40%，对经济增长的贡献最大，第二产业的比重呈现下降的趋势，第三产业的比重稳步上升。到了1986—1991年，河南省的产业结构呈现“二、一、三”的发展格局，第一产业在GDP的比重逐渐下降，第二产业在GDP的比重逐渐上升并超过了第一产业，对经济增长的贡献最大，第三产业仍在末位，但其在GDP中的比仍处于快速上升的状态。

表 5－4　河南省历年工农业总产值指数（以上年为 100）

年份	工农业总产值	农业	工业
1978	108.3	109.6	107.6
1979	106.8	101.2	109.7
1980	108	105	109.3
1981	107.5	113	105
1982	104.2	97.6	108.6
1983	114	122	109.1
1984	111.6	108.4	113.7
1985	115.5	104.3	122.7
1986	107.8	95.7	114.4
1987	118.1	118.4	118
1988	113.5	98.5	120.3
1989	110.2	109.9	110.4
1990	107.2	107.8	106.9
1991	110.5	100.5	115.3
1992	119.6	102.5	126.7

资料来源：《河南统计年鉴 1993》第 82 页。

从表 5－5 工农业总产值构成比重可以看出，虽然开始也有上升的趋势，但是农业比重总体趋势在下降，从改革开放初的近 40% 下降到 1992 年的 26%；工业比重上升，从 1978 年的 64.2% 上升到 1992 年的 74%，其中重工业的比重呈现出先下降后上升的趋势；轻工业的变动幅度相对来说比较稳定，呈现出先上升后下降的趋势，但是基本稳定在 45%～50%。

表 5－5　河南省历年工农业总产值构成表　　单位：%

年份	以工农业总产值为 100	以工农业总产值为 100	以工业总产值为 100	以工业总产值为 100
	农业	工业	轻工业	重工业
1978	35.8	64.2	46	54
1979	37	63	47.1	52.9
1980	39.2	60.8	51.1	48.9
1981	40.4	59.6	55.4	44.6

续表

年份	以工农业总产值为100	以工农业总产值为100	以工业总产值为100	以工业总产值为100
	农业	工业	轻工业	重工业
1982	37.9	62.1	52.9	47.1
1983	41.2	58.8	50	50
1984	40.4	59.6	48.8	51.2
1985	37.6	62.4	48.1	51.9
1986	35.2	64.8	46.8	53.2
1987	35.2	64.8	46.6	53.4
1988	32.2	67.8	46.4	53.6
1989	32.1	67.9	45.7	54.3
1990	32.6	67.4	45.6	54.4
1991	30.3	69.7	45.4	54.6
1992	26	74	44	56

资料来源：根据《河南统计年鉴1993》第83页。

三、非公有制经济发展历程

非公有制对经济增长的影响非常大，改革开放以来，河南省的非公有制经济蓬勃发展，总结过去，河南省非公有制经济大体经历了萌芽—起步—调整—快速增长—健康发展的五个阶段。

（一）1979—1982年为公有制经济发展的萌芽阶段。这一阶段以国家对公有制相关政策松动、人民观念转化为主要特点，非公有制经济形式开始大量出现，个体工商户的总数量明显增长，在个体经济发展的基础上，私营企业逐渐以个体“大户”的形式自发地萌生出来。

（二）1983—1987年为公有制经济的起步阶段。在这一阶段，中央改革开放力度加大，并且为了促进私营经济的快速发展，中央政府连续发了几个相关文件，这为个体私营经济快速发展提供了政策上的宽松环境。在国家政策的鼓励下，大批富余劳动力加入个体工商户队伍，乡镇企业、家庭手工业开始大量出现。另外，国家对集贸市场的蓬勃发展给予了大量资金、物资、原材料等扶持，这把河南省个体私营经济的发展推向了高潮。

（三）1988—1991 年为公有制经济发展的调整阶段。由于人民创造财富的热情过度高涨，在这一阶段我国经济发展一度出现过热现象，1988 年下半年国民经济进入“治理经济环境、整顿经济秩序”时期，这导致了河南省的个体、私营经济进入长达两年的徘徊观望的状态。从 1990 年下半年开始，全省各地认真贯彻江泽民同志国庆四十周年讲话精神，同时，为了缓解个体私营经济的徘徊关注状态，政府各部门采取一系列的办法措施，个体私营经济状态逐步得到了回升。

（四）1992—1996 年为公有制经济快速发展阶段。该阶段的标志为 1992 年邓小平同志南方谈话和党的“十四大”召开，“三个有利于”进一步解放了人们的思想，成为全国经济建设和发展的指导方针，国家和河南省都相继出台一系列有利于非公有制经济发展的法律法规、政策方针，河南省个体私营经济开始快速发展。

（五）1997 年以来，河南省的非公有制经济进入健康发展阶段。随着社会经济大环境的变化，我国经济进入新常态，经济开始从高速增长转向高质量增长，私营企业和个体工商户数的增速也缓慢下降，实现了由快速超常增长向健康发展状态的转变。

四、城镇化发展历程

从新中国成立之初至目前，河南省的城镇化进程经历了漫长而曲折的发展，大致可以分为以下四个阶段：

（一）1949—1957 年为城镇化起步阶段。在新中国刚成立时，河南省的城镇数量为仅为 13 个，其中居民人数在 10 万人口以上的地区只有开封一个，居民人数在五万人口以上的城镇有 6 个，三万人口以上的城镇有 3 个。1953—1957 年，我国第一个五年计划开始实施，这也促进了河南省工业化的发展，工业化水平的提高进而推动了城镇化的发展。截至 1957 年底，河南省城镇个数从新中国成立初期的 13 个增加到了 14 个；城镇人口增加到了 270 万人，占河南省人口数量的 5.6%。

（二）1958—1977 年为城镇化震荡阶段。这一阶段，由于国家政策上的失误，我们经历了“大跃进”、三年自然灾害时期、经济恢复时期以及

“文化大革命”，为此河南省的城镇化发展进程在这一时期受到了很大的阻碍。城镇化水平不断变化，且总体呈现出下降的趋势。到 1977 年底，河南省城镇个数 14 个，城镇化水平仅为 13.63%。

（三）1978—1991 年为城镇化稳定发展阶段。1980 年，河南省顺应国务院的“严格控制大城镇规模，合理发展中等城镇，积极发展小城镇”的城镇化发展战略，确定了小城镇优先发展的方针。1983 年以来实施了“地市合并、撤地建市，以市领导县”的发展方针，强化了中心城镇对周边地区的带动和辐射效应。截至 1991 年底，河南省城镇个数 27 个，比 1978 年增加了 13 个，城镇人口也由 1978 年的 599 万人增加到了 1525 万人。

（四）1992 年以来，我国进入城镇化加速发展阶段。随着社会主义市场经济体制的完善，财政、金融、外商投资等体制的改革，河南省的国民经济在这些积极改革的推动下得到了持续快速的发展，城镇化水平也得到了进一步的发展。

第二节 河南省经济增长的现状

对于河南省经济增长的现状主要从总体情况和省际比较两方面入手，首先，将河南省与中部地区以及全国的经济总量、经济结构变化和人均产值变化进行比较，发现河南省经济增长在中部地区以及全国的位次；其次，对于省际比较，该小节选取中部六省进行比较，由于河南省地处中部地区，将河南省与中部其他省份进行比较，可以清晰地把握河南省经济增长的优势与不足，从而更好地促进中原崛起。

一、经济总量

（一）总体情况

改革开放以来，河南省经济保持持续增长，作为中部地区的重要省份之一，其经济增长为全国以及中部地区经济发展做出了重大的贡献。本章采用河南省生产总值表示经济总量，反映河南省一年内的总产出。

从表 5 - 6 可以看出，随着年份的增加，其生产总值也在不断地增加。河南省生产总值数量上由 1978 年的 162.92 亿元增长到 2016 年的 40471.79 亿元，有了很大的提升。但是，2012 年以前的年增长率不稳定，忽高忽低，其年增长率最高的是 1995 年，高达 34.80%，年增长率最低的是 1999 年，为 4.87%。从 2012 年到 2016 年，河南省生产总值的年增长率趋于稳定。从中部地区合计来看，地区生产总值有了较大的提高，从 1978 年的 750 亿元增长到 2016 年的 160645.57 亿元，年增长率最高的是 1995 年，为 30.28%，年增长率最低的是 1999 年，为 5.35%。从全国范围来看，GDP 由 1978 年的 3645.2 亿元增长到 2016 年的 740589.7 亿元，年增长率最高的是 1994 年，高达 36.41%，年增长率最低的是 1999 年，为 6.25%。从河南省占中部地区的比重来看，河南省的生产总值在中部地区占的比重稳定增长，占比最高的是 2006 年，高达 28.43%，尤其是近五年，占比基本稳定在 25% 左右。从河南省占全国的比重来看，河南省生产总值在全国占的比重比较稳定，基本维持在 4%~5%。

表 5-6　1978—2016 年河南省经济总量增长情况

年份	河南省（亿元）	年增长率	中部地区合计（亿元）	年增长率	全国（亿元）	年增长率	河南省占中部地区比重	河南省占全国比重
1978	162.92	25.52%	750	13.56%	3645.2	12.92%	21.72%	4.47%
1979	190.09	16.68%	894.64	19.29%	4062.6	11.45%	21.25%	4.68%
1980	229.16	20.55%	981.17	9.67%	4545.6	11.89%	23.36%	5.04%
1981	249.69	8.96%	1092.69	11.37%	4891.6	7.61%	22.85%	5.10%
1982	263.30	5.45%	1197.65	9.61%	5323.4	8.83%	21.98%	4.95%
1983	327.95	24.55%	1362.85	13.79%	5962.7	12.01%	24.06%	5.50%
1984	370.04	12.83%	1617.88	18.71%	7208.1	20.89%	22.87%	5.13%
1985	451.74	22.08%	1956.23	20.91%	9016	25.08%	23.09%	5.01%
1986	502.91	11.33%	2191.36	12.02%	10275.2	13.97%	22.95%	4.89%
1987	609.60	21.21%	2559.54	16.80%	12058.6	17.36%	23.82%	5.06%
1988	749.09	22.88%	3149.1	23.03%	15042.8	24.75%	23.79%	4.98%
1989	850.71	13.57%	3577.51	13.60%	16992.3	12.96%	23.78%	5.01%

续表

年份	河南省（亿元）	年增长率	中部地区合计（亿元）	年增长率	全国（亿元）	年增长率	河南省占中部地区比重	河南省占全国比重
1990	934.65	9.87%	4019.36	12.35%	18667.8	9.86%	23.25%	5.01%
1991	1045.73	11.88%	4403.89	9.57%	21781.5	16.68%	23.75%	4.80%
1992	1279.75	22.38%	5279.99	19.89%	26923.5	23.61%	24.24%	4.75%
1993	1660.18	29.73%	6671.27	26.35%	35333.9	31.24%	24.89%	4.70%
1994	2216.83	33.53%	8663.09	29.86%	48197.9	36.41%	25.59%	4.60%
1995	2988.37	34.80%	11286.24	30.28%	60793.7	26.13%	26.48%	4.92%
1996	3634.69	21.63%	13469.74	19.35%	71176.6	17.08%	26.98%	5.11%
1997	4041.09	11.18%	15176	12.67%	78973	10.95%	26.63%	5.12%
1998	4308.24	6.61%	16321.64	7.55%	84402.3	6.87%	26.40%	5.10%
1999	4517.94	4.87%	17194.82	5.35%	89677.1	6.25%	26.28%	5.04%
2000	5052.99	11.84%	18900.86	9.92%	99214.6	10.64%	26.73%	5.09%
2001	5533.01	9.50%	20697.35	9.50%	109655.2	10.52%	26.73%	5.05%
2002	6035.48	9.08%	22694.92	9.65%	120332.7	9.74%	26.59%	5.02%
2003	6867.70	13.79%	25870.88	13.99%	135822.8	12.87%	26.55%	5.06%
2004	8553.79	24.55%	31616.35	22.21%	159878.3	17.71%	27.05%	5.35%
2005	10587.42	23.77%	37411.17	18.33%	187318.9	17.16%	28.30%	5.65%
2006	12362.79	16.77%	43480.57	16.22%	219438.5	17.15%	28.43%	5.63%
2007	15012.46	21.43%	52971.08	21.83%	270232.3	23.15%	28.34%	5.56%
2008	18018.53	20.02%	64040.56	20.90%	319515.5	18.24%	28.14%	5.64%
2009	19480.46	8.11%	70577.56	10.21%	348498.5	9.07%	27.60%	5.59%
2010	23092.36	18.54%	86109.38	22.01%	411265.2	18.01%	26.82%	5.61%
2011	26931.03	16.62%	104473.87	21.33%	484753.2	17.87%	25.78%	5.56%
2012	29599.31	9.91%	116277.75	11.30%	539116.5	11.21%	25.46%	5.49%
2013	32191.3	8.76%	127909.58	10.00%	590422.4	9.52%	25.17%	5.45%
2014	34938.24	8.53%	138679.65	8.42%	644791.1	9.21%	25.19%	5.42%
2015	37002.16	5.91%	147139.64	6.10%	686449.6	6.46%	25.15%	5.39%
2016	40471.79	9.38%	160645.57	9.18%	740598.7	7.89%	25.19%	5.46%

1978 年河南省在全国经济总量中所占比重为 4.47%，到了 2016 年，河南省在全国经济总量中所占比重为 5.46%，提高了 0.99 个百分点。从

整体上看，河南省 GDP 总量所占全国 GDP 比重呈“U”形曲线，改革开放初期所占比例较高，进入 20 世纪 80 年代中期以后不断下降。从 20 世纪 90 年代中期以后开始不断上升。这主要是因为国家政策导致了“中部塌陷”的现象，到了 20 世纪 90 年代以后，随着中部崛起等一系列政策的实施，河南省 GDP 总量占全国的比重开始上升。从表 5－7 中国省域经济综合竞争力排名来看，河南省的综合经济实力处于上游城市，排名第 9，较 2015 年相比没有变化。

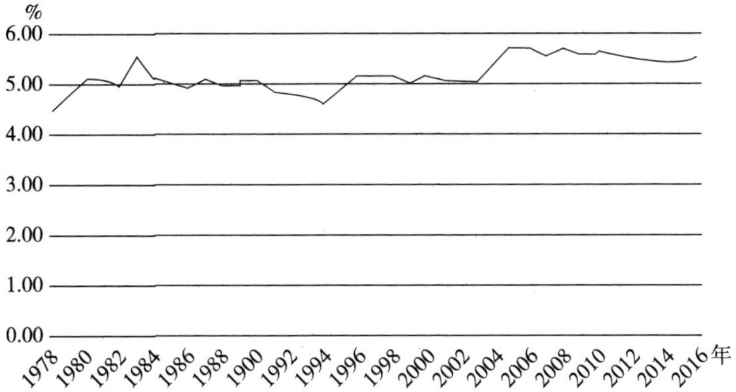

图 5－2　河南省 1978—2016 年 GDP 总量占全国比重变化趋势

表 5－7　中国省域经济综合竞争力排名

	地区	排名		
		2016 年	2015 年	2016 年较 2015 年
上游（1～10 名）	江苏省	1	1	
	广东省	2	2	
	北京市	3	3	
	上海市	4	4	
	浙江省	5	5	
	山东省	6	6	
	天津市	7	7	
	福建省	8	8	
	河南省	9	9	
	重庆市	10	12	上升 2 名

续表

	地区	排名		
		2016年	2015年	2016年较2015年
中游（11~20名）	湖北省	11	10	下降1名
	湖南省	12	13	下降2名
	安徽省	13	11	
	四川省	14	14	
	河北省	15	15	
	内蒙古自治区	16	21	上升5名
	辽宁省	17	16	下降1名
	江西省	18	17	下降1名
	吉林省	19	22	上升3名
	陕西省	20	18	下降2名
下游（21~31名）	广西壮族自治区	21	20	下降1名
	黑龙江省	22	27	上升5名
	贵州省	23	23	
	山西省	24	24	
	海南省	25	19	下降6名
	宁夏回族自治区	26	25	下降1名
	云南省	27	26	下降1名
	新疆维吾尔自治区	28	28	
	甘肃省	29	30	上升1名
	青海省	30	29	下降1名
	西藏自治区	31	31	

（二）省际比较

从表5-8可以看出，1978年GDP总量最高的是河南省，为162.92亿元；第二名是湖北省，为151亿元；第三名是湖南省，为146.99亿元；第四名是安徽省，为114.1亿元；第五名是山西省，为87.99亿元；第六名是江西省，为87亿元。而到了2016年，GDP总量最高的仍是河南省，为40471.79亿元，突破4万亿大关，居于中部六省之首；排名第二的是湖北省，为32665.38亿元；排名第三的是湖南省，为31551.37

亿元；排名第四的是安徽省，为 24407. 62 亿元；排名第五的是江西省，为 18499 亿元；最后一名是山西省，为 13050. 41 亿元。数据显示，无论是经济总量还是产业结构，中部六省都有了翻天覆地的变化。特别是 2011 年，随着山西省和江西省的加入，中部六省 GDP 总量都跨过了万亿元大关。

从增长倍数来看，GDP 总量增长倍数最高的是河南省，2016 年的 GDP 总量是 1978 年的 248. 42 倍，增长倍数最低的是山西省，2016 年的 GDP 总量是 1978 年的 148. 32 倍。就 GDP 总量最高的省份与 GDP 总量最低的省份之间的关系来看，1978 年，GDP 总量最高的是河南省，为 162. 92 亿元；最低的是江西省，为 87 亿元；河南省是江西省的 1. 87 倍。到了 2016 年，GDP 总量最高的是河南省，为 40471. 79 亿元，GDP 总量最低的是山西省，为 13050. 41 亿元，河南省是山西省的 3. 1 倍。由此可以看出，随着时间的推移，GDP 总量最高的省份与 GDP 总量最低的省份之间的差距越来越大，增长迅速，呈现出明显的“马太效应”。

表 5 -8　1978—2016 年中部各省 GDP 数据　　单位：亿元

年份	山西	安徽	江西	河南	湖北	湖南
1978	87. 99	114. 1	87	162. 92	151	146. 99
1979	106. 43	127. 5	104. 15	190. 09	188. 46	178. 01
1980	108. 76	141	111. 15	229. 16	199. 38	191. 72
1981	121. 71	170. 6	121. 26	249. 69	219. 75	209. 68
1982	139. 22	187. 1	133. 96	263. 3	241. 55	232. 52
1983	155. 06	215. 7	144. 13	327. 95	262. 58	257. 43
1984	197. 42	265. 8	169. 11	370. 04	328. 22	287. 29
1985	218. 99	331. 4	207. 89	451. 74	396. 26	349. 95
1986	235. 11	382. 8	230. 82	502. 91	442. 04	397. 68
1987	257. 23	442. 6	262. 9	609. 6	517. 77	469. 44
1988	316. 69	546. 9	325. 83	749. 09	626. 52	584. 07
1989	376. 26	616. 2	376. 46	850. 71	717. 08	640. 8
1990	429. 27	658	428. 62	934. 65	824. 38	744. 44
1991	468. 51	663. 6	479. 37	1045. 73	913. 38	833. 3

续表

年份	山西	安徽	江西	河南	湖北	湖南
1992	551.12	801.2	572.55	1279.75	1088.39	986.98
1993	680.41	1037.1	723.04	1660.18	1325.83	1244.71
1994	826.66	1320.5	948.16	2216.83	1700.92	1650.02
1995	1076.03	1810.6	1169.73	2988.37	2109.38	2132.13
1996	1292.11	2093.3	1409.74	3634.69	2499.77	2540.13
1997	1476	2347.4	1605.77	4041.09	2856.47	2849.27
1998	1611.08	2542.9	1719.87	4308.24	3114.02	3025.53
1999	1667.1	2712.3	1853.65	4517.94	3229.29	3214.54
2000	1845.72	2902.2	2003.07	5052.99	3545.39	3551.49
2001	2029.53	3246.7	2175.68	5533.01	3880.53	3831.9
2002	2324.8	3519.8	2450.48	6035.48	4212.82	4151.54
2003	2855.23	3923.1	2807.41	6867.7	4757.45	4659.99
2004	3571.37	4759.31	3456.7	8553.79	5633.24	5641.94
2005	4230.53	5350.17	4056.76	10587.42	6590.19	6596.1
2006	4878.61	6112.5	4820.53	12362.79	7617.47	7688.67
2007	6024.45	7360.92	5800.25	15012.46	9333.4	9439.6
2008	7315.4	8851.66	6971.05	18018.53	11328.92	11555
2009	7358.31	10062.82	7655.18	19480.46	12961.1	13059.69
2010	9200.86	12359.33	9451.26	23092.36	15967.61	16037.96
2011	11237.55	15300.65	11702.82	26931.03	19632.26	19669.56
2012	12112.83	17212.05	12948.88	29599.31	22250.45	22154.23
2013	12602.2	19038.87	14338.5	32155.86	24668.49	24501.7
2014	12761.49	20848.75	15714.63	34938.24	27379.22	27037.32
2015	12766.49	22005.63	16723.78	37002.16	29550.19	28902.21
2016	13050.41	24407.62	18499	40471.79	32665.38	31551.37
增长倍数	148.32	213.91	212.63	248.42	216.33	214.65

从1978—2016年中部各省GDP占中部地区的比重来看，1978年占比最高的省是河南省，为21.72%；排名第二的是湖北省，为20.13%；其次是湖南省，为19.60%；排名第四的是安徽省，为15.21%；山西省和江西省分别排名第5和第6，占比分别为11.73%和11.60%，比较接近。到了

2016 年，占比最高的仍是河南省，为 25.19%；其次是湖北省，为 20.33%；然后是湖南省，为 19.64%；排名第四的是安徽省，为 15.19%；排名第五的是江西省，为 11.52%；最后一名是山西省，为 8.12%。从数量上来看，虽然随着时间的推移，中部各省的 GDP 总量在绝对值上有所提高，但是占比有了很大的变化，排名前四的仍是河南省、湖北省、湖南省和安徽省，而山西省和江西省的占比有所变化。

表 5－9　1978—2016 年中部各省 GDP 占中部地区的比重　　单位：%

年份	山西	安徽	江西	河南	湖北	湖南
1978	11.73	15.21	11.60	21.72	20.13	19.60
1979	11.90	14.25	11.64	21.25	21.07	19.90
1980	11.08	14.37	11.33	23.36	20.32	19.54
1981	11.14	15.61	11.10	22.85	20.11	19.19
1982	11.62	15.62	11.19	21.98	20.17	19.41
1983	11.38	15.83	10.58	24.06	19.27	18.89
1984	12.20	16.43	10.45	22.87	20.29	17.76
1985	11.19	16.94	10.63	23.09	20.26	17.89
1986	10.73	17.47	10.53	22.95	20.17	18.15
1987	10.05	17.29	10.27	23.82	20.23	18.34
1988	10.06	17.37	10.35	23.79	19.90	18.55
1989	10.52	17.22	10.52	23.78	20.04	17.91
1990	10.68	16.37	10.66	23.25	20.51	18.52
1991	10.64	15.07	10.89	23.75	20.74	18.92
1992	10.44	15.17	10.84	24.24	20.61	18.69
1993	10.20	15.55	10.84	24.89	19.87	18.66
1994	9.54	15.24	10.94	25.59	19.63	19.05
1995	9.53	16.04	10.36	26.48	18.69	18.89
1996	9.59	15.54	10.47	26.98	18.56	18.86
1997	9.73	15.47	10.58	26.63	18.82	18.77
1998	9.87	15.58	10.54	26.40	19.08	18.54
1999	9.70	15.77	10.78	26.28	18.78	18.69
2000	9.77	15.35	10.60	26.73	18.76	18.79

续表

年份	山西	安徽	江西	河南	湖北	湖南
2001	9. 81	15. 69	10. 51	26. 73	18. 75	18. 51
2002	10. 24	15. 51	10. 80	26. 59	18. 56	18. 29
2003	11. 04	15. 16	10. 85	26. 55	18. 39	18. 01
2004	11. 30	15. 05	10. 93	27. 05	17. 82	17. 85
2005	11. 31	14. 30	10. 84	28. 30	17. 62	17. 63
2006	11. 22	14. 06	11. 09	28. 43	17. 52	17. 68
2007	11. 37	13. 90	10. 95	28. 34	17. 62	17. 82
2008	11. 42	13. 82	10. 89	28. 14	17. 69	18. 04
2009	10. 43	14. 26	10. 85	27. 60	18. 36	18. 50
2010	10. 69	14. 35	10. 98	26. 82	18. 54	18. 63
2011	10. 76	14. 65	11. 20	25. 78	18. 79	18. 83
2012	10. 42	14. 80	11. 14	25. 46	19. 14	19. 05
2013	9. 90	14. 96	11. 26	25. 26	19. 38	19. 25
2014	9. 20	15. 03	11. 33	25. 19	19. 74	19. 50
2015	8. 70	14. 96	11. 37	25. 15	20. 08	19. 74
2016	8. 12	15. 19	11. 52	25. 19	20. 33	19. 64

从1978—2016年中部各省GDP占中部地区比重的变化趋势图可以看出，各省的GDP占比均呈现出动态变化的趋势。占比最高的是河南省，其中，2006年的占比最高，为28. 43%，由此可以看出河南省在中部地区的重要地位。变化趋势最稳定的是安徽省，一直处于中部地区排名第四的位置，其中，占比最高的是1986年，为17. 47%。湖南省和湖北省的GDP总量变化趋势比较特殊，1995年之前，湖北省一直高于湖南省，1995年之后，两省占比比较接近，但又呈现出“你追我赶，交错上升”的趋势。江西省和山西省在2009年以前是互相交错的局面，在2009年以后，山西省的占比要高于江西省，且这一差距有扩大的趋势。

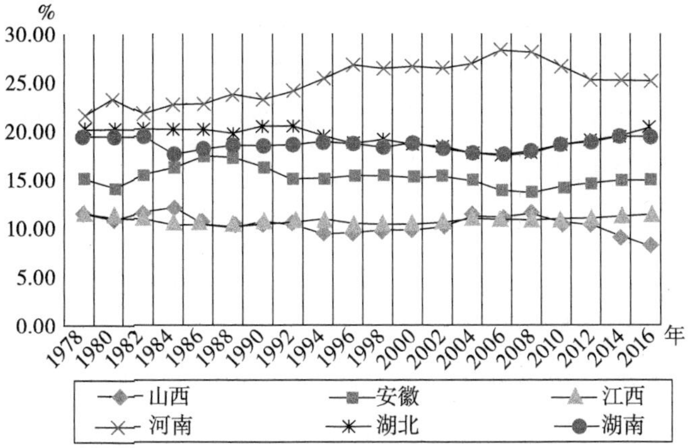

图 5－3　1978—2016 年中部各省 GDP 占中部地区比重变化趋势

二、经济结构变化

（一）总体情况

国内生产总值（GDP）一般由三次产业的产值构成，三次产业分别是第一产业、第二产业和第三产业。在经济发展过程中，越来越细的分工导致了越来越多的生产部门出现。由于受到的影响和制约不同，这些部门对经济增长的贡献率也不同。随着经济的发展，不同产业在国民经济中所占比重也有所改变，比重改变的过程也就是产业调整的过程，产业结构调整包括产业结构合理化和产业结构的高级化两个方面。合理的产业结构有利于充分利用资源，合理配置人力、物力和财力，提高产业效益，促进经济的健康发展。与此同时，合理产业结构对于实现社会总供给和总需求的平衡，促进社会经济效益的提高都有很大的意义，因此，在经济增长的过程中，产业结构的优化一直被世界各国所重视。

1. 第一产业

1978 年到 1986 年，第一产业占 GDP 总值的比重还有上升的趋势，到了 1986 年以后，河南省第一产业占 GDP 的比重逐渐下降。1978 年河南省第一产业占据较大比重，第一产业产值为 64.86 亿元，占 GDP 总量的 39.81%，与中部地区第一产业产值的比重比较接近，同时，比全国平均水平高了 11.62%；而到了 2016 年，河南省第一产业产值增长到 4286.21 亿元，是 1978 年的 66.08 倍，但是河南省第一产业占 GDP 总量的比重却下降到 10.59%，虽然仍然比全国平均水平高了 1.99%，但是河南省和全国的差距已经在大大缩小。

从河南省与中部地区、全国 1978—2016 年第一产业产值比重变化趋势可以看出，除个别年份，河南省第一产业所占比重与中部地区、全国一样，呈现出明显下降趋势。

表 5－10　1978—2016 年河南省、中部地区与全国第一产业产值及其占总产值比重

年份	河南省		中部地区		全国	
	第一产业产值（亿元）	比重（%）	第一产业产值（亿元）	比重（%）	第一产业产值（亿元）	比重（%）
1978	64.86	39.81%	293.98	39.20%	1027.5	28.19%
1979	77.3	40.66%	374.4	41.85%	1270.2	31.27%
1980	93.23	40.68%	379.23	38.65%	1371.6	30.17%
1981	106.04	42.47%	461.95	42.28%	1559.5	31.88%
1982	108.18	41.09%	509.14	42.51%	1777.4	33.39%
1983	143.49	43.75%	565.05	41.46%	1978.4	33.18%
1984	155.28	41.96%	644.36	39.83%	2316.1	32.13%
1985	173.43	38.39%	732.91	37.47%	2564.4	28.44%
1986	179.02	35.60%	791.98	36.14%	2788.7	27.14%
1987	220.22	36.13%	911.39	35.61%	3233	26.81%
1988	240.72	32.13%	1050.63	33.36%	3865.4	25.70%
1989	289.95	34.08%	1185.67	33.14%	4265.9	25.10%
1990	325.77	34.85%	1397.18	34.76%	5062	27.12%
1991	334.61	32.00%	1357.47	30.82%	5342.2	24.53%
1992	353.92	27.66%	1495.08	28.32%	5866.6	21.79%
1993	410.45	24.72%	1749.37	26.22%	6963.8	19.71%
1994	546.68	24.66%	2358.5	27.22%	9572.7	19.86%
1995	762.99	25.53%	3195.49	28.31%	12135.8	19.96%
1996	937.64	25.80%	3754.64	27.87%	14015.4	19.69%
1997	1008.55	24.96%	4035.54	26.59%	14441.9	18.29%

续表

年份	河南省		中部地区		全国	
	第一产业产值（亿元）	比重（%）	第一产业产值（亿元）	比重（%）	第一产业产值（亿元）	比重（%）
1998	1071.39	24.87%	4079.71	25.00%	14817.6	17.56%
1999	1123.14	24.86%	3926.44	22.84%	14770	16.47%
2000	1161.58	22.99%	4015.6	21.25%	14944.7	15.06%
2001	1234.34	22.31%	4190.13	20.24%	15781.3	14.39%
2002	1288.36	21.35%	4360.09	19.21%	16537	13.74%
2003	1198.7	17.45%	4408.11	17.04%	17381.7	12.80%
2004	1649.29	19.28%	5583.13	17.66%	21412.7	13.39%
2005	1892.01	17.87%	6031.08	16.12%	22420	12.12%
2006	1916.74	15.50%	6403.29	14.73%	24040	11.11%
2007	2217.66	14.77%	7640.06	14.42%	28627	10.77%
2008	2658.78	14.76%	9123.23	14.25%	33702	10.73%
2009	2769.05	14.21%	9606.34	13.61%	35226	10.33%
2010	3258.09	14.11%	11221.07	13.03%	40533.6	10.10%
2011	3512.24	13.04%	12897.37	12.35%	47486.2	10.04%
2012	3769.54	12.74%	14019.8	12.06%	52373.6	10.09%
2013	3972.7	12.34%	14589.95	11.41%	55329.1	9.30%
2014	4160.01	11.91%	15350.65	11.07%	58343.5	9.06%
2015	4209.56	11.37%	15868.8	10.78%	60863	8.99%
2016	4286.21	10.59%	16780.94	10.45%	63672.8	8.60%

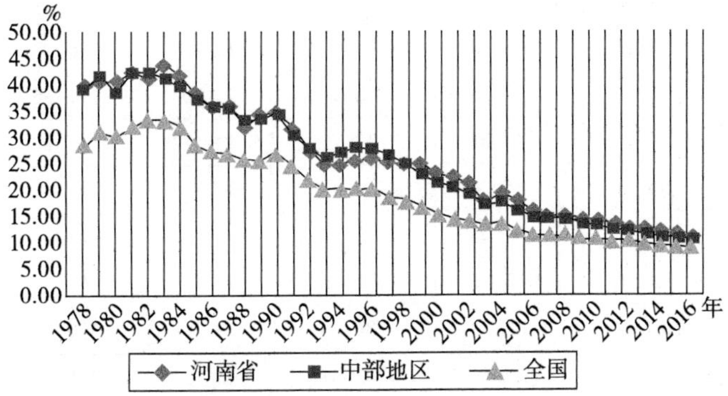

图 5-4　1978—2016 年河南省、中部地区与全国第一产业产值比重变化趋势

2. 第二产业

随着第一产业所占比重在不断降低，河南省第二产业在GDP中所占比重在不断地上升。1978年，河南省第二产业产值为69.54亿元，占GDP总量为42.63%；中部地区第二产业产值为318.13亿元，占GDP总量为42.42%，与河南省的占比基本持平；全国第二产业产值占GDP的比重为47.88%，全国平均水平比河南省高了5.25%。到了2016年，河南省的第二产业产值已经迅速增长到19275.82亿元，是1978年的277.2倍，远远超出了第一产业的增长倍数，第二产业占GDP总量也上升为47.63%，而中部地区、全国第二产业占GDP的比重分别为45.41%和40.04%，河南省比中部地区、全国平均水平高出2.22%和7.59%。

从河南省与中部地区、全国1978—2016年第二产业产值比重变化趋势可以看出，除个别年份，河南省第二产业所占比重整体呈现出波动上升的趋势，且整体趋势要高于中部地区，从2012年以后，差距有所缩小，而全国的比重变化则比较平稳。在2001年以前，河南省第二产业所占比重在30%～40%波动，从2002年开始，进入单边上升的趋势。在2001年，河南省第二产业所占比重首次超过了全国平均水平，这之后开始一直高于全国平均水平，并逐渐拉开差距。

表5-11 1978—2016年河南省、中部地区与全国第二产业产值及其占总产值比重

年份	河南省		中部地区		全国	
	第二产业产值（亿元）	比重（%）	第二产业产值（亿元）	比重（%）	第二产业产值（亿元）	比重（%）
1978	69.45	42.63	318.13	42.42	1745.2	47.88
1979	80.52	42.36	365.91	40.90	1913.5	47.10
1980	94.44	41.21	417.71	42.57	2192	48.22
1981	95.79	38.36	424.47	38.85	2255.5	46.11
1982	102.76	39.03	452.83	37.81	2383	44.76
1983	116.36	35.48	521.18	38.24	2646.2	44.38
1984	136.29	36.83	634.36	39.21	3105.7	43.09
1985	170.07	37.65	785.51	40.15	3866.6	42.89

续表

年份	河南省		中部地区		全国	
	第二产业产值（亿元）	比重（%）	第二产业产值（亿元）	比重（%）	第二产业产值（亿元）	比重（%）
1986	202.15	40.20	882.87	40.29	4492.7	43.72
1987	230.25	37.77	1015.44	39.67	5251.6	43.55
1988	299.83	40.03	1274.03	40.46	6587.2	43.79
1989	317.13	37.28	1403.51	39.23	7278	42.83
1990	331.85	35.51	1490.35	37.08	7717.4	41.34
1991	388.09	37.11	1701.25	38.63	9102.2	41.79
1992	545.21	42.60	2129.67	40.33	11699.5	43.45
1993	764.2	46.03	2834.34	42.49	16454.4	46.57
1994	1058.89	47.77	3583.04	41.36	22445.4	46.57
1995	1394.98	46.68	4504.12	39.91	28679.5	47.18
1996	1677.62	46.16	5344.97	39.68	33835	47.54
1997	1861.28	46.06	6060.24	39.93	37543	47.54
1998	1937.83	44.98	6549.96	40.13	39004.2	46.21
1999	1981.07	43.85	6897.09	40.11	41033.6	45.76
2000	2294.15	45.40	7640.64	40.42	45555.9	45.92
2001	2510.45	45.37	8494.7	41.04	49512.3	45.15
2002	2768.75	45.87	9415.23	41.49	53896.8	44.79
2003	3310.14	48.20	11246.91	43.47	62436.3	45.97
2004	4182.1	48.89	14023.94	44.36	73904.3	46.23
2005	5514.14	52.08	17499.24	46.78	87598.1	47.37
2006	6724.61	54.39	21163.32	48.67	103719.5	47.95
2007	8282.83	55.17	26204.59	49.47	125831.4	47.34
2008	10259.99	56.94	32367.09	50.54	149003.4	47.45
2009	11010.5	56.52	35554.24	50.38	157638.8	46.24
2010	13226.38	57.28	45130.31	52.41	187383.2	46.67
2011	15427.08	57.28	55940.2	53.54	220412.8	46.59
2012	16672.2	56.33	61450.71	52.85	235162	45.32
2013	16742.9	52.01	64799.63	50.66	261956.1	44.01
2014	17816.56	50.99	68770.53	49.59	277571.8	43.10

续表

年份	河南省		中部地区		全国	
	第二产业产值（亿元）	比重（%）	第二产业产值（亿元）	比重（%）	第二产业产值（亿元）	比重（%）
2015	18189.36	49.15	69702.22	47.37	274278	40.53
2016	19275.82	47.63	72951.48	45.41	296547.7	40.04

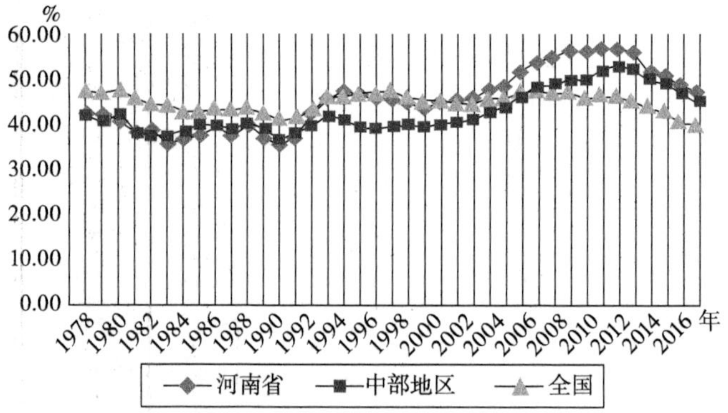

图 5－5　1978—2016 年河南省与全国第二产业产值比重变化趋势

3. 第三产业

从第三产业的情况来看，第三产业所占比重在不断地上升。1978 年，河南省第三产业产值为 28.61 亿元，占 GDP 总量为 17.56%；中部地区第三产业产值为 137.89 亿元，占 GDP 总量为 18.39%；全国第三产业产值为 872.5 亿元，占 GDP 总量为 23.94%，河南省比中部地区、全国平均水平低了 0.83% 和 6.38%。但是，到了 2016 年，河南省第三产业产值迅猛增长到 16909.76 亿元，是 1978 年的 591 倍，增长倍数远远超过了第一产业和第二产业，占 GDP 总量为 41.78%；中部地区第三产业产值为 70913.5，占 GDP 总量为 44.14%；全国第三产业产值为 384221 亿元，占 GDP 总量为 51.88%。河南省比中部地区的平均水平低了 2.36%，差距较 1978 年增长了 1.53 个百分点，同时，河南省比全国的平均水平低了 10.1%，差距较 1978 年增长了 3.72 个百分点，说明河南省与中部地区和全国平均水平的差距在不断扩大。

从河南省与中部地区、全国1978—2016年第三产业产值比重变化趋势可以看出，1991年河南省第三产业占GDP比重与中部地区、全国的非常接近，在此之前，差距也比较小。但是过了1992年以后，三者之间的差距波动变化，在逐渐地拉大。2012年以后，河南省与中部地区之间的差距在不断地缩小，且不断上升。

表5-12　1978—2016年河南省、中部地区与全国第三产业产值及其占总产值比重

年份	河南省		中部地区		全国	
	第三产业产值（亿元）	比重（%）	第三产业产值（亿元）	比重（%）	第三产业产值（亿元）	比重（%）
1978	28.61	17.56	137.89	18.39	872.5	23.94
1979	32.27	16.98	154.33	17.25	878.9	21.63
1980	41.49	18.11	184.23	18.78	982	21.60
1981	47.86	19.17	206.27	18.88	1076.6	22.01
1982	52.36	19.89	235.68	19.68	1163	21.85
1983	68.1	20.77	276.62	20.30	1338.1	22.44
1984	78.47	21.21	339.17	20.96	1786.3	24.78
1985	108.24	23.96	437.81	22.38	2585	28.67
1986	121.74	24.21	516.51	23.57	2993.8	29.14
1987	159.13	26.10	632.7	24.72	3574	29.64
1988	208.54	27.84	824.44	26.18	4590.3	30.51
1989	243.63	28.64	988.32	27.63	5448.4	32.06
1990	277.03	29.64	1131.83	28.16	5888.4	31.54
1991	323.03	30.89	1345.17	30.55	7337.1	33.69
1992	380.62	29.74	1655.24	31.35	9357.4	34.76
1993	485.53	29.25	2087.56	31.29	11915.7	33.72
1994	611.26	27.57	2721.54	31.42	16179.8	33.57
1995	830.4	27.79	3586.63	31.78	19978.5	32.86
1996	1019.43	28.05	4370.13	32.44	23326.2	32.77
1997	1171.26	28.98	5080.22	33.48	26988.1	34.17
1998	1299.02	30.15	5691.96	34.87	30580.5	36.23
1999	1413.73	31.29	6371.29	37.05	33873.4	37.77
2000	1597.26	31.61	7244.62	38.33	38714	39.02

续表

年份	河南省		中部地区		全国	
	第三产业产值（亿元）	比重（%）	第三产业产值（亿元）	比重（%）	第三产业产值（亿元）	比重（%）
2001	1788.22	32.32	8012.53	38.71	44361.6	40.46
2002	1978.37	32.78	8919.61	39.30	49898.9	41.47
2003	2358.86	34.35	10215.85	39.49	56004.7	41.23
2004	2722.4	31.83	12009.27	37.98	64561.3	40.38
2005	3181.27	30.05	13880.85	37.10	74919.3	40.51
2006	3721.44	30.10	15913.96	36.60	88554.9	40.94
2007	4511.97	30.05	19126.43	36.11	111351.9	41.89
2008	5099.76	28.30	22550.24	35.21	131340	41.82
2009	5700.91	29.26	25416.98	36.01	148038	43.43
2010	6607.89	28.62	29757.99	34.56	173596	43.24
2011	7991.72	29.67	35636.31	34.11	205205	43.37
2012	9157.57	30.94	40807.24	35.09	231406.5	44.59
2013	11475.7	35.65	48519.99	37.93	277959.3	46.70
2014	12961.67	37.10	54558.46	39.34	308058.6	47.84
2015	14611.33	39.48	61568.62	41.84	341567	50.47
2016	16909.76	41.78	70913.15	44.14	384221	51.88

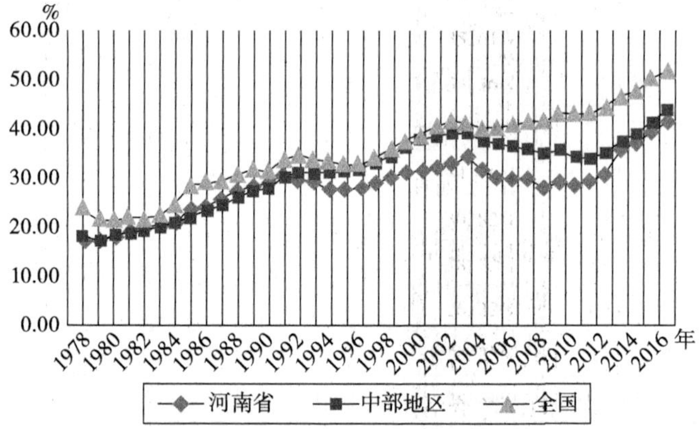

图 5－6　1978—2016 年河南省与全国第三产业产值比重变化趋势

（二）省际比较

1. 第一产业

从1978—2016年中部各省第一产业产值可以看出，1978年，第一产业产值最高的是河南省，为64.86亿元；第二名是湖北省，为61.11亿元；第三名是湖南省，为59.83亿元；第四名是安徽省，为53.8亿元；第五名是江西省，为36.18亿元；第六名是山西省，为18.2亿元。到了2016年，排名第一的仍是河南省，为4286.21亿元；其次是湖北省，为3659.33亿元；然后是湖南省，为3578.37亿元；排名第四的是安徽省，为2567.72亿元；排名第五的是江西省，为1904.53亿元；最后一名是山西省，为784.78亿元，和1978年的排名一样。

从增长倍数来看，增长倍数最高的是河南省，2016年的第一产业产值是1978年的66.08倍，最低的是山西省，为43.12倍。从第一产业产值最高与最低省份之间关系来看，1978年第一产业产值最高的是河南省，最低的是山西省，河南省是山西省的3.56倍，2016年第一产业产值最高的仍是河南省，最低的仍是山西省，河南省是山西省的5.46倍，第一产业产值最高的省份与最低的省份之间的差距随着时间的推移在不断地扩大。

表5-13　1978—2016年中部各省第一产业产值　　单位：亿元

年份	山西	安徽	江西	河南	湖北	湖南
1978	18.2	53.8	36.18	64.86	61.11	59.83
1979	22.65	61.2	48.7	77.3	85.15	79.4
1980	20.63	64.7	48.31	93.23	71.22	81.14
1981	31.13	88.4	56.09	106.04	87	93.29
1982	37.33	90	63.91	108.18	101.73	107.99
1983	37.79	96.6	63.98	143.49	105.4	117.79
1984	46.25	116.3	71.89	155.28	126.36	128.28
1985	42.26	141	84.06	173.43	144.44	147.72
1986	37.9	155.9	90.27	179.02	163.61	165.28
1987	39.06	176.4	104.63	220.22	183.99	187.09
1988	48.54	210.5	119.18	240.72	214.66	217.03

续表

年份	山西	安徽	江西	河南	湖北	湖南
1989	63.75	225.4	133.19	289.95	239.07	234.31
1990	80.81	246.1	175.96	325.77	289.45	279.09
1991	68.77	190.5	183.27	334.61	279.3	301.02
1992	82.94	230.5	200.81	353.92	303	323.91
1993	97.27	286	225.58	410.45	346.39	383.68
1994	123.84	339.3	314.35	546.68	501.44	532.89
1995	168.69	584.1	374.64	762.99	619.77	685.3
1996	198.28	668.4	440	937.64	716.34	793.98
1997	191.84	736.3	475.18	1008.55	767.92	855.75
1998	207.25	744.1	450.44	1071.39	778.22	828.31
1999	159.96	746.7	464.4	1123.14	653.99	778.25
2000	179.86	741.8	485.14	1161.58	662.3	784.92
2001	171.09	760.8	506	1234.34	692.17	825.73
2002	197.8	783.7	535.98	1288.36	707	847.25
2003	215.19	749.4	560	1198.7	798.35	886.47
2004	276.3	950.5	664.5	1649.29	1020.09	1022.45
2005	262.42	966.5	727.37	1892.01	1082.13	1100.65
2006	276.77	1011.03	786.14	1916.74	1140.41	1272.2
2007	311.97	1200.18	905.77	2217.66	1378	1626.48
2008	313.58	1418.09	1060.38	2658.78	1780	1892.4
2009	477.59	1495.45	1098.66	2769.05	1795.9	1969.69
2010	554.48	1729.02	1206.98	3258.09	2147	2325.5
2011	641.42	2015.31	1391.07	3512.24	2569.3	2768.03
2012	698.32	2178.73	1520.23	3769.54	2848.77	3004.21
2013	741.01	2267.15	1588.51	3972.7	3030.27	2990.31
2014	788.89	2392.39	1683.72	4160.01	3176.89	3148.75
2015	788.1	2456.7	1773	4209.56	3309.84	3331.6
2016	784.78	2567.72	1904.53	4286.21	3659.33	3578.37
增长倍数	43.12	47.73	52.64	66.08	59.88	59.81

从1978—2016年中部各省第一产业产值占总产值的比重来看，1978

年，占比最高的是安徽省，为47.15%，接近一半，比全国同期平均水平高出18.96个百分点；排名第二的是江西省，为41.59%；排名第三的是湖南省，为40.70%；排名第四的是湖北省，为40.47%；排名第五的是河南省，为39.81%；排名最后的是山西省，为20.86%。到了2016年，全国与中部各省的第一产业产值占总产值的比重均有所下降，排名第一的变成了湖南省，为11.34%，高出全国同期平均水平2.74个百分点；排名第二的是湖北省，为11.20%；排名第三的是河南省，为10.59%；排名第四的是安徽省，为10.52%；排名第五的是江西省，为10.30%；排名最后的是山西省，为6.01%，低于全国同期平均水平2.59个百分点。可以看出，2016年与1978年相比，除了最后一名的山西省没有变化，其他省份的排名均有变化，同时，也可以看出第一产业在三大产业中的地位。

从1978—2016年中部各省第一产业产值比重变化趋势图可以看出，中部各省的第一产业产值比重除个别年份有所波动，但整体呈现出明显的下降趋势。

表5-14　1978—2016年中部各省第一产业产值占总产值比重　　单位：%

年份	山西	安徽	江西	河南	湖北	湖南
1978	20.68	47.15	41.59	39.81	40.47	40.70
1979	21.28	48.00	46.76	40.66	45.18	44.60
1980	18.97	45.89	43.46	40.68	35.72	42.32
1981	25.58	51.82	46.26	42.47	39.59	44.49
1982	26.81	48.10	47.71	41.09	42.12	46.44
1983	24.37	44.78	44.39	43.75	40.14	45.76
1984	23.43	43.75	42.51	41.96	38.50	44.65
1985	19.30	42.55	40.43	38.39	36.45	42.21
1986	16.12	40.73	39.11	35.60	37.01	41.56
1987	15.18	39.86	39.80	36.13	35.54	39.85
1988	15.33	38.49	36.58	32.13	34.26	37.16
1989	16.94	36.58	35.38	34.08	33.34	36.57
1990	18.82	37.40	41.05	34.85	35.11	37.49
1991	14.68	28.71	38.23	32.00	30.58	36.12

续表

年份	山西	安徽	江西	河南	湖北	湖南
1992	15. 05	28. 77	35. 07	27. 66	27. 84	32. 82
1993	14. 30	27. 58	31. 20	24. 72	26. 13	30. 82
1994	14. 98	25. 69	33. 15	24. 66	29. 48	32. 30
1995	15. 68	32. 26	32. 03	25. 53	29. 38	32. 14
1996	15. 35	31. 93	31. 21	25. 80	28. 66	31. 26
1997	13. 00	31. 37	29. 59	24. 96	26. 88	30. 03
1998	12. 86	29. 26	26. 19	24. 87	24. 99	27. 38
1999	9. 60	27. 53	25. 05	24. 86	20. 25	24. 21
2000	9. 74	25. 56	24. 22	22. 99	18. 68	22. 10
2001	8. 43	23. 43	23. 26	22. 31	17. 84	21. 55
2002	8. 51	22. 27	21. 87	21. 35	16. 78	20. 41
2003	7. 54	19. 10	19. 95	17. 45	16. 78	19. 02
2004	7. 74	19. 97	19. 22	19. 28	18. 11	18. 12
2005	6. 20	18. 06	17. 93	17. 87	16. 42	16. 69
2006	5. 67	16. 54	16. 31	15. 50	14. 97	16. 55
2007	5. 18	16. 30	15. 62	14. 77	14. 76	17. 23
2008	4. 29	16. 02	15. 21	14. 76	15. 71	16. 38
2009	6. 49	14. 86	14. 35	14. 21	13. 86	15. 08
2010	6. 03	13. 99	12. 77	14. 11	13. 45	14. 50
2011	5. 71	13. 17	11. 89	13. 04	13. 09	14. 07
2012	5. 77	12. 66	11. 74	12. 74	12. 80	13. 56
2013	5. 85	11. 79	11. 02	12. 34	12. 22	12. 15
2014	6. 18	11. 47	10. 71	11. 91	11. 60	11. 65
2015	6. 16	11. 16	10. 60	11. 37	11. 20	11. 47
2016	6. 01	10. 52	10. 30	10. 59	11. 20	11. 34

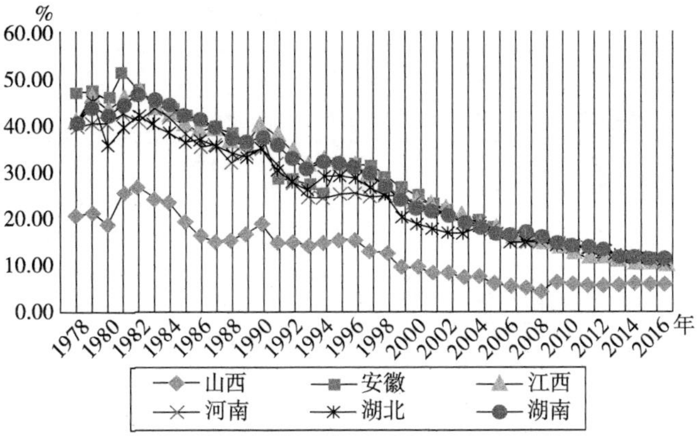

图 5－7 1978—2016 年中部各省第一产业产值比重变化趋势

2. 第二产业

从 1978—2016 年中部各省第二产业产值可以看出，1978 年，第二产业产值最高仍为河南省，第二产业产值为 69. 45 亿元，第二名为湖北省，产值为 63. 71 亿元，第三名为湖南省，产值为 59. 82 亿元。前三名第二产业产值相差不大，第四名为山西省，第二产业产值为 51. 47 亿元，第五名为安徽省，第二产业产值为 40. 6 亿元，最后一名为江西省，第二产业产值仅为 33. 08 亿元，产值与第一名相差比较大。到了 2016 年，第二产业产值最高的仍为河南省，产值为 19275. 82 亿元，第二名为湖北省，第二产业的产值为 14654. 38 亿元，第三名为湖南省，第二产业产值为 13341. 17 亿元，第四名为安徽省，第二产业产值为 11821. 58 亿元，第五名为江西省，第二产业产值为 8829. 54 亿元，第六名为山西省，第二产业产值为 5028. 99 亿元。综合来看，前三名的名次没有发生变化，最后三名的名次有所调整。

与 1978 年相比，计算 2016 年与 1978 年的产值增速，由表 5－15 我们可以看出，中部六省中，第二产值增速最快的是安徽省，增速为 291. 17 倍，第二名为河南省，增速为 277. 55 倍，第三名为江西省，增速为 266. 91 倍，第四名为湖北省，增速为 230. 02 倍，第五名为湖南省，产值增速为 223. 02 倍，第六名为山西省，第二产值增速仅为 97. 71 倍。

表 5 - 15　1978—2016 年中部各省第二产业产值　　单位：亿元

年份	山西	安徽	江西	河南	湖北	湖南
1978	51.47	40.6	33.08	69.45	63.71	59.82
1979	62.73	44.8	36.41	80.52	73.03	68.42
1980	63.51	50.1	41	94.44	91.67	76.99
1981	64.45	52.5	41.1	95.79	92.85	77.78
1982	70.25	59.7	42.64	102.76	94.97	82.51
1983	82.55	73.2	49.2	116.36	106.5	93.37
1984	103.12	92.8	61.31	136.29	136.5	104.34
1985	120.06	117.9	76.05	170.07	174.35	127.08
1986	128.25	137.6	83.6	202.15	187.96	143.31
1987	137.97	157.8	92.44	230.25	224.53	172.45
1988	163.29	201	117.38	299.83	271.25	221.28
1989	188.75	227.8	131.23	317.13	300.45	238.15
1990	210.07	251.5	133.56	331.85	313.39	249.98
1991	236.28	280.3	154.77	388.09	359.86	281.95
1992	270.28	333	199.4	545.21	444.61	337.17
1993	335.03	445	282.46	764.2	537.6	470.05
1994	396.57	542	338.23	1058.89	657.63	589.72
1995	494.45	660.1	403.74	1394.98	780.18	770.67
1996	600.21	742.1	481.3	1677.62	923.68	920.06
1997	707.57	828.9	548.84	1861.28	1071.86	1041.79
1998	761.25	920.5	608.22	1937.83	1199.08	1123.08
1999	785.47	974.3	648.82	1981.07	1314.44	1192.99
2000	858.37	1056.8	700.76	2294.15	1437.38	1293.18
2001	956.01	1254.9	786.12	2510.45	1574.4	1412.82
2002	1134.31	1337	941.77	2768.75	1709.9	1523.5
2003	1463.38	1535.3	1204.33	3310.14	1956.02	1777.74
2004	1919.4	1844.9	1566.4	4182.1	2320.6	2190.54
2005	2357.04	2245.9	1917.47	5514.14	2852.12	2612.57
2006	2755.66	2711.18	2419.74	6724.61	3365.08	3187.05
2007	3454.49	3370.96	2975.53	8282.83	4143.06	3977.72
2008	4242.36	4198.93	3554.81	10259.99	5082.07	5028.93

续表

年份	山西	安徽	江西	河南	湖北	湖南
2009	3993.8	4905.22	3919.45	11010.5	6038.08	5687.19
2010	5234	6436.62	5122.88	13226.38	7767.24	7343.19
2011	6635.26	8309.38	6390.55	15427.08	9815.94	9361.99
2012	6731.56	9404.84	6942.59	16672.2	11193.1	10506.42
2013	6613.06	10390.04	7713.02	16742.9	11786.64	11553.97
2014	6293.91	11077.67	8247.93	17816.56	12852.4	12482.06
2015	5224.3	11342.3	8487.3	18189.36	13503.56	12955.4
2016	5028.99	11821.58	8829.54	19275.82	14654.38	13341.17
增长倍数	97.71	291.17	266.91	277.55	230.02	223.02

从第二产业产值占生产总值的比重来看，1978 年，第二产业占生产总值比重最高的为山西省，所占比重为 58.50%，比重超过总产值的一半，也是中部六省中唯一一个第二产业产值占比超过总产值一半的省份。其次是河南省，第二产业所占 GDP 的比重为 42.63%，比全国同期水平低了 5.25 个百分点。第三名是湖北省，第二产业所占比重为 42.19%，比全国同期水平低了 5.69 个百分点。第四名是湖南省，第二产业所占的比重为 40.70%，比全国同期水平低了 7.18 个百分点。第五名是江西省，第二产业产值占总产值的比重为 38.02%，比全国同期水平低了 9.86 个百分点，第二产值占总产值比重最低的省份是安徽省，所占比重为 35.58%，比全国同期水平低了 12.3 个百分点。

到了 2016 年，各省份第二产业产值占总产值的比重有了明显的变化，第二产业产值占总产值的比重均有所降低，且除了山西省，剩下的中部五个省份相差不是很大，第二产业占总产值比重最高的省份为安徽省，所占比重为 48.43%，高于同期中部地区平均水平的 45.41%，也比全国同期水平高了 8.39 个百分点。

其次是江西省，所占比重为 47.73%，比全国同期水平高了 7.69 个百分点。第三名为河南省，第三产业所占比重仅比第二名少了 0.1 个百分点。第四名为湖北省，所占比重为 44.86%，比全国同期水平高了 4.82 个百分点。第五名为湖南省，所占比重为 42.28%，比全国同期水平高了 2.24 个百分点。最后一名为山西省，也是唯一一个所占比重低于中部六省和全国平均水平的省市，所占比重仅为38.54%。

从1978—2016年中部各省第三产业产值比重变化趋势图可以看出，从1978年到2016年，中部地区各省区第二产业所占比重变化幅度较大，无明显规律，并非呈现出平稳下降的趋势。

表5－16　1978—2016年中部各省第二产业产值占总产值比重　　单位：%

年份	山西	安徽	江西	河南	湖北	湖南
1978	58.50	35.58	38.02	42.63	42.19	40.70
1979	58.94	35.14	34.96	42.36	38.75	38.44
1980	58.39	35.53	36.89	41.21	45.98	40.16
1981	52.95	30.77	33.89	38.36	42.25	37.09
1982	50.46	31.91	31.83	39.03	39.32	35.49
1983	53.24	33.94	34.14	35.48	40.56	36.27
1984	52.23	34.91	36.25	36.83	41.59	36.32
1985	54.82	35.58	36.58	37.65	44.00	36.31
1986	54.55	35.95	36.22	40.20	42.52	36.04
1987	53.64	35.65	35.16	37.77	43.36	36.74
1988	51.56	36.75	36.02	40.03	43.29	37.89
1989	50.16	36.97	34.86	37.28	41.90	37.16
1990	48.94	38.22	31.16	35.51	38.02	33.58
1991	50.43	42.24	32.29	37.11	39.40	33.84
1992	49.04	41.56	34.83	42.60	40.85	34.16
1993	49.24	42.91	39.07	46.03	40.55	37.76
1994	47.97	41.05	35.67	47.77	38.66	35.74
1995	45.95	36.46	34.52	46.68	36.99	36.15
1996	46.45	35.45	34.14	46.16	36.95	36.22
1997	47.94	35.31	34.18	46.06	37.52	36.56
1998	47.25	36.20	35.36	44.98	38.51	37.12
1999	47.12	35.92	35.00	43.85	40.70	37.11
2000	46.51	36.41	34.98	45.40	40.54	36.41
2001	47.10	38.65	36.13	45.37	40.57	36.87
2002	48.79	37.99	38.43	45.87	40.59	36.70

续表

年份	山西	安徽	江西	河南	湖北	湖南
2003	51.25	39.13	42.90	48.20	41.11	38.15
2004	53.74	38.76	45.31	48.89	41.19	38.83
2005	55.72	41.98	47.27	52.08	43.28	39.61
2006	56.48	44.35	50.20	54.39	44.18	41.45
2007	57.34	45.80	51.30	55.17	44.39	42.14
2008	57.99	47.44	50.99	56.94	44.86	43.52
2009	54.28	48.75	51.20	56.52	46.59	43.55
2010	56.89	52.08	54.20	57.28	48.64	45.79
2011	59.05	54.31	54.61	57.28	50.00	47.60
2012	55.57	54.64	53.62	56.33	50.31	47.42
2013	52.21	54.03	53.52	52.01	47.54	46.93
2014	49.32	53.13	52.49	50.99	46.94	46.17
2015	40.81	51.54	50.75	49.15	45.70	44.60
2016	38.54	48.43	47.73	47.63	44.86	42.28%

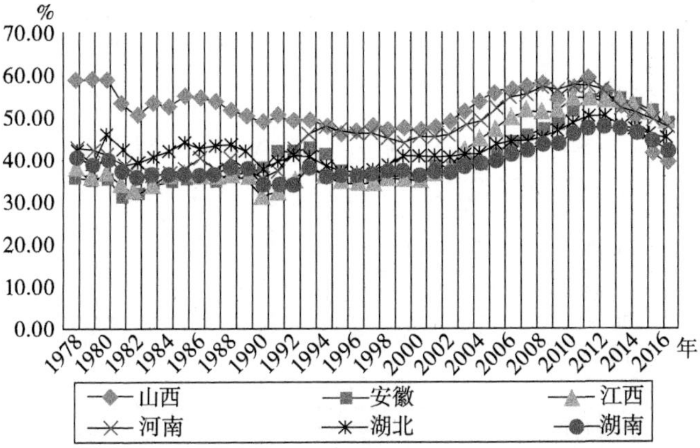

图 5-8　1978—2016 年中部各省第二产业产值比重变化趋势

3. 第三产业

由表 5-17 可以看出，1978 年，第三产业产值最高的省份为河南省，总产值为 28.61 亿元，第二名为湖南省，第三产业产值为 27.34 亿元，第三名为湖北省，第三产业总产值为 26.18 亿元，第四名为安徽省，第三产业产值为19.7亿元，第五名为山西省，第三产业总产值为18.32亿元，第六名为江西省，第三产业产值为17.74亿元。2016年，第三产业产值最高的仍为河南省，第三产业总产值为16909.76亿元，第二名为湖南省，第三产业总产值为14631.83亿元。第三名湖北省，第三产业总产值为14351.67亿元，第四名为安徽省，第三产业总产值为10018.32亿元。第五名为江西省，第三产业总产值为7764.93亿元，第三产值最低的省份为山西省，第三产业总产值仅为7236.64亿元。

将各省份2016年第三产业的总产值与1978年各省份第三产业总产值相比，得到各省份第三产业生产总值的增长倍数，可以明显看出，各省第三产业总产值的增速明显高于第二产业增速，这与我国产业结构变化的总体形势相符合。第三产业总产值增速最高的省份为河南省，与1978年相比，2016年第三产业的总产值为1978年第三产业总产值的591.04倍，增速第二高的省份为湖北省，增速为548.19倍，第三名为湖南省，增速为535.18倍，前三名的增速相差不大，增长倍数第四高的省份是安徽省，增长倍数为508.54倍，第五名为江西省，增长倍数为437.71倍，最后一名为山西省，相比于1978年第三产业的总产值，2016年第三产业总产值增长倍数为395.01倍。

表5-17　1978—2016年中部各省第三产业产值　　单位：亿元

年份	山西	安徽	江西	河南	湖北	湖南
1978	18.32	19.7	17.74	28.61	26.18	27.34
1979	21.05	21.5	19.04	32.27	30.28	30.19
1980	24.62	26.2	21.84	41.49	36.49	33.59
1981	26.13	29.7	24.07	47.86	39.9	38.61
1982	31.64	37.4	27.41	52.36	44.85	42.02
1983	34.72	45.9	30.95	68.1	50.68	46.27
1984	48.06	56.7	35.91	78.47	65.36	54.67
1985	56.67	72.5	47.78	108.24	77.47	75.15
1986	68.96	89.3	56.95	121.74	90.47	89.09
1987	80.19	108.4	65.83	159.13	109.25	109.9
1988	104.86	135.4	89.27	208.54	140.61	145.76

续表

年份	山西	安徽	江西	河南	湖北	湖南
1989	123.76	163	112.04	243.63	177.55	168.34
1990	138.39	160.4	119.1	277.03	221.54	215.37
1991	163.46	192.8	141.33	323.03	274.22	250.33
1992	197.9	237.7	172.34	380.62	340.78	325.9
1993	248.11	306.1	215	485.53	441.84	390.98
1994	306.25	439.2	295.58	611.26	541.84	527.41
1995	412.89	566.4	391.35	830.4	709.43	676.16
1996	493.62	682.8	488.44	1019.43	859.75	826.09
1997	576.59	782.2	581.75	1171.26	1016.69	951.73
1998	642.58	878.3	661.21	1299.02	1136.71	1074.14
1999	721.67	991.3	740.43	1413.73	1260.86	1243.3
2000	807.49	1103.6	817.17	1597.26	1445.71	1473.39
2001	902.43	1231	883.56	1788.22	1613.97	1593.35
2002	992.69	1399.1	972.73	1978.37	1795.93	1780.79
2003	1176.65	1638.4	1043.08	2358.86	2003.08	1995.78
2004	1375.67	1963.9	1225.8	2722.4	2292.55	2428.95
2005	1611.07	2137.77	1411.92	3181.27	2655.94	2882.88
2006	1846.18	2390.29	1614.65	3721.44	3111.98	3229.42
2007	2257.99	2789.78	1918.95	4511.97	3812.34	3835.4
2008	2759.46	3234.64	2355.86	5099.76	4466.85	4633.67
2009	2886.92	3662.15	2637.07	5700.91	5127.12	5402.81
2010	3412.38	4193.68	3121.4	6607.89	6053.37	6369.27
2011	3960.87	4975.96	3921.2	7991.72	7247.02	7539.54
2012	4682.95	5628.48	4486.06	9157.57	8208.58	8643.6
2013	5311.18	6572.14	5108.66	11475.7	9974.92	10077.39
2014	5678.69	7378.68	5782.98	12961.67	11349.93	11406.51
2015	6790.2	8206.6	6463.5	14611.33	12736.79	12760.2
2016	7236.64	10018.32	7764.93	16909.76	14351.67	14631.83
增长倍数	395.01	508.54	437.71	591.04	548.19	535.18

从第三产业产值占生产总值的比重来看，1978 年，各省市第三产业所

占生产总值的比重相差不是太大，山西省第三产业产值占总产值的比重最高，所占比重最高为20.82%，比全国同期水平低了3.12个百分点，其次为江西省和湖南省，第三产业产值占总产值的比重分别为20.39%和18.60%，比全国同期水平低了3.55和5.34个百分点，第四名为河南省，第三产业所占比重为17.56%，比全国同期水平低了6.38个百分点，第五名为湖北省，第三产业所占比重为17.34%，比全国同期水平低了6.60个百分点，第三产业占总产值比重最低的省份为安徽省，所占比重仅为17.27%，比全国同期水平低了6.67个百分点。

到了2016年，各省份第三产业产值占总产值的比重均有了较大的提高，其中，山西省第三产业产值占总产值的比重最高，所占比重为55.45%，超过同期全国和中部六省的平均水平，第二名为湖南省，所占比重为46.37%，比全国同期水平低了5.51个百分点，第三名为湖北省，第三产业占总产值的比重为43.94%，第四名为江西省，所占比重为41.97%，比全国同期水平低了9.91个百分点，第五名为河南省，所占比重41.78%，与江西省相差较小，比全国同期水平低了10.1个百分点，最后一名为安徽省，所占比重为41.05%，比全国同期水平低了10.83个百分点。

从1978—2016年中部各省第三产业产值比重变化趋势图可以看出，1978年到2000年，中部各省第三产业所占总产值的比重越来越高，从2000年开始，中部地区各省第三产业所占比重波动幅度较大，并有下降趋势，而从2011年开始，则再次呈现不断上升的发展趋势。

表5-18　1978—2016年中部各省第三产业产值占总产值比重　单位：%

年份	山西	安徽	江西	河南	湖北	湖南
1978	20.82	17.27	20.39	17.56	17.34	18.60
1979	19.78	16.86	18.28	16.98	16.07	16.96
1980	22.64	18.58	19.65	18.11	18.30	17.52
1981	21.47	17.41	19.85	19.17	18.16	18.41
1982	22.73	19.99	20.46	19.89	18.57	18.07
1983	22.39	21.28	21.47	20.77	19.30	17.97

续表

年份	山西	安徽	江西	河南	湖北	湖南
1984	24. 34	21. 33	21. 23	21. 21	19. 91	19. 03
1985	25. 88	21. 88	22. 98	23. 96	19. 55	21. 47
1986	29. 33	23. 33	24. 67	24. 21	20. 47	22. 40
1987	31. 17	24. 49	25. 04	26. 10	21. 10	23. 41
1988	33. 11	24. 76	27. 40	27. 84	22. 44	24. 96
1989	32. 89	26. 45	29. 76	28. 64	24. 76	26. 27
1990	32. 24	24. 38	27. 79	29. 64	26. 87	28. 93
1991	34. 89	29. 05	29. 48	30. 89	30. 02	30. 04
1992	35. 91	29. 67	30. 10	29. 74	31. 31	33. 02
1993	36. 46	29. 51	29. 74	29. 25	33. 33	31. 41
1994	37. 05	33. 26	31. 17	27. 57	31. 86	31. 96
1995	38. 37	31. 28	33. 46	27. 79	33. 63	31. 71
1996	38. 20	32. 62	34. 65	28. 05	34. 39	32. 52
1997	39. 06	33. 32	36. 23	28. 98	35. 59	33. 40
1998	39. 89	34. 54	38. 45	30. 15	36. 50	35. 50
1999	43. 29	36. 55	39. 94	31. 29	39. 04	38. 68
2000	43. 75	38. 03	40. 80	31. 61	40. 78	41. 49
2001	44. 46	37. 92	40. 61	32. 32	41. 59	41. 58
2002	42. 70	39. 75	39. 70	32. 78	42. 63	42. 89
2003	41. 21	41. 76	37. 15	34. 35	42. 10	42. 83
2004	38. 52	41. 26	35. 46	31. 83	40. 70	43. 05
2005	38. 08	39. 96	34. 80	30. 05	40. 30	43. 71
2006	37. 84	39. 10	33. 50	30. 10	40. 85	42. 00
2007	37. 48	37. 90	33. 08	30. 05	40. 85	40. 63
2008	37. 72	36. 54	33. 79	28. 30	39. 43	40. 10
2009	39. 23	36. 39	34. 45	29. 26	39. 56	41. 37
2010	37. 09	33. 93	33. 03	28. 62	37. 91	39. 71
2011	35. 25	32. 52	33. 51	29. 67	36. 91	38. 33
2012	38. 66	32. 70	34. 64	30. 94	36. 89	39. 02
2013	41. 94	34. 18	35. 45	35. 65	40. 23	40. 93
2014	44. 50	35. 39	36. 80	37. 10	41. 45	42. 19

续表

年份	山西	安徽	江西	河南	湖北	湖南
2015	53.04	37.29	38.65	39.48	43.10	43.93
2016	55.45	41.05	41.97	41.78	43.94	46.37

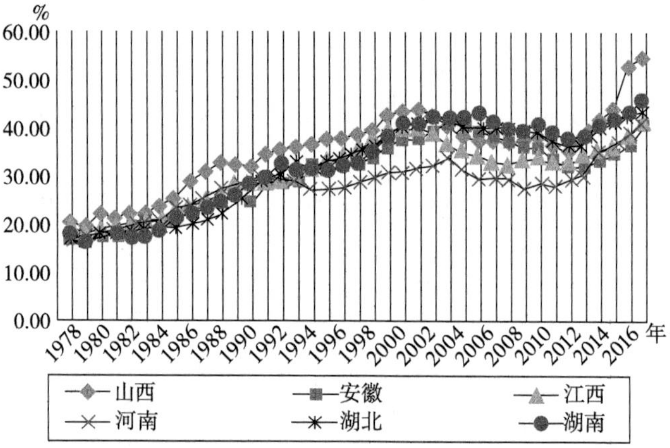

图 5-9　1978—2016 年中部各省第三产业产值比重变化趋势

三、人均产值变化

改革开放以后，河南省在经济总量增长的同时，人均地区生产总值也得到了快速增长。从表 5-19 可以看出，河南省的人均产值从 1978 年的 232 元增长到 2016 年的 42575 元，增长倍数为 183.51 倍，增长比较迅速。全国的人均产值也在不断地提高，整体水平都要高于河南省，从表中可以看出，全国的人均产值由 1978 年的 381 元增长到 2016 年的 53980 元，增长倍数为 141.68 倍，增长倍数略小于河南省。

具体到每一个省份可以看出，1978 年中部六省的人均 GDP 均低于全国平均水平，其中，最高的是山西省，为 365 元，为全国平均水平的 95.80%；其次是湖北省，为 332.03 元，为全国平均水平的 87.15%；排名第三的是湖南省，为 286 元，为全国平均水平的 75.07%；第四名是江西省，为 276 元，为全国平均水平的 72.44%；第五名是安徽省，为 244 元，为全国平均水平的 64.04%；最后一名是河南省，为 232 元，为全国平均水平的60.89%。到2016年，中部六省的人均GDP均发生了较大的变化，由1978年排名最高的山西省变成了湖北省，为55665元，为全国平均水平的103.12%；排名第二的是湖南省，为46382元，为全国水平的85.92%；河南省由1978年的第六名上升到第三名，为42575元，为全国平均水平的78.87%；排名第四的是江西省，为40400元，为全国平均水平的74.84%；排名第五的是安徽省，为39561元，为全国平均水平的73.29%；最后一名为山西省，为35532元，为全国平均水平的65.82%。

从中部六省人均产值占全国人均产值比重的变化趋势来看，各省呈现出波动的状态，河南省整体呈现出先下降后上升的趋势，而且下降的幅度较小，说明河南省的人均产值与全国平均水平的差距在大大缩小，同时，中部各省之间的差距也在不断地缩小。

表 5－19　1978—2016 年中部各省及全国人均地区生产值及各省占比情况

单位：元，%

年份	山西	占比	安徽	占比	江西	占比	河南	占比	湖北	占比	湖南	占比	全国
1978	365	95.80	244	64.04	276	72.44	232	60.89	332.03	87.15	286	75.07	381
1979	437	104.30	268	63.96	325	77.57	267	63.72	409.35	97.70	343	81.86	419
1980	442	95.46	291	62.85	342	73.87	317	68.47	427.98	92.44	365	78.83	463
1981	488	99.19	346	70.33	369	75.00	340	69.11	466.32	94.78	394	80.08	492
1982	551	104.36	375	71.02	403	76.33	353	66.86	506.33	95.90	430	81.44	528
1983	604	103.60	428	73.41	428	73.41	433	74.27	543.27	93.19	470	80.62	583
1984	756	108.78	523	75.25	497	71.51	482	69.35	670.97	96.54	519	74.68	695
1985	838	97.67	646	75.29	597	69.58	580	67.60	800.69	93.32	626	72.96	858
1986	890	92.42	738	76.64	652	67.71	635	65.94	881.61	91.55	703	73.00	963
1987	962	86.51	842	75.72	729	65.56	756	67.99	1018.42	91.58	818	73.56	1112
1988	1168	85.51	1026	75.11	891	65.23	910	66.62	1215.93	89.01	999	73.13	1366
1989	1367	89.99	1136	74.79	1013	66.69	1012	66.62	1373.22	90.40	1074	70.70	1519
1990	1528	92.94	1182	71.90	1134	68.98	1091	66.36	1541.17	93.75	1228	74.70	1644
1991	1592	84.10	1164	61.49	1249	65.98	1201	63.44	1668.03	88.12	1357	71.69	1893
1992	1862	80.57	1390	60.15	1472	63.70	1452	62.83	1962.45	84.92	1595	69.02	2311
1993	2271	75.75	1785	59.54	1835	61.21	1865	62.21	2360.53	78.74	1997	66.61	2998
1994	2729	67.48	2257	55.81	2376	58.75	2467	61.00	2991.33	73.97	2630	65.03	4044
1995	3515	69.66	3070	60.84	2896	57.39	3297	65.34	3671.41	72.76	3359	66.57	5046
1996	4178	71.47	3524	60.28	3452	59.05	3978	68.05	4310.98	73.74	3963	67.79	5846

续表

年份	山西	占比	安徽	占比	江西	占比	河南	占比	湖北	占比	湖南	占比	全国
1997	4724	73.58	3929	61.20	3890	60.59	4389	68.36	4883.8	76.07	4420	68.85	6420
1998	5104	75.10	4235	62.32	4124	60.68	4643	68.32	5287.03	77.80	4667	68.67	6796
1999	5230	73.05	4495	62.79	4402	61.49	4832	67.50	5452.46	76.16	4933	68.91	7159
2000	5722	72.82	4779	60.82	4851	61.73	5450	69.36	6293.41	80.09	5425	69.04	7858
2001	6226	72.21	5313	61.62	5221	60.55	5959	69.11	6866.99	79.64	6120	70.98	8622
2002	7082	75.36	5736	61.03	5829	62.02	6487	69.03	7436.58	79.13	6734	71.65	9398
2003	8641	81.97	6375	60.47	6624	62.83	7376	69.97	8378.01	79.47	7589	71.99	10542
2004	10741	87.07	7681.25	62.27	8097	65.64	9201	74.59	9897.64	80.23	9165	74.29	12336
2005	12647	89.16	8630.7	60.84	9440	66.55	11346	79.99	11554	81.45	10562	74.46	14185
2006	14497	87.86	9995.88	60.58	11145	67.55	13172	79.83	13360	80.97	12139	73.57	16500
2007	17805	88.28	12039.47	59.69	13322	66.05	16012	79.39	16386	81.24	14869	73.72	20169
2008	21506	90.71	14448.15	60.94	15900	67.07	19181	80.91	19858	83.76	18147	76.54	23708
2009	21522	84.04	16407.66	64.07	17335	67.69	20597	80.43	22677	88.55	20428	79.77	25608
2010	26283	87.57	20887.8	69.59	21253	70.81	24446	81.45	27906	92.97	24719	82.36	30015
2011	31357	89.09	25659.31	72.90	26150	74.29	28661	81.43	34197.27	97.16	29880	84.89	35198
2012	33628	87.53	28792.32	74.94	28800	74.96	31499	81.99	38572.33	100.40	33480	87.14	38420
2013	34984	79.78	32001	72.98	31930	72.81	34211	78.01	42826	97.66	36943	84.24	43852
2014	35070	74.30	34425	72.93	34674	73.46	37072	78.54	47145	99.88	40271	85.31	47203
2015	35018	70.96	35997	72.94	36724	74.41	39222	79.48	50808	102.95	42968	87.07	49351
2016	35532	65.82	39561	73.29	40400	74.84	42575	78.87	55665	103.12	46382	85.92	53980

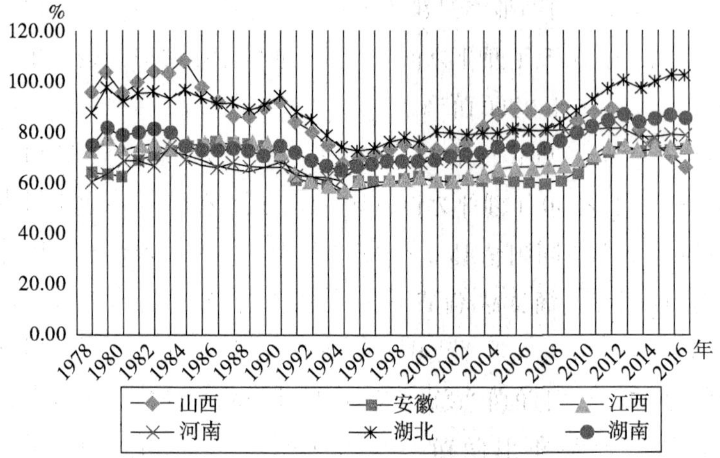

图 5-10 1978—2016 年中部各省人均产值与全国人均产值之比变化趋势

第三节 河南省经济增长存在的问题分析

通过第三节对河南省经济增长现状的分析，并结合河南省经济增长的自身特点，总结其在经济增长中存在的问题如下：

一、经济增长质量不高

通过对 1978—2016 年河南省经济增长的状况的分析，可以明显看出，虽然河南省的 GDP 总量和经济增长速度总体呈现上升趋势，但与全国的平均水平相比仍有一定的差距。从经济效益指标如万元 GDP 能耗、产业结构指标如第二产业生产总值占 GDP 的比重等指标可以看出，河南省的经济增长主要靠重工业拉动，该类产业具有能耗大、污染严重等特点，且不利于经济的可持续发展，也正因如此，笔者首先将河南省经济增长的问题总结为“经济增长质量不高”，未来解决经济增长问题时，河南省要努力摆脱对自然资源过分依赖的状况，充分发挥高新技术产业的优势，这是河南省解决经济增长质量不高问题的关键。

二、河南经济结构调整严重滞后

该问题主要从三个方面反映出来。首先，河南省虽然是一个制造业大省，但是其主要长期从事的是产品的初加工和资源开发，因此各类产品的竞争力并不高。从产品结构上来看，河南省各企业生产的传统产品多，而科技含量高的新型产品比较少，这使河南省的工业产品附加值比较低，产生的利润较少。其次，从产业结构上来看，河南省基础产业所占比重较高，而经济支撑产业和优势产业较为缺乏。另外，虽然近几年河南省引进了不少的先进生产线，但是总体来说，河南省的生产力仍然比较低，科技竞争力不强，对经济增长的带动作用不明显。最后，从投资与消费结构上来分析，投资是服务于消费的。作为经济增长的推动力，投资能够在短时间内带动经济的增长，但是单靠投资本身不能实现经济的持续增长，要想维持经济持续增长，需要启动内需，而拉动内需最重要的因素就是消费，长期以来，河南省消费对经济增长的拉动作用比较弱，河南省经济增长的依靠仍然是投资，这使得投资与消费结构不够协调。最后还需要补充一点，即河南省第三产业占 GDP 比重与全国平均水平的差距在不断地扩大，三大产业改革体制进展缓慢。

三、收入差距扩大化

收入差距扩大也是河南省经济存在的一个问题。收入差距过大将会形成消费上的两个极端，收入高的人群将会倾向于向高端产品消费，而收入低的群体则将大部分收入花在生活的必需品上，从而会影响到经济结构的优化。并且收入差距过大还会威胁到社会的稳定，因为收入低的人群的相对剥夺感将会增强。

随着河南省经济水平的提高以及各种新兴经济体的出现，经济利益在不同的群体中得到了重新的分配和调整，收入差距扩大的现象在河南省也开始出现。首先，河南省城乡收入差距在不断地扩大，这与国家和省领导颁布的相关政策有关，近年来，我国第二产业与第三产业发展较快，这带动了城镇居民收入的提高，而第一产业占 GDP 的比重却逐步下降，说明农民在土地上的收入增速低于城镇居民的收入，另外，城镇居民很多从事的是附加值较高的工作，获得的回报自然比农民高，城乡收入差距因此而扩大。最后，在不同的区域，收入差距扩大化的现象也比较严重，其中，以郑州、洛阳、开封为代表的地区居民收入比较高，而三门峡、周口等地区的居民收入比较低，这主要是由于区域间经济发展水平差异大、区域间发展不均衡、协调程度不够造成的。

四、资源环境压力加大

资源是生产的基本要素，环境是人们赖以生存的空间，两者对于经济和社会的发展都非常重要。目前，河南省“高投入、高消耗、高排放、低效率”的经济增长方式仍然没有得到根本的改变，距离走向集约型经济发展还有很大的路程，这也是河南省资源环境压力加大的内在原因。随着经济国际化进程的加速，在新一轮的经济增长中，河南省仍面临着能源供应紧张，环境污染严重等一系列问题，节能减排、环境治理以及耕地保护的任务依然艰巨。在经济发展的过程中，为了追求更高的经济效益，政府投入大量的资本、劳动力与土地，但是没有注意到资源的配置与优化问题、环境的成本保护问题，长期下去，虽然经济会有所增长，但是经济增长的持续性和稳定性受到破坏，最终不利于整个社会的发展。因此，我们要注意相关措施的制定，从根本上缓解资源环境压力过大的现实情况。

五、自主创新能力仍欠缺

河南省在科技创新上加大了投入力度，但就全国范围来看，整体自主创新能力还比较薄弱，自主创新能力强的企业数量并不多，相当一部分企业仍缺少技术创新活动，科技进步与创新经济发展不相适应。河南省虽然拥有很多的资源密集型企业、国有企业，但是多数企业并没与完成长期的技术积累，没有真正成为科技投入与科技成果转化的主体，以企业为主体的自主创新体系尚未完全建立。因此，在发展的过程中，河南省需要大量引进先进技术、精密设备等，这使得在技术方面，河南省对外依存度较高。另外，河南省多数企业没有自主品牌和核心技术，这对河南省经济增长方式转变造成了很大的影响。

综上所述，我们可以看到，虽然河南省近几年发展速度在不断地提高，但在很多方面如经济、社会、环境仍体现出许多不足。从经济本身来看，主要表现为经济增长质量不高、经济结构调整严重滞后以及自主创新能力仍欠缺；社会方面，主要表现为城乡收入差距较大、行业收入差距不同、区域之间收入差距有明显扩大趋势；环境方面，主要表现为空气、水和噪声污染严重，能源消耗较大，这对人类的生存与发展产生了不利的影响。因此，政府部门要对河南省的经济、社会、环境发展给予高度重视。

第六章　河南省科技投入对经济增长影响的实证研究

因为科技投入和经济增长系统非常复杂，尤其是科技投入系统，要想多指标综合评价科技投入对经济增长的影响，首先要构建科技投入的评价指标体系。该章节在构建河南省科技投入指标评价体系的基础上，对科技投入指数进行测度，运用灰色关联度模型计算出河南省科技投入与经济增长之间的关联性大小，最后运用动态计量的方法分析河南省科技投入和经济增长的时间序列特性和长期稳定关系，从而更加详细具体地反映出河南省科技投入对经济增长的影响。在这里需要说明的是，之所以选取 GDP 作为经济增长的指标反映，是因为 GDP 能够反映出科技投入对经济增长的影响，故不再对经济增长进行指标的筛选和构建。

第一节　河南省科技投入评价指标体系构建

本小节在合理构建科技投入评价指标体系理论原则的基础上，运用科学评价指标体系的构建方法，主要是运用因子分析法对指标进行筛选，数据选取的是 2016 年中国除西藏外 30 个省市科技投入评价指标的截面数据，并将主客观方法相结合对科技投入指标进行赋权，为第二节构建河南省科技投入指数的测度模型及测评结果奠定基础。目前国内外不断深入对指标体系构建方法的研究，研究成果非常丰富。一般而言，评价方法分为主观赋权法、客观赋权法以及组合赋权法。主观赋权法主要包括专家调查法、层次分析法和模糊综合评判法等。它是一种决策者根据主观信息进行赋权的方法，主要由专家直接进行主观判断而得到的权数，或者根据专家的经验直接对该指标进行打分。客观赋权法主要包括灰色关联度法、主成分分析法、多目标规划法以及 TOPSIS 法等，其判断结果不依赖于人的主观判断，主要根据原始数据之间的关系通过一定的数学方法来确定权重，具有较强的数学理论依据。

20 世纪 40 年代，欧美发达国家就开始了最初的科技统计，而最初的科技统计只对研究与发展（R&D）进行统计。目前，在科技进步评价方面最著名的是经济合作与发展组织（OECD）的科技指标研究，其次是联合国教科文组织（UNESCD）的科技指标研究等。20 世纪 80 年代末 90 年代初，中国开始对科技进步进行研究，在历经多年的发展后，已经形成了非常全面的科技进步测评指标体系。然而，对于研究工作者来说，该体系又太过于烦琐。因此，国内许多学者（朱平芬，2003；仇国阳，2006；李虎，刘春林，2007）在精简指标体系方面进行了许多研究。但是科技进步和科技投入是有区别的，科技投入包含的指标更细，该部分在根据科技进步测评指标体系以及科技投入内容构成的基础上，海选指标，并利用因子分析定量筛选指标，建立科学合理的科技投入评价指标体系。

一、科技投入评价指标体系构建的理论原则

科技投入评价指标体系包含很多要素，而对这些要素进行收集整理的过程中要遵循一定的原则。建立指标体系必须遵守的一个原则是 SMART 原则，除此之外，还应注意以下原则。

（一）可操作性原则

各指标在设置时应尽量采用现有的定量统计指标，以利于统计资料的收集、整理、汇总和对历史统计资料的分析。所以，在评价指标的选取上，应当考虑指标的数据能否获取，以及可不可以实现统计和分析这个问题。首先，对于数据来源这一块，指标数据应尽可能取自中国和河南省的科技统计年鉴，或者来源于权威的国家统计局，或者是通过问卷调查法得到的数据，再者是通过查阅相关文献进行加工整理得到的数据。其次，保证数据可以量化。要想使分析预测的结果保证真实可靠，就必须保证指标数据来源的真实性。所以，定性指标或者经验性的指标不用或者尽量少用，就算是必须要用，也应该通过向权威专家咨询问卷等间接测算或赋值的方法，然后通过数学方法转化为定量指标。同时，尽量选一些独立的指

标，目的是达到指标体系的精简性。

（二）系统性原则

各指标之间要有一定的逻辑关系，既彼此联系又相互独立，共同构成一个有机的统一体。指标体系的构建具有层次性，从宏观到微观，自上而下，层层深入，形成一个不可分割的评价体系。把联系密切的指标归为一类，构成指标群，形成不同的指标层，有利于全面清晰的反映研究对象。因此，科技投入评价指标体系应从科技投入系统运行时所发挥的整体效应来考虑，不能只考虑单方面的局部指标。与此同时，评价指标应尽量相互独立，从而避免信息重复出现。

（三）有效性原则

在评价所构建的指标体系时，要注意所评价对象的内涵与结构，这关系到指标体系构建的好坏程度，一般而言，测量结果与外部标准之间的相关程度通常用效度来反映。科技投入评价指标体系要能够反映出当时的科技投入发展现状与特征，并要能够根据结果进行评价。务必确保评价指标具有一定的典型代表性，即使是在指标数量减少的情况下，也要便于数据的计算和提高结构的可靠性。另外，评价指标体系的设置、评价标准的划分以及权重在各指标间的分配也都应该与河南省的科技投入现状和社会经济条件相适应。

（四）指向性与独立性原则

科技投入评价指标是一种指向性指标，可以引导制定科研机构、政府以及企事业单位的相关政策，进而对社会产生影响。因此，在选取指标时要能够符合当下科技投入的发展趋势，知道政府机构决策，必须能从某一侧面反映出科技投入的实际情况。独立性是指标体系的指标之间尽量不出现代替重叠现象，应该在统计上相互独立。

二、科技投入评价指标体系构建的方法

（一）科技投入评价指标的海选

在选取科技投入评价指标时，遵循可操作性的原则，在此基础上，该

部分借鉴国际权威机构的经典观点中的高频指标，并结合专家咨询和文献梳理的方法，删除一些难以量化或者无法获得数据的指标。

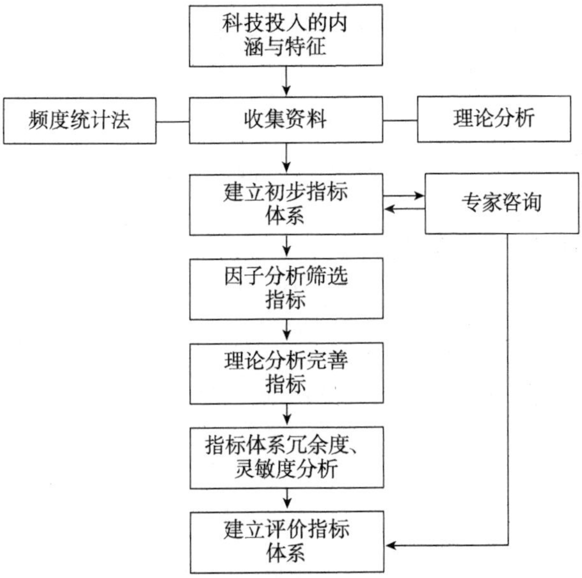

图 6－1　科技投入评价指标体系构建的原理

（二）指标筛选前的数据标准化

在科技投入指标体系中，由于各指标的量纲、单位以及数量级不同，不便于分析，甚至会影响评价的结果。因此，要对所有的评价指标进行标准化处理，统一指标，从而消除量纲带来的影响，并将其转化成无量纲、无数量级差别的标准分，然后再进行分析评价。因为本书是要研究科技投入对经济增长的影响，因此科技投入的评价指标属于线性指标，针对线性指标标准化的方法主要有极差变换法和比例变换法。该部分主要选取极差变换法来对科技投入的评价指标进行标准化。

1. 正向指标的标准化。正向指标是指那些指标数值越大，科技投入发展就越好的指标。设 Y_{ij} 为第 j 个评价对象第 i 个指标标准化后的值，X_{ij} 为第 j 个评价对象第 i 个指标的值，n 为被评价的对象数。根据正向指标标准化公式，Y_{ij} 为：

$$Y_{ij} = \frac{X_{ij} - \min\limits_{1 \leqslant j \leqslant n}(X_{ij})}{\max\limits_{1 \leqslant j \leqslant n}(X_{ij}) - \min\limits_{1 \leqslant j \leqslant n}(X_{ij})} \tag{6-1}$$

2. 负向指标的标准化。负向指标是指数值越小，科技投入发展就越好的指标。负向指标标准化的公式为：

$$Y_{ij} = \frac{\max\limits_{1 \leqslant j \leqslant n}(X_{ij}) - X_{ij}}{\max\limits_{1 \leqslant j \leqslant n}(X_{ij}) - \min\limits_{1 \leqslant j \leqslant n}(X_{ij})} \tag{6-2}$$

（三）指标筛选的因子分析

因子分析法是将比较密切的几个变量归于同一类中，用少数几个因子去描述许多指标或因素之间的联系，每一类变量就成为一个因子（之所以称其为因子，是因为它是不可观测的，即不是具体的变量），用较少的几个因子来反映原始资料的大部分信息。它是一种通过降维以简化数据的多元统计方法。

1. 因子分析的基本模型

设有 N 个样本，P 个指标，$Z = (Z_1, Z_2, \cdots, Z_p)^{\mathrm{T}}$ 为随机向量，$F = (F_1, F_2, \cdots, F_m)^{\mathrm{T}}$ 为公因子。因子分析的模型为：

$$Z_P = l_{p1} F_1 + l_{p2} F_2 + \cdots + l_{pm} F_m + \varepsilon_p \tag{6-3}$$

矩阵 $L = (l_{ij})$ 称为因子载荷矩阵，l_{ij} 为因子载荷，是第 i 个变量在第 j 个因子上的载荷，其实质就是公因子 F_m 和变量 Z_P 的相关系数。ε 为特殊因子，代表公因子以外的影响因素所导致的变量变异。

因子分析的具体步骤：

第一步，对原来的 P 个指标进行标准化，以消除变量在数量级或量纲上的影响。

第二步，根据标准化后的数据矩阵求出协方差或相关矩阵 $\mathrm{E}_{p \times p}$。

第三步，求矩阵 E 的特征值 $\lambda_j (j = 1, 2, \cdots, p)$，$\lambda_j$ 表示为第 j 个公因子 F 所解释的原始指标数据的总方差，则公因子 F_j 对原始指标数据的方差贡献率：

$$\omega_j = \lambda_j / \sum_{j=1}^{p} \lambda_j \tag{6-4}$$

第四步，将特征值 λ_j 按从小到大的顺序排列，根据累计方差贡献率

$\geq 80\%$ 的要求选取前 m 个特征值对应的公因子建立因子分析模型，λ_j 与 l_{ij} 的关系为：

$$\lambda_j = \sum_{j=1}^{p} l_{ij}^{2} \tag{6-5}$$

2. 因子分析对评价指标的筛选因子载荷的绝对值 $|l_{ij}|$ 反映了指标 i 与公因子的相关性，$|l_{ij}|$ 越小，表明指标对评价结果的影响越弱，越应当删除；$|l_{ij}|$ 越大表明指标 i 对评价结果的影响越显著，越应当保留。因子分析保证了用少量在公因子上载荷大的指标有代表性的反映原始信息。

（四）指标体系冗余度分析

冗余度分析是指综合评价指标体系内的各分项评价指标之间在计算内容上的重复（重叠）程度。设指标体系的相关系数矩阵为：

$$R = \begin{bmatrix} 1\ r_{12} \cdots r_{1n} \\ r_{21} 1 \cdots r_{2n} \\ \cdots \quad \cdots \\ r_{n1}\ r_{n2} \cdots 1 \end{bmatrix} \tag{6-6}$$

文献中用广义方差 $|R|$ 来度量指标体系所包含的信息量大小，认为 $|R|$ 值大于 0.9 时该指标体系不存在冗余，但是经验证明 $|R|$ 的值都比较小（远小于 0.9），主要是因为经济科技系统的复杂性，系统要素之间难免存在较高的联系和相关性。因此，用广义方差 R 来度量冗余度是不合适的。

该部分用 R 的平均相关系数来衡量所评价指标体系的冗余度，冗余度 RD 为：

$$RD = \frac{\sum_{i=1}^{n}\sum_{j=1}^{n} r_{ij} - n}{n^2 - n} \tag{6-7}$$

显然 $0 \leqslant RD \leqslant 1$，$RD$ 值越小，表明指标体系的冗余信息越少。一般认为当 $RD \leqslant 0.5$ 时，指标体系在指标冗余方面是可以接受的。因为经济和科技系统的复杂性，衡量科技和经济发展态势的指标不可能是完全独立，只要指标之间的平均相关性为低相关就可以认为指标体系的冗余性是可以接受的。一般认为相关系数不大于0.5时，所涉及的指标之间的相关性是低相关的，因此，指标体系的平均相关度低于0.5时，可以接受该指标体系的冗余度。

（五）指标体系灵敏度分析

评价结论是在一定的评价准则、评价对象、综合评估函数模型、评价环境和权重等多种因素共同作用下取得的，指标体系的敏感性分析是用于衡量指标体系对不同评价对象的普适性，就是检验评价过程中误差对评价结果影响程度的一种方法，它是检验评价结果是否可靠的主要依据。该部分主要分析指标的微小变化对评价结果的影响程度，如果变化前后的评价结果一致，说明评价结果对误差不敏感，否则需要调整指标。对于一套指标体系，评价结果对指标 X_i 的灵敏度定义为：

$$SD_i = \frac{\Delta V(X_i)/V}{\Delta X_i/X_i} = \frac{X_i \Delta V(X_i)}{V\Delta X_i} \tag{6-8}$$

指标体系的灵敏度 $SD = \frac{1}{n_p}\sum_{i=1}^{n_p} SD_i$

指标体系灵敏度的物理意义非常明确，表示指标体系中的单个或多个指标每变化单位相对量（如1%）时所引起评价结果的相对变化量，这一方法也常用于数学模型的灵敏度分析。SD 为一个无量纲的数值，因此指标体系 X_{p_1} 和指标体系 X_{p_2} 的灵敏度可以相互比较（$p_1=1, 2, \cdots, L$；$p_2=1, 2, \cdots, L$；$p_1 \neq p_2$）。由式（6-8）可知，SD 的绝对值越大，指标体系越灵敏，其普适性就越差。从指标体系有效性评价的角度来看，$|SD|$ 值不应超过5，因为当指标体系的指标值变化1%时，允许存在不超过5%的系统误差。

当只评价一个指标体系的有效性时，只要该指标体系满足 $RD \leqslant 0.5$ 和 $SD \leqslant 0.5$，就可认为其有效。而当指标体系冗余度 $RD > 0.5$ 时，这说明指标体系中存在冗余指标，各指标的相关性太高，我们可以通过依次剔除相关性最高的指标来降低冗余度，直到各指标相关系数的平均数小于0.5为止。

但是，只保证指标体系中各指标相关性小试远远不够的，还要保证指标体系能够涵盖评价总体各个方面的特征。然而，剔除指标难免会导致指标体系不再符合完备性的标准，因此，用剔除指标来实现 RD 降低的方法尽管简单和直接，但不科学。能消除该缺陷的方法是用指标库中反映同类系统特征的其他指标反复替换相关性较大的指标，直到冗余度满足定量标准。从实践上来看，该方法操作比较麻烦，但是随着计算机技术的发展，可以通过开发一定的系统程序来自动实现指标体系的确定，这样使得该方法的实践性增强。当然，在实际应用中可以搭配使用以上两种方法来降低指标体系的冗余性，使其最终满足 $RD \leqslant 0.5$ 。同样，当指标体系不能满足灵敏度标准时，我们也可以同时采用指标剔除和替换相结合的方法来降低指标体系的灵敏度，使其满足 $SD \leqslant 0.5$ 。

三、科技投入评价指标权重的设定方法

指标权重是指标在评价过程中不同重要程度的反映，权重赋值的合理与否，对评价结果的科学合理性起着至关重要的作用；若某一因素的权重发生变化，将会影响整个评判结果。指标在各被评价对象间数值的离差大小决定了该指标权重的大小，如果离差越小，说明该指标分辨的信息就越少，其权重也越小；反之，如果离差越大，说明该指标的信息越多，当然该指标的权重也应越大。根据原始数据的来源不同，在计算权重时可以将权重的确定方法分为：主观赋权法、客观赋权法、组合赋权法。

主观赋权法是研究较早、较为成熟的方法，常用的主观赋权法有专家调查法、层次分析法、二项系数法、环比评分法，该部分选用的是层次分析法。主观赋权法的优点是专家可以根据自身的知识经验和实际决策问题合理地确定各属性权重的排序，不至于出现属性权重与属性实际重要程度相悖的情况，但评价结果具有较强的主观随意性。常用的客观赋权法有主成分分析法、熵值法、离差及均方差法、多目标规划法等。其中熵值法用得最多，所使用的数据是决策矩阵，所确定的属性权重反映了属性值的离散程度。客观赋权法主要是根据原始数据之间的关系来确定权重，因此权重的客观性强，且不增加决策者的负担，方法具有较强的数学理论依据。该部分主要选取层次分析法和熵值法。

层次分析方法的主要步骤是建立层次结构模型、构造判断矩阵、一致性检验、计算各层权重、总体一致性检验，利用层次分析法得到指标的主观权重向量 $v = (v_1, v_2, \cdots, v_j)$ ，在这里就不再一一赘述。

在信息论中，熵是对不确定性的一种度量。信息量越大，不确定性就越小，熵也就越小；信息量越大，不确定性越大。根据熵的特性，通过计算熵值来判断一个事件的随机性及无序程度，也可以用熵值来判断某个指标的离散程度，该指标对综合评价的影响越大，就说明指标的离散程度越大。

若考虑 n 个方案，m 个指标的多指标决策问题的决策矩阵 $X = (X_{ij})_{m\times n}$ 。

第一步，为了便于计算和优选分析，消除指标间由于量纲不同而带来比较上的困难，可利用式（6－1）、式（6－2）将决策矩阵 X 转变成为标准化决策矩阵 $R = (r_{ij})_{m\times n}$ 。

第二步，计算第 j 项指标下第 i 个对象占该指标的比重：

$$p_{ij} = \frac{z_{ij}}{\sum_{i-1}^{n} z_{ij}}, i = 1, \cdots, n; j = 1, \cdots, m \tag{6-9}$$

第三步，计算第 j 项指标的熵值：

$$e_j = -k \sum_{i=1}^{n} p_{ij} \ln(p_{ij}) \tag{6-10}$$

其中，$k = 1/\ln(n) > 0$ ，满足 $e_j \geqslant 0$

第四步，计算信息效用值：

$$d_j = 1 - e_j \tag{6-11}$$

第五步，计算各项指标的权值：

$$\omega_j = \frac{d_j}{\sum_{j=1}^{m} d_j} \tag{6-12}$$

用熵权法得到指标的客观权重向量为 $\omega = (\omega_1, \omega_2, \cdots, \omega_n)$ 。

最后，综合考虑主客观因素的评价指标体系中各指标的权重，根据公式 $\omega_j = \alpha v_j + (1-\alpha)\omega_j$ ，得到向量 $\omega = (\omega_1, \omega_2, \cdots, \omega_n)$ ，其中

$\alpha(0 \leqslant \alpha \leqslant 1)$ 为权重平衡系数，可根据实际情况和评价需要来确定，一般可取 $\alpha = 0.5$ 。

四、科技投入评价指标体系构建

（一）构建指标体系

根据科学发展观的内涵以及全面、协调与可持续发展的观点，结合文献梳理和可观测性原则，并以国际权威机构经典观点的高频指标为重点，建立科技投入评价的海选指标集，如表 6－1 所示，并对重要指标进行解释。

表 6－1　科技投入评价的海选指标集

序号	具体指标	筛选结果
1	R&D 经费内部支出	保留并进行因子分析
2	R&D 经费/GDP	
3	地方财政科技拨款	
4	技术改造经费支出	
5	R&D 人员人均劳务费	
6	每亿元 GDP 使用的 R&D 人员数	
7	R&D 人员全时当量	
8	R&D 课题数	
9	高新技术产业企业数	
10	科技活动经费内部支出	统计口径发生变化删除
11	科技活动经费内部支出/GDP	
12	科技活动经费/主营业务收入	
13	科技经费筹集总额/GDP	
14	科技支出经费总额	
15	科技活动人员数	
16	研究与开发机构从业人员数	
17	研究与开发机构科技课题数	
18	万人研究与开发机构数	

续表

序号	具体指标	筛选结果
19	单位研究与开发机构课题数	不可观测删除
20	科教文卫支出占 GDP 比重	
21	企业技术开发经费支出	
22	风险资本总量	
23	风险资本总量/GDP	
24	产业政策对创新支持力度	
25	财政政策对创新支持力度	
26	企业科研经费投入强度	

对于以上的海选指标，由于科技活动经费、科技经费筹集总额以及科技活动人员数的统计口径在 2008 年、2009 年以及 2010 年发生变化，使数据无法得到。因此，对于以下指标进行删除处理：科技活动经费内部支出、科技活动经费内部支出/GDP、科技活动经费/主营业务收入、科技经费筹集总额/GDP、科技支出经费总额、科技活动人员数、研究与开发机构从业人员数、研究与开发机构科技课题数、万人研究与开发机构数。另外，有些定性指标无法观测，也将进行处理，主要是以下指标：单位研究与开发机构课题数、科教文卫支出占 GDP 比重、企业技术开发经费支出、风险资本总量、风险资本总量/GDP、产业政策对创新支持力度、财政政策对创新支持力度、企业科研经费投入强度。所以，对于剩余 9 个指标进行因子分析，从中找出隐藏的具有代表性的因子。

R&D 经费指全社会研究与试验发展经费。研究与试验发展（R&D）经费支出指统计年度内实际用于研究与试验发展活动的人员劳务费、固定资产购建费、原材料费、管理费及其他费用支出，具体包括全社会实际用于基础研究、应用研究和试验发展的经费支出。基础研究指为了获得关于现象和可观察事实的基本原理的新知识（揭示客观事物的本质、运动规律，获得新发展、新学说）而进行的实验性或理论性研究，它不以任何专门或特定的应用或使用为目的。应用研究指为达到预定的目标探索应采取的新途径或新方法（原理性），或是为了确定基础研究成果可能的用途而进行的创造性研究。它主要针对某一特定的目的或目标。试验发展指利用从基础研究、应用研究和实际经验所获得的现有知识，为产生新的材料、产品和装置，建立新的系统、工艺和服务，以及对已产生和建立的上述各项作实质性的改进而进行的系统性工作。

R&D 经费内部支出主要指当年为进行 R&D 活动而实际用于本机构内的全部支出，应按“全成本核算”的口径进行计算。包括劳务费、其他日常支出、仪器设备购置费、土地使用和建造费及其他基本建设费等。不包括与外单位合作或委托外单位进行 R&D 活动而拨给对方的经费支出。研究与试验发展（R&D）经费投入强度指全社会研究与试验发展（R&D）经费支出与国内生产总值（GDP）之比。

技术改造经费支出指本企业在报告年度进行技术改造而发生的费用支出。技术改造指企业在坚持科技进步的前提下，将科技成果应用于生产的各个领域（产品、设备、工艺等），用先进工艺代替落后工艺、设备，实现以内涵为主的扩大再生产，用先进技术改造落后技术，从而提高产品质量、促进产品更新换代、降低消耗、节约能源，全面提高综合经济效益。

R&D 人员是指直接从事 R&D 活动的人员，以及直接为 R&D 活动提供服务的管理人员、行政人员和办事人员。我国 R&D 人员采用全时人员数和全时工作两个指标。由于一个人并非是全部时间投入 R&D 活动，采用全时当量把非全时人数按工作量折算为全时人员数。一个全时工作量就是一个人全年的工作量，即 1 个人年。

R&D 项目（课题）数指调查单位在以前年份立项仍继续进行研究、当年立项并开展研究工作的研发项目（课题）数，包括当年完成和年内研究工作已告失败的研发项目（课题），但不包括委托外单位进行的研发项目（课题）数。

高新技术产业以高新技术为基础，从事一种或多种高新技术及其产品的研究、开发、生产和技术服务的企业集合，这种产业所拥有的关键技术往往开发难度很大，但一旦开发成功，却具有高于一般的经济效益和社会效益。高新技术产业是知识密集、技术密集的产业。产品的主导技术必须属于所确定的高技术领域，而且必须包括高技术领域中处于技术前沿的工艺或技术突破。因此，高新技术产业数和科技投入有一定的关联。

（二）指标筛选及权重的确定

由于因子分析多用于截面数据的分析，所以，为保证指标筛选的准确性，该部分选取2016年中国除西藏外30个省市科技评价指标的截面数据，指标原始数据均来源于《中国科技统计年鉴》各省市2016年统计年鉴。对于若干缺失的数据根据多项式插值法补全。表6－2为2016年各地区科技投入指标数据。

表6－2　2016年各地区科技投入指标数据

指标	R&D经费内部支出（万元）	R&D经费/GDP（%）	地方财政科技拨款（亿元）	技术改造经费支出（万元）	R&D人员人均劳务费（万元/人）	每亿元GDP使用的R&D人员数（人）	R&D人员全时当量（人年）	R&D课题数（个）	高新技术产业企业数（个）
	X1	X2	X4	X5	X6	X7	X8	X9	X10
北京	14845762	5.78	285.78	577165	10.42	14.55	253337	135387	795
天津	5373223	3.00	125.18	276506	7.30	9.91	119384	39415	533
河北	3834274	1.20	73.18	1059852	5.06	5.48	111384	35207	633
山西	1326237	1.02	34.56	455321	3.92	5.26	44147	13631	133
内蒙古	1475124	0.81	32.38	232073	4.97	3.01	39480	11691	109
辽宁	3727165	1.68	61.61	1127776	6.09	6.29	87839	41979	460
吉林	1396668	0.95	41.01	414559	4.67	5.42	48252	25977	442
黑龙江	1525048	0.99	44.92	236234	4.59	5.24	54942	22614	174
上海	10493187	3.72	341.71	1415542	11.20	9.04	183932	75608	991
江苏	20268734	2.62	381.02	5219506	6.73	9.83	543438	138251	5007
浙江	11306297	2.39	269.04	1918982	6.76	10.93	376553	129607	2595
安徽	4751329	1.95	259.5	1431415	5.57	8.65	135829	47830	1398
福建	4542920	1.58	80.28	1924895	5.92	6.98	132155	50270	858
江西	2073091	1.12	83.12	586184	4.33	5.14	50620	28175	1064
山东	15660904	2.30	167	2407348	6.78	7.00	301480	82245	2207
河南	4941880	1.22	96.1	1093662	4.34	6.17	166279	41513	1261
湖北	6000423	1.84	190.11	551678	5.78	6.68	136608	58613	1063
湖南	4688418	1.49	71.44	2294004	5.77	6.06	119345	45423	1027
广东	20351440	2.52	742.97	2049895	9.44	9.09	515649	135652	6570

续表

指标	R&D 经费内部支出（万元）	R&D 经费/GDP（%）	地方财政科技拨款（亿元）	技术改造经费支出（万元）	R&D 人员人均劳务费（万元/人）	每亿元 GDP 使用的 R&D 人员数（人）	R&D 人员全时当量（人年）	R&D 课题数（个）	高新技术产业企业数（个）
广西	1177487	0.64	45.2	795169	4.55	3.77	39903	26046	318
海南	217095	0.54	15.69	14925	4.29	3.33	7840	5414	52
重庆	3021830	1.70	51.62	706714	6.17	6.31	68055	34864	678
四川	5614193	1.70	101.09	814649	5.24	6.52	124614	60416	1107
贵州	734006	0.62	69.3	712956	3.73	3.84	24124	17573	330
云南	1327616	0.90	46.86	287701	3.79	5.04	41116	24597	213
陕西	4195554	2.16	62.01	575946	5.23	7.38	94755	49311	525
甘肃	869850	1.21	26.23	476440	5.01	5.53	25759	14394	121
青海	139977	0.54	10.9	53125	3.70	2.87	4166	2143	45
宁夏	299269	0.94	18.26	232239	4.65	5.22	9004	6078	32
新疆	566301	0.59	44.98	223461	3.51	3.28	16945	12344	48

采用 SPSS 19.0 对指标进行筛选，由于使用因子分析前已自动对数据进行标准化，所以不再对指标数据进行标准化。由下表 Bartlett 球形检验可知，应拒绝各变量独立的假设，即变量间具有较强的相关性。同时，KMO 统计量的值为 0.833，该值接近于 1，变量间的偏相关性较强，比较适合做因子分析。

表 6－3　KMO 和 Bartlett 的检验

取样足够度的 Kaiser－Meyer－Olkin 度量		0.833
Bartlett 的球形度检验	近似卡方	1444.550
	df	235
	Sig.	0.000

由表 6－4 解释的总方差可知，数据降维后提取了 3 个公因子，因此旋转会基于提取的 3 个公因子进行。在旋转后 3 个公因子的方差贡献率均发生了变化，彼此差距有所缩小，分别为 62.680%、19.945%、7.311%，累积方差贡献率为 89.935%，和旋转前的完全相同，因此选取前 3 个公因

子已足够描述科技投入的评价指标体系。

表 6-4 解释的总方差

成分	初始特征值			提取平方和载入			旋转平方和载入		
	合计	方差%	累积%	合计	方差%	累积%	合计	方差%	累积%
1	14.416	62.680	62.680	14.416	62.680	62.680	10.151	44.136	44.136
2	4.587	19.945	82.624	4.587	19.945	82.624	6.345	27.587	71.723
3	1.681	7.311	89.935	1.681	7.311	89.935	4.189	18.211	89.935

由因子分析法中的因子载荷筛选出科技投入评价体系中比较重要的 3 个因子，解释了原有的 9 个变量，并提取每一类因子中因子载荷最大的指标，也就相当于筛选出了该类因子中对科技投入影响最明显的指标。它们分别是 R&D 经费内部支出、地方财政科技拨款以及 R&D 人员全时当量。但是为了后面的章节中可以从不同的视角更加全面地研究科技投入对经济增长的影响以及科技投入评价体系中不同类别的指标，故除这三个指标外，另加上 R&D 课题数以及高新技术产业数。最后，再运用熵权法和层次分析法相结合的方法测算出筛选过的各指标的权重，计算过程在这里就不再详细阐述。由此，R&D 经费内部支出的指标权重为 0.3873、地方财政科技拨款的指标权重为 0.1527、R&D 人员全时当量的指标权重为 0.2312、R&D 课题数的指标权重为 0.1035 以及高新技术产业数的指标权重为 0.1253。

由科技投入评价指标体系表，计算出 $RD = \dfrac{\sum_{i=1}^{n}\sum_{j=1}^{n} r_{ij} - n}{n^2 - n} = 0.48$，低于 0.50，说明所建立的指标体系不存在冗余度。

第二节 河南省科技投入指数的测度

该小节在指标筛选以及确定权重的基础上，运用科技投入指数的测度模型，对科技投入指数进行测评，从而分析河南省在中部地区和全国的科技投入实力。

一、科技投入指数的测度模型

对于科技投入评价的模型很多，一般可以分为数学公式法和指标体系法两大类。由于数学公式法算法在总体上较为简单，只利用了几个公式，便于理解以及高度抽象化的优点，因此被一部分学者采用。但是也有一定的缺点，比如，不能将所有的影响因素纳入计算，仍存在统计偏差；存在一些不可度量的因素；计算项目过多，联系性大，容易出现计算错误，导致全局出错。基于以上原因，以及指标的选取问题和指标权重的确定问题在前面小节中已解决，故采用指标体系法来评价科技投入的实力。

由于前面章节已经建立了科技投入评价指标体系以及采用了熵权法和层次分析对指标进行了赋权，因此，在这里就不再详细介绍，直接构造科技投入指数的测度模型。各区域科技投入指数的测度值的计算公式为：

$$f(KJ_i) = \sum_{j=1}^{n} w_j p_{ij} \tag{6-13}$$

其中，w_j 为科技投入指标体系中第 j 指标的权重，p_{ij} 为第 i 个地区第 j 指标的标准化值。

二、科技投入指数的测评结果

前面是选取 2016 年全国各地区的截面数据，主要是方便对其科技投入的指标体系进行筛选，后利用熵权法和层次分析法对指标进行赋权，在筛选后的指标体系中寻找 2007—2016 年的全国各地的指标数据，对其进行标准化，再根据前面的指标权重，依据公式算出各省市科技投入指数的测度值。

表 6－5　2007—2016 年我国各省市的科技投入指数测度值

地区	年份	2007	2008	2009	2010	2011	2012	2013	2014	2015	2016	平均指数
东部地区	北京	0.94	0.95	0.94	0.94	0.95	0.94	0.93	0.94	0.95	0.95	0.94
	天津	0.41	0.41	0.42	0.41	0.41	0.43	0.42	0.43	0.43	0.44	0.42
	河北	0.42	0.44	0.41	0.42	0.42	0.42	0.41	0.42	0.42	0.44	0.43
	辽宁	0.67	0.67	0.62	0.61	0.6	0.57	0.54	0.64	0.65	0.64	0.63

续表

地区	年份	2007	2008	2009	2010	2011	2012	2013	2014	2015	2016	平均指数
东部地区	上海	0.94	0.94	0.94	0.93	0.94	0.92	0.93	0.93	0.93	0.94	0.93
	江苏	0.85	0.85	0.85	0.84	0.85	0.82	0.85	0.88	0.86	0.88	0.86
	浙江	0.7	0.73	0.76	0.76	0.78	0.84	0.84	0.87	0.85	0.86	0.77
	福建	0.42	0.41	0.41	0.41	0.41	0.43	0.41	0.41	0.41	0.42	0.41
	山东	0.77	0.74	0.76	0.78	0.75	0.46	0.73	0.73	0.73	0.74	0.73
	广东	0.81	0.8	0.87	0.77	0.8	0.78	0.78	0.73	0.74	0.77	0.78
	海南	0.21	0.24	0.23	0.23	0.25	0.25	0.27	0.26	0.26	0.27	0.24
平均水平		0.65	0.65	0.66	0.65	0.65	0.62	0.65	0.66	0.66	0.67	0.65
中部地区	山西	0.32	0.33	0.33	0.36	0.37	0.39	0.38	0.37	0.37	0.38	0.35
	内蒙古	0.27	0.28	0.29	0.3	0.29	0.31	0.3	0.28	0.29	0.31	0.29
	吉林	0.35	0.34	0.33	0.35	0.35	0.36	0.36	0.35	0.35	0.36	0.35
	黑龙江	0.4	0.39	0.39	0.4	0.4	0.41	0.4	0.39	0.41	0.41	0.41
	安徽	0.36	0.37	0.35	0.37	0.37	0.38	0.39	0.41	0.4	0.41	0.38
	江西	0.32	0.32	0.32	0.33	0.33	0.35	0.33	0.33	0.33	0.35	0.33
	河南	0.52	0.49	0.51	0.5	0.5	0.5	0.49	0.52	0.52	0.54	0.52
	湖北	0.57	0.58	0.57	0.51	0.5	0.5	0.48	0.48	0.5	0.5	0.53
	湖南	0.47	0.46	0.45	0.45	0.45	0.47	0.44	0.43	0.43	0.44	0.46
平均水平		0.4	0.4	0.39	0.4	0.4	0.41	0.4	0.4	0.4	0.41	0.4
西部地区	广西	0.3	0.3	0.29	0.32	0.32	0.33	0.32	0.32	0.32	0.33	0.31
	重庆	0.38	0.41	0.44	0.43	0.38	0.41	0.38	0.37	0.37	0.4	0.4
	四川	0.56	0.53	0.52	0.53	0.51	0.55	0.53	0.54	0.53	0.55	0.55
	贵州	0.26	0.27	0.27	0.7	0.27	0.31	0.3	0.3	0.3	0.31	0.32
	云南	0.37	0.34	0.33	0.33	0.32	0.33	0.32	0.32	0.32	0.33	0.33
	陕西	0.45	0.45	0.43	0.43	0.42	0.44	0.42	0.41	0.42	0.42	0.44
	甘肃	0.31	0.32	0.3	0.31	0.31	0.33	0.32	0.31	0.31	0.32	0.31
	青海	0.23	0.24	0.23	0.25	0.25	0.27	0.27	0.27	0.27	0.28	0.24
	宁夏	0.23	0.24	0.24	0.26	0.25	0.28	0.27	0.27	0.27	0.28	0.25
	新疆	0.27	0.27	0.27	0.29	0.28	0.3	0.29	0.29	0.3	0.31	0.28
平均水平		0.34	0.34	0.33	0.39	0.33	0.36	0.34	0.34	0.34	0.36	0.35
全国平均		0.46	0.46	0.46	0.48	0.46	0.46	0.46	0.47	0.47	0.48	0.47

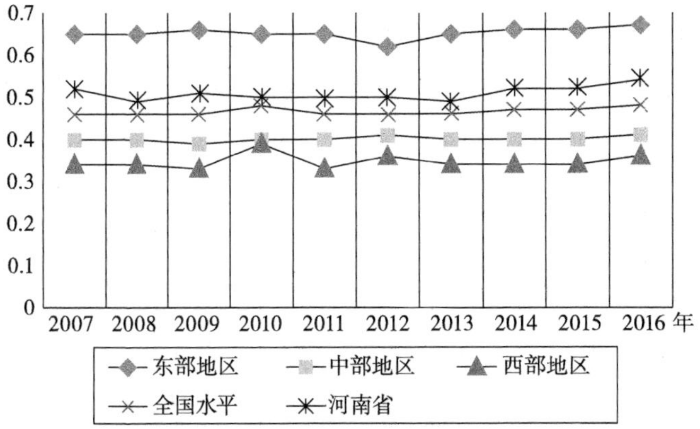

图 6－2　2007—2016 年河南省与我国东中西部科技投入指数测度值折线

从 2007—2016 年我国各省市科技投入指数测度值的表中可以看出，各省市、各地区的科技投入指数测度值差距比较大。其中，北京的科技投入水平最高，其平均测度值为 0.94。相比之下，青海和海南省的科技投入水平较低，其平均测度值为 0.24。就各省市与全国的平均水平相比，全国有 21 个省市的科技投入水平的测度值都低于全国的平均水平，且各地区之间的科技投入水平非常不均衡。除此之外，从 10 年的纵向数据来看，科技投入落后的省市与科技发达省市之间的绝对差距在缩小，这与近几年的东部地区产业升级转移政策、中原崛起与西部大开发的政策是相吻合的。

从 2007—2016 年我国东中西地区以及河南省的科技投入测度值的折线图可以看出，我国科技投入水平呈现出东强西弱的阶梯分布的特征，区域特征明显。再来看河南省，河南省的科技投入水平低于东部地区的科技投入水平，高于全国水平以及中部地区，说明河南省在科技投入方面的力度比较强。

第三节　河南省科技投入与经济增长的灰色关联分析

在对河南省科技投入水平进行测度的基础上，科技投入的各指标对经济增长的影响作用究竟如何？科技的人力和财力投入对经济增长影响作用的大小关系又该如何？该小节将对其进行研究。通过结合河南省2006—2016年GDP数据，运用灰色关联度的分析方法，分析河南省科技投入各指标与经济增长之间的关联大小，找出河南省今后科技投入中应重点把握的方向。

一、灰色关联度分析方法

对于两个系统之间的因素，其随时间或不同对象而变化的关联性大小的量度，称为关联度。在系统发展过程中，若两个因素变化的趋势具有一致性，即同步变化程度较低，即可谓二者关联程度较低；反之，则较高。因此，灰色关联分析方法，是根据因素之间发展趋势的相似或相异程度，亦即“灰色关联度”，作为衡量因素间关联程度的一种方法。其基本思想是通过确定参考数据列和若干个比较数据列的几何形状相似程度来判断其联系是否紧密，它反映了曲线间的关联程度。

该方法的核心是按照一定规则确立随时间变化的母序列，把各个评估对象随时间的变化作为子序列，求各个子序列与母序列的相关程度，依照相关性大小得出结论。通常可以运用此方法解决随时间变化的综合评价类问题，也可以运用此方法来分析各个因素对于结果的影响程度。此方法通过对动态过程发展态势的量化分析，完成对系统内时间序列有关统计数据几何关系的比较，求出参考数列与各比较数列之间的灰色关联度。与参考数列关联度越大的比较数列，其发展方向和速率与参考数列越接近，与参考数列的关系越紧密。

关联度有绝对关联度和相对关联度之分，绝对关联度采用初始点零化法进行初值化处理。由于变量间的量纲不一致，当分析的因素差异较大时，往往影响分析，难以得出合理的结果。而相对关联度用相对量进行分析，与各观测数据大小无关，计算结果仅与序列相对于初始点的变化速率有关，这在一定程度上弥补了绝对关联度的缺陷。灰色关联分析的具体步骤如下：

第一步：确定分析数列。

确定反映系统行为特征的参考数列和影响系统行为的比较数列。反映系统行为特征的数据序列，称为参考数列。影响系统行为的因素组成的数据序列，称比较数列。设参考数列（又称母序列）为 $Y = \{Y(K) \mid K = 1,2,\cdots,n\}$；比较数列（又称子序列）$X_i = \{X_i(K) \mid K = 1,2,\cdots,n\},i = 1,2,\cdots,m$。

第二步：变量的无量纲化。

由于系统中各因素列中的数据可能因量纲不同，不便于比较或在比较时难以得到正确的结论。因此在进行灰色关联度分析时，一般都要进行数据的无量纲化处理。

$$x_i(k) = \frac{X_i(K)}{X_i(L)},k = 1,2,\cdots,n;i = 0,1,2,\cdots,m \tag{6-14}$$

第三步：计算关联系数。

$x_0(k)$ 与 $x_i(k)$ 的关联系数

$$\xi_i(k) = \frac{\min_i \min_k \left| y(k) - x_i(k) \right| + \rho \max_i \max_k \left| y(k) - x_i(k) \right|}{\left| y(k) - x_i(k) \right| + \rho \max_i \max_k \left| y(k) - x_i(k) \right|} \tag{6-15}$$

记 $\Delta_i(k) = \left| y(k) - x_i(k) \right|$，则

$$\xi_i(k) = \frac{\min_i \min_k \Delta_i(k) + \rho \max_i \max_k \Delta_i(k)}{\Delta_i(k) + \rho \max_i \max_k \Delta_i(k)} \tag{6-16}$$

$\rho \in (0,\infty)$，称为分辨系数。ρ 越小，分辨力越大，一般 ρ 的取值区间为 $(0,1)$，具体取值可视情况而定。当 $\rho \leqslant 0.5463$ 时，分辨力最好，通常取 $\rho = 0.5$。

第四步：计算关联度。

因为关联系数是比较数列与参考数列在各个时刻（曲线中的各点）的关联程度值，所以它的数不止一个，而信息过于分散不便于进行整体性比较。因此有必要将各个时刻（曲线中的各点）的关联系数集中为一个值，即求其平均值，作为比较数列与参考数列间关联程度的数量表示，关联度 r_i 公式如下：

$$r_i = \frac{1}{n}\sum_{k=1}^{n} \xi_i(k),k = 1,2,\cdots,n \tag{6-17}$$

第五步：关联度排序。

关联度按大小排序，如果 $r_1 < r_2$，则参考数列 y 与比较数列 x_2 更相似。

在算出 $X_i(k)$ 序列与 $Y(k)$ 序列的关联系数后，计算各类关联系数的平均值，平均值 r_i 就称为 $Y(k)$ 与 $X_i(k)$ 的关联度。

二、数据选取

结合目前掌握的《河南省科技统计年鉴》数据，各数据选取年份为2007—2016年，具体模型建立与指标选取如下：河南省各年的GDP数据系列为 X_0，R&D经费内部支出数据为系列 X_1，R&D人员全时当量数据为系列 X_2，地方财政科技拨款数据为系列 X_3，R&D课题数据为系列 X_4，高新技术产业企业数据为系列 X_5。各年的GDP、R&D经费内部支出以及地方财政科技拨款单位取亿元，R&D人员全时当量单位取人年，R&D课题数单位取项，高新技术产业企业单位取个。以 X_0 为参考数列，以 X_1、X_2、X_3、X_4、X_5 为比较数列，进行科技投入与经济增长关联性大小的分析。

表6-6　各序列与其对应序列的科技投入指标名称

X_0	GDP
X_1	R&D经费内部支出
X_2	R&D人员全时当量
X_3	地方财政科技拨款
X_4	R&D课题数
X_5	高新技术产业企业数

表6-7　参考序列与比较序列的数据排列

	2007	2008	2009	2010	2011	2012	2013	2014	2015	2016
X_0	15012.46	18018.53	19480.46	23092.36	26931.03	29599.31	32191.3	34938.24	37002.16	40471.79
X_1	101.13	124.09	174.76	211.38	264.49	310.78	355.35	400.01	435.04	494.19
X_2	75979	84081	92571	101467	118041	128323	152252	161444	158858	166279
X_3	24.38	30.44	35.52	44.67	56.59	69.64	80	81.78	83.25	96.1
X_4	24395	27349	22347	24050	28422	30319	33015	36449	39956	41513
X_5	609	653	678	728	723	848	933	1068	1176	1261

三、计算与主要结论

（一）灰色绝对关联度计算，具体数据的处理如下：

表6-8　参考序列与比较序列初值化后排列

	2007	2008	2009	2010	2011	2012	2013	2014	2015	2016
X_0'	1	1.200	1.298	1.538	1.794	1.972	2.144	2.327	2.465	2.696
X_1'	1	1.227	1.728	2.090	2.615	3.073	3.514	3.955	4.302	4.887
X_2'	1	1.107	1.218	1.335	1.554	1.689	2.004	2.125	2.091	2.188
X_3'	1	1.249	1.457	1.832	2.321	2.856	3.281	3.354	3.415	3.942
X_4'	1	1.121	0.916	0.986	1.165	1.243	1.353	1.494	1.638	1.702
X_5'	1	1.072	1.113	1.195	1.187	1.392	1.532	1.754	1.931	2.071

表6-9　参考序列与比较序列的对应绝对差序列

差序列	2007	2008	2009	2010	2011	2012	2013	2014	2015	2016
$\|X_0'-X_1'\|$	0.000	0.027	0.430	0.552	0.821	1.101	1.369	1.628	1.837	2.191
$\|X_0'-X_2'\|$	0.000	0.094	0.079	0.203	0.240	0.283	0.140	0.202	0.374	0.507
$\|X_0'-X_3'\|$	0.000	0.048	0.159	0.294	0.527	0.885	1.137	1.027	0.950	1.246
$\|X_0'-X_4'\|$	0.000	0.079	0.382	0.552	0.629	0.729	0.791	0.833	0.827	0.994
$\|X_0'-X_5'\|$	0.000	0.128	0.184	0.343	0.607	0.579	0.612	0.574	0.534	0.625

表6-10　两级最大差值与最小差值

差序列	两级最小差值	两级最大差值
$\|X_0'-X_1'\|$	0	2.1908
$\|X_0'-X_2'\|$	0	0.5074
$\|X_0'-X_3'\|$	0	1.2459
$\|X_0'-X_4'\|$	0	0.9942
$\|X_0'-X_5'\|$	0	0.6253

由表6-10可知，$M=\max_i\max_k\Delta_i(k)=2.1908$，$m=\min_i\min_k\Delta_i(k)=0$

表 6－11 计算关联系数

	2007	2008	2009	2010	2011	2012	2013	2014	2015	2016
$\gamma_{01}(k)$	1	0.895	0.856	0.762	0.643	0.654	0.641	0.656	0.672	0.637
$\gamma_{02}(k)$	1	0.921	0.933	0.844	0.820	0.795	0.886	0.844	0.745	0.683
$\gamma_{03}(k)$	1	0.958	0.873	0.788	0.675	0.553	0.491	0.516	0.535	0.468
$\gamma_{04}(k)$	1	0.933	0.742	0.665	0.635	0.600	0.581	0.568	0.570	0.524
$\gamma_{05}(k)$	1	0.976	0.718	0.665	0.572	0.499	0.444	0.402	0.373	0.333

表 6－12 灰色关联度计算结果

$\gamma_{01}(k)$	0.713
$\gamma_{02}(k)$	0.83
$\gamma_{03}(k)$	0.651
$\gamma_{04}(k)$	0.646
$\gamma_{05}(k)$	0.554

即 X_1、X_2、X_3、X_4、X_5 各系列对 X_0 的关联度依次为 $\gamma_{01} = 0.713$，$\gamma_{02} = 0.83$，$\gamma_{03} = 0.651$，$\gamma_{04} = 0.646$，$\gamma_{05} = 0.554$。

（二）灰色相对关联度计算，具体数据的处理如下：

由于相对关联度的序列排列和初值化排列与绝对关联度一样，所以不再进行详细描述。

表 6－13 参考序列与比较序列始点零化像后排列

	2007	2008	2009	2010	2011	2012	2013	2014	2015	2016
$X_0{}^0$	0	0.200	0.298	0.538	0.794	0.972	1.144	1.327	1.465	1.696
$X_1{}^0$	0	0.227	0.728	1.090	1.615	2.073	2.514	2.955	3.302	3.887
$X_2{}^0$	0	0.107	0.218	0.335	0.554	0.689	1.004	1.125	1.091	1.188
$X_3{}^0$	0	0.249	0.457	0.832	1.321	1.856	2.281	2.354	2.415	2.942
$X_4{}^0$	0	0.121	−0.084	−0.014	0.165	0.243	0.353	0.494	0.638	0.702
$X_5{}^0$	0	0.072	0.113	0.195	0.187	0.392	0.532	0.754	0.931	1.071

$$|s_0'| = \left|\sum_{k=2}^{9} x_0{}^0(k) + 0.5\, x_0{}^0(10)\right| = 7.586$$

$$|s_1'| = \left|\sum_{k=2}^{9} x_1{}^0(k) + 0.5\, x_1{}^0(10)\right| = 16.448$$

$$|s_2'| = \left|\sum_{k=2}^{9} x_2^{0}(k) + 0.5\, x_2^{0}(10)\right| = 5.717$$

$$|s_3'| = \left|\sum_{k=2}^{9} x_3^{0}(k) + 0.5\, x_3^{0}(10)\right| = 13.237$$

$$|s_4'| = \left|\sum_{k=2}^{9} x_4^{0}(k) + 0.5\, x_4^{0}(10)\right| = 2.267$$

$$|s_5'| = \left|\sum_{k=2}^{9} x_5^{0}(k) + 0.5\, x_5^{0}(10)\right| = 3.713$$

$$|s_1' - s_0'| = \left|\sum_{k=2}^{9} [x_1^{0}(k) - x_0^{0}(k)] + 0.5[x_1^{0}(10) - x_0^{0}(10)]\right| = 8.862$$

$$|s_2' - s_0'| = \left|\sum_{k=2}^{9} [x_2^{0}(k) - x_0^{0}(k)] + 0.5[x_2^{0}(10) - x_0^{0}(10)]\right| = 1.869$$

$$|s_3' - s_0'| = \left|\sum_{k=2}^{9} [x_3^{0}(k) - x_0^{0}(k)] + 0.5[x_3^{0}(10) - x_0^{0}(10)]\right| = 5.651$$

$$|s_4' - s_0'| = \left|\sum_{k=2}^{9} [x_4^{0}(k) - x_0^{0}(k)] + 0.5[x_4^{0}(10) - x_0^{0}(10)]\right| = 5.319$$

$$|s_5' - s_0'| = \left|\sum_{k=2}^{9} [x_5^{0}(k) - x_0^{0}(k)] + 0.5[x_5^{0}(10) - x_0^{0}(10)]\right| = 3.873$$

$$\gamma_{01} = \frac{1 + |s_0'| + |s_1'|}{1 + |s_0'| + |s_1'| + |s_1' - s_0'|} = 0.761$$

$$\gamma_{02} = \frac{1 + |s_0'| + |s_2'|}{1 + |s_0'| + |s_2'| + |s_2' - s_0'|} = 0.884$$

$$\gamma_{03} = \frac{1 + |s_0'| + |s_3'|}{1 + |s_0'| + |s_3'| + |s_3' - s_0'|} = 0.794$$

$$\gamma_{04} = \frac{1 + |s_0'| + |s_4'|}{1 + |s_0'| + |s_4'| + |s_4' - s_0'|} = 0.671$$

$$\gamma_{05} = \frac{1 + |s_0'| + |s_5'|}{1 + |s_0'| + |s_5'| + |s_5' - s_0'|} = 0.739$$

表 6－14　灰色关联度计算结果

$\gamma_{01}(k)$	0.761
$\gamma_{02}(k)$	0.884
$\gamma_{03}(k)$	0.794

续表

$\gamma_{04}(k)$	0.671
$\gamma_{05}(k)$	0.739

即 X_1、X_2、X_3、X_4、X_5 各系列对 X_0 的关联度依次为 $\gamma_{01}=0.761$，$\gamma_{02}=0.884$，$\gamma_{03}=0.794$，$\gamma_{04}=0.671$，$\gamma_{05}=0.739$。

（三）计算结果分析

通过上述两种计算方法，由于具体数据的处理方法不同，得出的灰色相对关联度与绝对关联度的数值也不同，并且排序也有细微的差距。在灰色相对关联度中，R&D 人员的全时当量与经济增长具有较强的相关性，各指标与经济增长之间的关联度数值由高到低依次为 R&D 经费内部支出、地方财政科技拨款、R&D 课题数、高新技术产业企业数。在灰色绝对关联度中，与经济增长相关性较强的也是 R&D 人员的全时当量，其次是 R&D 经费内部支出、地方财政科技拨款、高新技术产业企业数、R&D 课题数。由此可以看出，无论是灰色绝对关联度还是相对关联度，最终算出来的与经济增长关系最小的分别是 R&D 课题数和高新技术产业企业数。同时，从实际出发可以得知，这两个指标主要和科技产出关联大，所以剔除这两个指标，不再参与接下来的动态计量的实证分析。

再者，因为灰色相对关联度的计算过程具有一定的缺陷，所以分析出来的结果也具有一定的偏颇。因此，灰色绝对关联度的结果相比之下更合理一些，但是，整体来说，灰色关联度忽略了科技研发投入对经济增长作用的时滞性、间接性和长期性，所以运用的静态方程量化无法准确地测算出科技投入的具体指标对经济增长的影响关系。灰色关联度间接说明科技投入的相关指标与经济增长之间有一定的影响，也刻画了影响的大小。在此基础上，第四节将运用计量经济学的方法，对经济增长的有关科技投入的相关因素进行分析，再次探究到底哪个指标对经济增长是有影响的？影响关系如何？其具体的科技人力和财力指标对经济增长的贡献率又是多少？

第四节　河南省科技投入对经济增长贡献的定量研究

上一节运用灰色关联度对科技投入的具体指标和经济增长之间的影响关系进行了研究，但是研究的结果和现实之间有一定的差距，而且往往运用一个模型进行研究，会有一定的局限性，不够深入。本小节在上一节的基础上，运用定量的研究模型，即VAR模型，更加详细地研究两者之间的影响关系以及贡献率的大小。这样不仅可以弥补灰色关联度模型的缺陷，而且相比之下研究的结果也更加合理、准确。除此之外，研究一下R&D经费内部支出的使用类型及执行机构对经济增长的影响，从而可以把握科技投入的重点。

一、模型介绍

科技投入对经济增长贡献率的测量一直是经济学领域研究的重点与核心，而针对如何准确测算科技投入对经济增长的贡献率这一问题比较复杂，为此，经济学家一直做着不懈的努力。从世界范围来看，测算科技投入对经济增长的方法有广义和狭义之分。广义派包括美国、日本等发达地区，认为除了资本和劳动以外，其余都是技术因素作用的效果。狭义派包括东欧、苏联等国家，不直接计算经济效益，而是通过收集科技投入和经济增长的宏观数据，利用生产函数模型来计算贡献率，由于数据和模型的可收集性及可操作性，比较符合我国的经济发展模式。目前测算科技投入对经济增长贡献率的方法有：柯布—道格拉斯生产函数、索洛余值法和动态计量法。其中，柯布—道格拉斯生产函数是一种传统的测量方式，运用生产函数模型进行测量；索洛余值法主要考察储蓄率的重要性，包含科技因素；动态计量法考虑相关的时序数据可能具有非平稳的性质，可有效避免伪回归的现象。

（一）柯布—道格拉斯生产函数模型

美国数学家柯布（C. W. Cobb）和经济学家保罗·道格拉斯（Paul H. Douglas）共同探讨投入和产出的关系时创造的生产函数，是以美国数学家C. W. 柯布和经济学家保罗·H. 道格拉斯的名字命名的，是在生产函数的一般形式上做出的改进，引入了技术资源这一因素。用来预测国家和地区的工业系统或大企业的生产和分析发展生产的途径的一种经济数学模型，简称生产函数。是经济学中使用最广泛的一种生产函数形式，它在数理经济学与经济计量学的研究与应用中都具有重要的地位。该模型为：

$$Y = A K^{\alpha} L^{\beta}$$

其中，Y 是工业总产值，At 是综合技术水平，L 是投入的劳动力数（单位是万人或人），K 是投入的资本，一般指固定资产净值（单位是亿元或万元，但必须与劳动力数的单位相对应，如劳动力用万人作单位，固定资产净值就用亿元作单位），α 是劳动力产出的弹性系数，β 是资本产出的弹性系数，μ 表示随机干扰的影响，$\mu \leqslant 1$。

柯布—道格拉斯生产函数表明，决定工业发展水平的主要因素是投入的劳动力数和固定资产，以及综合技术水平（包括经营管理水平、劳动力素质、引进先进技术等）。在考虑成本最小化问题时，必须要考虑到技术因素的制约，因此在宏观经济学的增长理论中，生产函数在讨论技术进步方面得到了很多的应用。

（二）索罗余值法

索罗模型是新古典经济学中的著名模型，是 Solow 于 1956 年首次创立的，用来说明储蓄、资本积累和增长之间的关系。该模型的数学表达式为：

$$\frac{\triangle Y}{Y} = \frac{\triangle A}{A} + \alpha \frac{\Delta K}{K} + \beta \frac{\Delta L}{L}$$

其中，α 为产出对资本的弹性，β 为产出对劳动力的弹性，公式的后两项可以表示为增长和劳动力增长对产出的贡献；$\frac{\Delta A}{A}$ 表示技术进步对产出增长的贡献。

该模型体现出，产出长期增长率不仅包括增加劳动力数量，而且还含有提高技术水平和劳动力素质，它是由劳动力增加和技术进步共同决定的。因此，人们以往“经济增长的最主要因素是资本积累”的思想是通过索罗加入技术要素的增长模型所改变的。与此同时，该模型还有一个重要的前提条件是不变替代弹性且规模收益不变，然而，这样的条件在现实经济生活中并不存在。正因如此，科技进步的贡献率的计算和比较对于要素投入构成比较接近且规模收益变化不明显的经济体才有意义。

尽管上述方法对测算技术进步或科技投入对经济增长的贡献率提供了很好的借鉴方法，但却存在难以避免的不足之处，主要表现在：在资本产出弹性系数β和劳动力产出弹性系数α的确定上，可以用经验确定法、理论分析法、回归分析法等方法使科技贡献率的估算随意性增大；上述模型中弹性系数的确定对科技贡献率的影响很大，导致测算贡献率的误差较大；回归分析法不容易通过回归检验，且许多经济量并不一定呈线性关系；理论分析法首先假定经济运行系统处于理想状态，而现实不能达到，尤其处于转轨中的中国更是如此。

（三）动态计量经济方法

本书考虑到科技投入的相关指标数据及经济增长的相关经济变量呈现出时间序列的特点，时间序列可能具有非平稳的性质，而把实际没有影响关系的变量错误的引入模型，因而产生误差，即经典计量经济模型对时间序列的特性不进行研究，容易出现伪回归的现象。在这种情况下，动态计量经济模型特别重视研究变量之间的时间序列特性，认为只有变量之间存在协整关系才具有长期的相互影响关系，可以有效避免伪回归现象。因此，为避免经典计量经济理论 *OLS* 模型带来的不可靠性，本书拟采用以英国经济学家 D. F. Hendry（D. F. 亨德里）为代表所提出的动态建模的方法，从动态计量经济理论出发，交替利用经济理论和经济数据提供的信息，分析科技投入和经济增长的时间序列特性和长期稳定关系，在协整理论的基础上建立反映变量短期波动和长期均衡的误差修正模型，继而利用上述方法进行实证分析。

1. 时间序列变量的平稳性检验

（1）时间序列的平稳性

时间序列分析是根据有限长度的时间序列观察值，建立能够比较精确地反映时间序列中所包含的动态依存关系的数据模型，并借以对系统的未来进行预测。时间序列是一种特殊的随机过程，由某一随机过程生成的。如果时间序列 $\{u_t\}$ 的均值、方差和自协方差都不取决于时刻 t，仅与两个观测值之间的间隔长度 s 有关，则称时间序列 $\{u_t\}$ 是弱平稳或协方差平稳，即满足下列 3 个性质：

①均值 $E(u_t)=\mu$　　对于所有的 t

②方差 $var(u_t)=\sigma^2$　　对于所有的 t

③协方差 $cov(u_t,u_{t-s})=\gamma_s$　　对于所有的 t 和 s

时间序列的平稳随机过程，直观地解释，可以看成一条围绕其均值上下波动的曲线。

（2）伪回归现象

在进行时间序列分析时，传统的做法要求所用的时间序列必须是平稳的，即没有随机趋势或确定性趋势，否则将会产生伪回归现象。平稳时间序列的期望和方差是固定不变的，协方差只与所考察的两个时期的间隔长度有关，而与时期 t 无关。对于平稳时间序列而言，任何震荡都是暂时的，随着时间的推移，这些影响逐渐消失，回复到长期平均水平。但是，在现实经济现象中的时间序列通常都是非平稳的。非平稳时间序列的期望或方差或二者都是与时间有关的，也就是时间序列不存在可收敛的长期平均水平，且方差随时间推移而无限增大，因此对非平稳时间序列的冲击将产生永久的影响。非平稳时间序列具有明显的趋势，这种趋势包括三种类型：①确定型趋势；②随机型趋势；③兼有确定趋势和随机趋势，为了使回归有意义，可以对其实行平稳化。

（3）非平稳序列的单位根检验

检查序列平稳性的标准方法是单位根检验，它可以检查时间序列中是否存在单位根，若存在单位根，该序列就是非平稳时间序列了，会使回归分析中存在伪回归。单位根研究是时间序列分析中的一个热点问题，也是统计检验中普遍应用的一种检验方法。时间序列的单位根检验通常有两种方法，即 *DF* 检验和 *ADF* 检验。

① *DF* 检验

随机游走序列 $X_t = X_{t-1} + \mu_t$（6－18）是非平稳的，其中 μ_t 是白噪声。而该序列可看成是随机模型 $X_t = \rho X_{t-1} + \mu_t$（6－19）中参数 $\rho = 1$ 时的情形。也就是说，对式（6－19）做回归，如果确实发现 $\rho = 1$，则称随机变量 X_t 有一个单位根。显然，一个有单位根的时间序列就是随机游走序列，而随机游走序列是非平稳的。因此，要判断某时间序列是否是平稳的，可通过式（6－19）判断它是否有单位根。

一般地，检验一个时间序列 X_t 平稳性，可通过检验带有截距项的一阶自回归模型 $X_t = \alpha + \rho X_{t-1} + \mu_t$（6－20）中的参数 ρ 是否小于1，或者说检验其等价变形式 $\Delta X_t = \alpha + \delta X_{t-1} + \mu_t$（6－21）中的参数 δ 是否小于0。因此，针对式（6－21），是在备择假设 $H_1:\delta < 0$ 下检验零假设 $H_0:\delta = 0$，这可通过普通最小二乘法下的 t 检验完成。然而，在零假设（序列非平稳）下，即使在大样本下统计量也是有偏误的（向下偏倚），通常 t 检验无法使用。这时需用到 t 统计量服从的分布，即 *DF* 分布。因此检验仍采用普通最小二乘法估计，计算 t 统计量的值，并与 *DF* 分布表中给定显著性水平下的临界值比较。如果 t 统计量的值小于临界值（左尾单侧检验），这意味着 δ 足够小，则拒绝零假设 $H_0:\delta = 0$，认为时间序列不存在单位根，是平稳的。

② *ADF* 检验

在上述使用式（6－21）对时间序列进行平稳性检验中，实际上假定了时间序列是具有白噪声随机干扰项的一阶自回归过程 *AR*(1) 生成的。但在实际检验中，时间序列可能由更高阶的自回归过程生成，或者随机干扰项并非是白噪声，这样用普通最小二乘法进行估计得到的 t 统计量的渐近分布会受到无关参数的干扰，导致 *DF* 检验无效。另外，如果时间序列包含有明显的随时间变化的某种趋势（如上升或下降），则 *DF* 检验必须保证能够除去这些趋势，否则时间趋势成分会进入随机干扰项。这两种情况都偏离了随机干扰项为白噪声的情形，统计量的渐近分布就随之改变。

ADF 检验是对 *DF* 检验进行的扩充，用于更为复杂的模型，目的是保证 *DF* 检验中的随机干扰项的白噪声特性。当模型 *AR*(*p*) 高阶自回归，或者带有截距项以及趋势项的时候，需要做差分 *ADF* 检验。*ADF* 检验是通过

下面三个模型完成的：

$$\text{模型 1：} \Delta X_t = \delta X_{t-1} + \sum_{i=1}^{m} \beta_i \Delta X_{t-i} + \varepsilon_t \tag{6-22}$$

$$\text{模型 2：} \Delta X_t = \alpha + \delta X_{t-1} + \sum_{i=1}^{m} \beta_i \Delta X_{t-i} + \varepsilon_t \tag{6-23}$$

$$\text{模型 3：} \Delta X_t = \alpha + \beta t + \delta X_{t-1} + \sum_{i=1}^{m} \beta_i \Delta X_{t-i} + \varepsilon_t \tag{6-24}$$

模型 3 中的 t 是时间变量，代表了时间序列随时间变化的某种趋势（如果有的话）。零假设都是 $H_0:\delta = 0$，即存在一个单位根。模型 1 与另两个模型的差别在于是否包含常数项和趋势项。

检验时，一般先从模型 3 开始，接着模型 2，最后是模型 1。当检验拒绝零假设时，即原序列不存在单位根，此时，可停止检验，该序列为平稳序列。否则，就要继续检验，如果检验的模型 3 仍然不能拒绝存在单位根，需进行一阶差分后再检验，如果仍然存在单位根，再差分……直到这个过程中“不存在单位根的结果出现”为止。如果发现在这一过程中不存在单位根，则检验结束。无论哪种模型，无论真实的数据是一个单位根过程还是一个平稳过程，滞后项的 t 统计量都是服从正态分布的。

根据模型的选定，分别查 *ADF* 分布表，对应临界值判断是否存在单位根。只要其中有一个模型的检验结果拒绝了零假设，就可以认为时间序列是平稳的。当三个模型的检验结果都不能拒绝零假设时，则认为时间序列是非平稳的。这里所谓模型适当的形式就是在每个模型中选取适当的滞后差分项，以使模型的残差项是一个白噪声（主要保证不存在自相关）。

2. VAR 模型中的脉冲响应函数

对于一个 VAR 模型（向量自回归模型），可以表示为一个无限阶的向量 $MA(\infty)$ 过程。

$$Y_{t+s} = U_{t+s} + V_1 U_{t+s-1} + V_2 U_{t+s-2} + \cdots + V_S U_t + \cdots \tag{6-25}$$

$$V_s = \partial Y_{t+s} / \partial U_t \tag{6-26}$$

V_S 中第 i 行第 j 列的元素是指，在其他误差项在任何时期都不变的条件下，当第 j 个变量 y_j,t 对应的误差项 u_j,t 在 t 时期收到一个单位的冲击后，

对第 i 个内生变量 y_{it} 在 $t+s$ 期造成的影响。

把 V_S 中第 i 行第 j 列元素看作是滞后期 s 的函数，

$$\partial y_{i,t+s} / \partial u_{j,t} \quad s = 1,2,3,\cdots,n \tag{6-27}$$

称作脉冲响应函数，它描述了其他变量在 t 期以及以前各期保持不变的前提下，$y_{i,t+s}$ 对 $u_{j,t}$ 时一次冲击的响应过程。

3. *方差分解*

方差分解可以用来了解每个随机扰动所带来的相对重要的信息。这些随机扰动是由模型中的变量产生的。在不同的时间变量产生的预测方差，可以被分解成的不同解释影响的部分。N 趋于无穷时，可以理解为冲击对变量波动的贡献。y_t 的第 i 个变量：

$$y_{it} = \sum_{j=1}^{k} (a_{ij}^{(0)} \varepsilon_{jt} + a_{ij}^{(1)} \varepsilon_{jt-1} + a_{ij}^{(2)} \varepsilon_{jt-2} + a_{ij}^{(3)} \varepsilon_{jt-3}) \tag{6-28}$$

二、变量选取、数据收集与预处理

首先，基于前面的灰色关联度的计算，剔除 R&D 课题数和高新技术产业企业数这两个指标，对于 R&D 人员的全时当量、R&D 经费内部支出和地方财政科技拨款运用 VAR 模型再次研究论证科技投入的有关指标与经济增长之间的关系，这样可以避免一种模型的局限性，从多个模型来进行探讨。此外，GDP 作为权衡国家地区经济情况的指标，是被全世界公认的最优指标。它反映的是一定时期的生产过程中一个国家所产生的最终成果。从而，该小节最终还是选择河南省历年 GDP 总量作为反映市场效益经济增长的指标来进行分析。

三、VAR 模型的应用

（一）科技投入的三个不同指标对经济增长的影响及其贡献率

该部分实证分析中的数据处理，以及对时间序列进行的单位根检验、VAR 模型中的脉冲响应以及方差分解使用计量经济软件 Eviews 9.0 完成，从而，论证科技投入的三个不同指标对经济增长的影响。

1. 对指标数据进行调整

由于滞后项需要估计的参数较多，因此需要把年度数据变为季度数据，并对季度数据做季节调整。调整后的数据如下所示：分别用 GDP_ SA 表示 GDP 季节调整后的数据，FUND_ SA 表示 R&D 经费内部支出季节调整后的数据，FINANCE_ SA 表示地方财政科技拨款季节调整后的数据，PERSONNEL_ SA 表示 R&D 人员全时当量季节调整后的数据。

表 6－15　季节调整后的各指标数据

	GDP_ SA	FUND_ SA	FINANCE_ SA	PERSONNEL_ SA
2007Q1	3391.52	24.51	5.48	73081.32
2007Q2	3647.84	24.78	5.90	75006.32
2007Q3	3876.49	25.43	6.30	76946.02
2007Q4	4097.03	26.41	6.70	78876.06
2008Q1	4287.44	27.64	7.09	81045.71
2008Q2	4447.49	29.66	7.45	83058.17
2008Q3	4580.01	32.05	7.78	85106.83
2008Q4	4704.49	34.76	8.13	87096.42
2009Q1	4651.46	39.32	8.25	89412.61
2009Q2	4774.72	42.43	8.63	91492.24
2009Q3	4927.58	45.27	9.07	93650.53
2009Q4	5127.91	47.75	9.59	95706.84
2010Q1	5425.99	48.60	10.19	97050.10
2010Q2	5655.36	51.31	10.82	99659.53
2010Q3	5884.28	54.20	11.48	102817.30
2010Q4	6128.04	57.25	12.19	106300.92
2011Q1	6416.98	61.27	12.96	112983.01
2011Q2	6640.19	64.62	13.75	116600.21
2011Q3	6841.74	67.78	14.55	119902.85
2011Q4	7032.75	70.79	15.33	122621.26
2012Q1	7150.25	73.31	16.27	122573.00
2012Q2	7318.01	76.31	17.08	125815.15
2012Q3	7481.96	79.15	17.82	130006.36

续表

	GDP_ SA	FUND_ SA	FINANCE_ SA	PERSONNEL_ SA
2012Q4	7647.95	81.97	18.46	134836.60
2013Q1	7797.64	84.60	19.36	145904.13
2013Q2	7963.68	87.47	19.90	150728.54
2013Q3	8129.29	90.22	20.27	154740.22
2013Q4	8298.67	93.03	20.44	157573.35
2014Q1	8504.43	96.17	20.32	160228.30
2014Q2	8666.81	98.87	20.44	161508.58
2014Q3	8813.32	101.30	20.49	162174.39
2014Q4	8952.46	103.63	20.51	161812.83
2015Q1	9003.76	104.55	20.28	158711.87
2015Q2	9156.33	107.15	20.55	158358.17
2015Q3	9323.73	110.01	20.93	158783.87
2015Q4	9518.16	113.32	21.48	159539.91
2016Q1	9738.71	117.08	22.44	162431.65
2016Q2	9981.32	121.21	23.42	164555.63
2016Q3	10234.73	125.54	24.49	167424.83
2016Q4	10516.32	130.35	25.73	170646.56

2. 单位根检验

在 SIC 准则、滞后阶数为三阶的情况下，对四个指标进行单位根检验。从检验结果可以发现，GDP_ SA 的原序列在 5% 的显著水平下是平稳的；FUND_ SA 的二阶差分序列在 1% 的显著水平下是平稳的；FINANCE_ SA 的原序列在 1% 的显著水平下是平稳的；PERSONNEL_ SA 的二阶差分序列在 1% 的显著水平下是平稳的。由此对 FUND_ SA 和 PERSONNEL_ SA 做二阶差分，使其变为平稳序列。

表 6-16　GDP_ SA 的单位根检验

			t - Statistic	Prob. *
Augmented Dickey - Fuller test statistic			-3.552367	0.0483
Test critical values:	1% level		-4.226815	
	5% level		-3.536601	
	10% level		-3.200320	

表 6-17　FUND_ SA 的单位根检验

			t - Statistic	Prob. *
Augmented Dickey - Fuller test statistic			-7.517804	0.0000
Test critical values:	1% level		-4.226815	
	5% level		-3.536601	
	10% level		-3.200320	

表 6-18　FINANCE_ SA 的单位根检验

			t - Statistic	Prob. *
Augmented Dickey - Fuller test statistic			-4.783431	0.0024
Test critical values:	1% level		-4.226815	
	5% level		-3.536601	
	10% level		-3.200320	

表 6-19　PERSONNEL_ SA 的单位根检验

			t - Statistic	Prob. *
Augmented Dickey - Fuller test statistic			-7.818372	0.0000
Test critical values:	1% level		-4.226815	
	5% level		-3.536601	
	10% level		-3.200320	

3. 脉冲响应

（1）DDFUND_ SA 对 GDP_ SA 的冲击分析

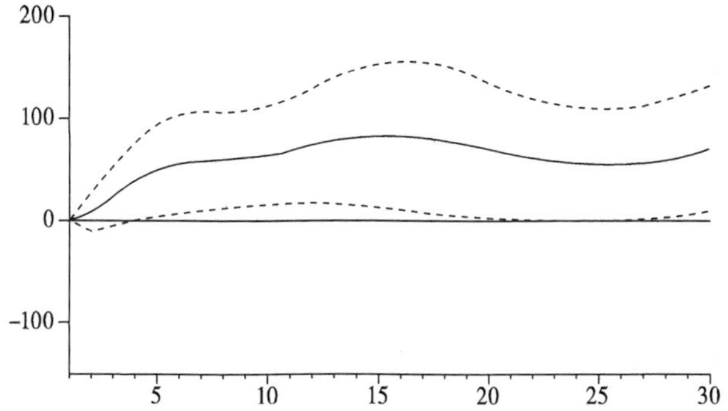

图 6－3　GDP_ SA 对 DDFUND_ SA 的冲击的响应

在其他变量不变的情况下，从第 1 期到第 5 期，R&D 经费内部支出对 GDP 的冲击使 GDP 一直处于迅速上升的状态，之后，则处于缓慢上升的状态，并逐渐趋于稳定。

（2）FINANCE_ SA 对 GDP_ SA 的冲击分析

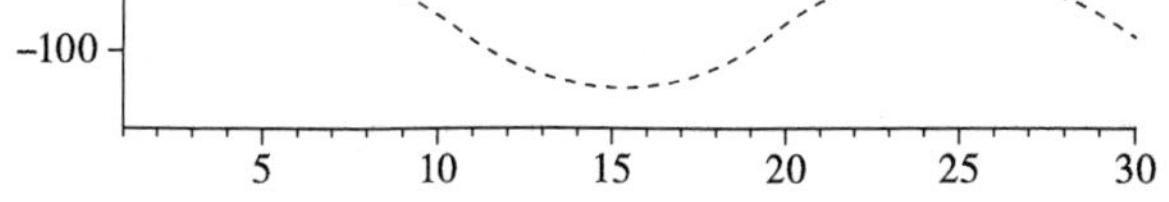

图 6－4　GDP_ SA 对 FINANCE_ SA 的冲击的响应

在其他变量不变的情况下，地方财政科技拨款对 GDP 的冲击处于波动的状态，并逐渐趋于平稳，从第 1 期到第 5 期，处于上升的状态，冲击达到了最大。过了第 5 期，开始逐渐下降。到了第 8 期，冲击影响为 0。第 8 期到第 21 期，冲击影响先下降后上升，但是影响一直为负。

（3）PERSONNEL_ SA 对 GDP_ SA 的冲击分析

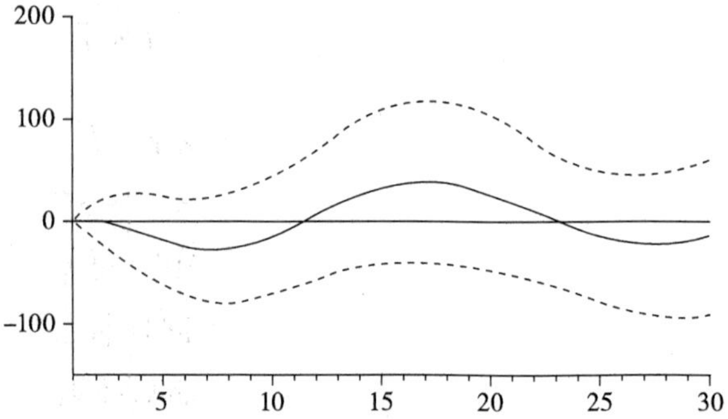

图 6－5　GDP_ SA 对 PERSONNEL_ SA 的冲击的响应

在其他变量不变的情况下，R&D 人员全时当量对 GDP 的冲击从第 2 期开始，处于先下降后上升的状态，在第 7 期时达到了最小。从第 11 期，开始产生正向影响。随着时间的推移，逐渐趋于稳定。

通过比较不同科技投入指标要素对经济增长的不同冲击效应，可以得出结论：R&D 经费内部支出是对经济增长起到正向作用最大的投入要素；地方财政科技拨款和 R&D 人员全时当量对经济增长的作用力度不稳定，正负间隔出现。

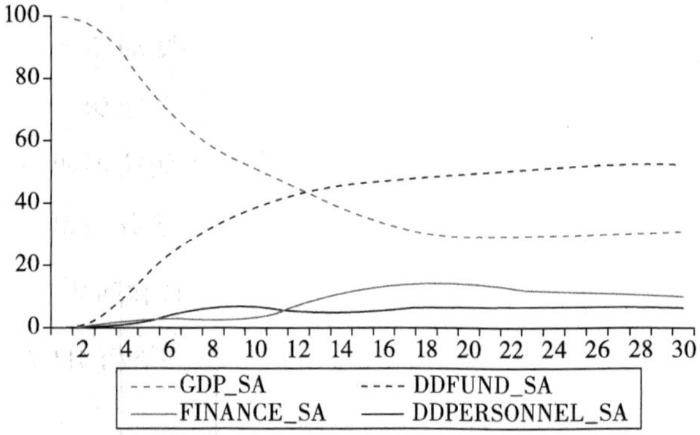

图 6－6　各指标变量对 GDP 的方差分解

4. *方差分解分析*

如图 6－6 所示，在前 12 期，对经济增长冲击最大的主要是自身因素的影响，并从第2期开始作用，高达100%，之后自身的影响力逐渐下降。与此同时，R&D经费内部支出对经济增长的贡献处于迅速上升的状态，并从第2期开始发挥作用，对经济增长的贡献低于其GDP自身的原因，高于地方财政科技拨款和R&D人员全时当量的影响。地方财政科技拨款和R&D人员全时当量对经济增长的贡献处于缓慢波动上升的状态，在第2期到第6期，地方财政科技拨款对经济增长的贡献要稍高于R&D人员全时当量对经济增长的贡献；在第6期到第12期，R&D人员全时当量对经济增长的影响先上升后下降，地方财政科技拨款对经济增长的贡献先下降后上升，但是地方财政科技拨款对经济增长的贡献要低于R&D人员全时当量对经济增长的贡献。

在第12期，GDP自身因素的影响和R&D经费内部支出对经济增长的影响达到了一个交汇，对经济增长的贡献达到44%，地方财政科技拨款和R&D人员全时当量也在第12期达到了一个交汇，对经济增长的贡献达到4.7%。过了第12期，R&D经费内部支出对经济增长的影响超越了GDP自身因素的影响，对经济增长起到了较大的推动作用，并处于平稳上升的状态，对经济增长的贡献最高达52%。GDP自身因素的影响对经济增长的贡献开始下降，但是整体高于地方财政科技拨款和R&D人员全时当量对经济增长的影响。在第12期以后，地方财政科技拨款对经济增长的影响高于R&D人员全时当量对经济增长的影响，两者的走势都很平稳，其两者之间对经济增长的贡献又有缩小的趋势。

（二）R&D经费内部支出的使用类型对经济增长的影响

R&D经费内部支出的使用类型主要分为基础研究、应用研究和试验发展，研究这三者对经济增长的影响，可以分析出对经济增长影响比较大的那一部分，从而把握科技投入的弱点及重点。由于GDP指标的季节调整以及单位根检验在上一部分已经交代过，所以该部分就不再说明。

1. 对指标数据进行调整

调整后的数据如下所示：分别用fundamental_ sa表示基础研究季节调整后的数据，application_ sa表示应用研究季节调整后的数据，experimental_ sa表示试验发展季节调整后的数据。

表 6 – 20　季节调整后的各指标数据

	fundamental_ sa	application_ sa	experimental_ sa
2007Q1	0. 433234	1. 771353	21. 01644
2007Q2	0. 380738	1. 767708	21. 30657
2007Q3	0. 34483	1. 772168	21. 9953
2007Q4	0. 320362	1. 788372	22. 98355
2008Q1	0. 317033	1. 807066	24. 30602
2008Q2	0. 333114	1. 846727	26. 39672
2008Q3	0. 367201	1. 893205	28. 87817
2008Q4	0. 412151	1. 951546	31. 64498
2009Q1	0. 542205	2. 054528	36. 50074
2009Q2	0. 602573	2. 120265	39. 69095
2009Q3	0. 658632	2. 179403	42. 54632
2009Q4	0. 695419	2. 233591	44. 93857
2010Q1	0. 685316	2. 258571	45. 65969
2010Q2	0. 735552	2. 316499	48. 27259
2010Q3	0. 804231	2. 382236	51. 04147
2010Q4	0. 87229	2. 447602	53. 87442
2011Q1	0. 952094	2. 5782	57. 76423
2011Q2	1. 063414	2. 645727	60. 92517
2011Q3	1. 20617	2. 715497	63. 8804
2011Q4	1. 353378	2. 766246	66. 61212
2012Q1	1. 717993	2. 68332	68. 9497
2012Q2	1. 856451	2. 793127	71. 67422
2012Q3	1. 968564	2. 975307	74. 21469
2012Q4	2. 022719	3. 20131	76. 69075
2013Q1	2. 048889	3. 864467	78. 73324
2013Q2	2. 055059	4. 090909	81. 33441
2013Q3	2. 053553	4. 274439	83. 89849
2013Q4	2. 022219	4. 37639	86. 57371
2014Q1	1. 950136	4. 2345	90. 03194
2014Q2	1. 919787	4. 327416	92. 63235

续表

	fundamental_ sa	application_ sa	experimental_ sa
2014Q3	1.907329	4.481332	94.91938
2014Q4	1.90231	4.663031	97.02275
2015Q1	1.904101	4.96313	97.72223
2015Q2	1.952134	5.251002	99.9549
2015Q3	2.03647	5.603128	102.3698
2015Q4	2.153638	5.997121	105.1169
2016Q1	2.367948	6.554453	108.2026
2016Q2	2.558883	7.063033	111.5974
2016Q3	2.783818	7.624925	115.1243
2016Q4	3.042063	8.237821	119.0057

2. 单位根检验

从检验结果可以发现，fundamental_ sa 的原序列在 10% 的显著水平下是平稳的；application_ sa 的二阶差分序列在 1% 的显著水平下是平稳的；experimental_ sa 的一阶差分序列在 1% 的显著水平下是平稳的。由此分别对 application_ sa 和 experimental_ sa 做二阶差分和一阶差分，使其变为平稳序列。

表 6－21　fundamental_ sa 的单位根检验

			t－Statistic	Prob. *
Augmented Dickey－Fuller test statistic			－3.373455	0.0706
Test critical values：	1% level		－4.226815	
	5% level		－3.536601	
	10% level		－3.200320	

表 6－22　application_ sa 的单位根检验

			t－Statistic	Prob. *
Augmented Dickey－Fuller test statistic			－5.059058	0.0013
Test critical values：	1% level		－4.252879	
	5% level		－3.548490	
	10% level		－3.207094	

表 6－23　experimental_ sa 的单位根检验

			t－Statistic	Prob. *
Augmented Dickey－Fuller test statistic			－5. 053719	0. 0013
Test critical values：	1% level		－4. 243644	
	5% level		－3. 544284	
	10% level		－3. 204699	

3. 脉冲响应

通过对滞后阶数的检验，发现序列在 SIC 准则下滞后 2 阶。由于基础研究、应用研究和试验发展属于 R&D 经费内部支出的具体指标，对经济增长的影响主要看近十年的，也即近 10 期的冲击反映。

（1）FUNDAMENTAL_ SA 对 GDP_ SA 的冲击分析

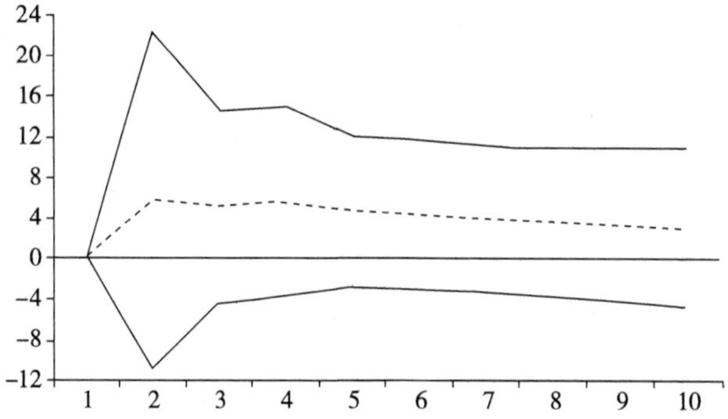

图 6－7　GDP_ SA 对 FUNDAMENTAL_ SA 的冲击的响应

在其他变量不变的情况下，基础研究对经济增长的影响基本从第 1 期的后半期开始，从第 1 期到第 2 期，基础研究对 GDP 的冲击使 GDP 一直处于迅速上升的状态，在之后时期中，虽然有所波动，但整体比较平稳，维持在一定的水平之上。

（2）DDAPPLICATION_ SA 对 GDP_ SA 的冲击分析

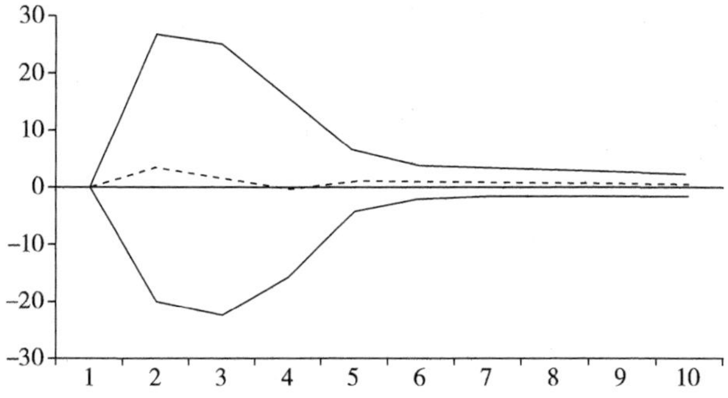

图 6－8　GDP_ SA 对 DDAPPLICATION_ SA 的冲击的响应

在其他变量不变的情况下，应用研究对 GDP 的冲击也是从第 1 期的后半期开始，在经历一小段的缓慢上升后，在第 2 期到第 4 期又迅速下降，并在第 4 期达到了 0，随后的几期中，应用研究对经济增长的影响一直维持在很小的水平上。

（3）DEXPERIMENTAL_ SA 对 GDP_ SA 的冲击分析

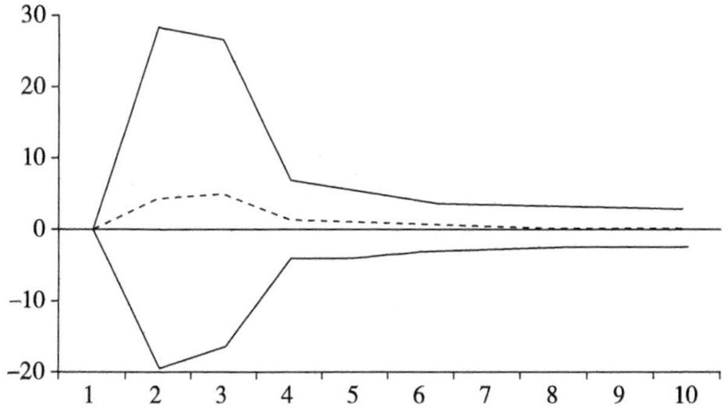

图 6－9　GDP_ SA 对 DEXPERIMENTAL_ SA 的冲击的响应

在其他变量不变的情况下，试验发展对 GDP 的冲击从第 1 期的后半期开始，从第 1 期到第 3 期，处于上升的阶段，但是仍然小于基础研究对 GDP 的影响，并在第 3 期到第 4 期处于下降的趋势，在随后的几期中，试验发展对 GDP 的影响非常小，几乎无限趋于 0。

通过比较 R&D 经费内部支出中不同使用类型对经济增长的不同冲击

效应，可以得出结论：基础研究、应用研究和试验发展都对经济增长起到了正向的影响作用，其中，基础研究对经济增长的影响作用最大，而现实社会中基础研究所投入的资金最少，所以，在今后的科技投入中，要不断加大对基础研究的投入；在后 5 期，三者都对 GDP 的影响都逐渐缩小，并趋于 0，说明从每一个细小的指标出发，对 GDP 的影响并不是很显著，因此，对 GDP 影响最大的还是不同类型的综合指标。

（三）R&D 经费内部支出的执行机构对经济增长的影响

R&D 经费内部支出的执行机构主要分为企业、科研机构和高等院校，研究这三者对 GDP 的影响，可以把握近几年对 GDP 影响最大的执行机构。

1. 对指标数据进行调整

调整后的数据如下所示：分别用 Company_ sa 表示企业季节调整后的数据，research_ sa 表示科研机构季节调整后的数据，school_ sa 表示高等院校季节调整后的数据。

表 6－24　季节调整后的各指标数据

	Company_ sa	research_ sa	school_ sa
2007Q1	18. 47767	3. 453879	1. 242076
2007Q2	19. 53738	3. 599716	1. 290602
2007Q3	20. 84693	3. 750499	1. 353981
2007Q4	21. 98003	3. 903048	1. 418293
2008Q1	23. 29384	3. 839636	1. 368754
2008Q2	24. 58968	3. 997348	1. 4248
2008Q3	26. 22566	4. 163825	1. 495128
2008Q4	27. 59403	4. 325405	1. 570482
2009Q1	33. 24545	4. 785108	1. 760308
2009Q2	35. 05133	4. 980205	1. 841346
2009Q3	37. 27466	5. 17299	1. 932496
2009Q4	39. 06583	5. 36398	2. 027399
2010Q1	40. 54765	5. 823076	2. 139505
2010Q2	42. 63778	6. 06098	2. 241618
2010Q3	45. 10033	6. 263001	2. 352138

续表

	Company_ sa	research_ sa	school_ sa
2010Q4	47. 10875	6. 471981	2. 451562
2011Q1	52. 18166	6. 309301	2. 62746
2011Q2	54. 77964	6. 560712	2. 745759
2011Q3	57. 51548	6. 736303	2. 87479
2011Q4	59. 83826	6. 920141	2. 958018
2012Q1	60. 84517	8. 037708	3. 588315
2012Q2	63. 59043	8. 319832	3. 714872
2012Q3	66. 326	8. 495597	3. 86593
2012Q4	68. 89435	8. 682487	3. 941928
2013Q1	72. 37794	7. 236506	3. 819927
2013Q2	75. 45566	7. 45266	3. 918698
2013Q3	78. 26349	7. 575012	4. 044149
2013Q4	81. 11203	7. 71671	4. 111802
2014Q1	82. 67129	7. 626789	4. 11497
2014Q2	85. 91265	7. 819391	4. 198825
2014Q3	88. 76934	7. 924152	4. 302055
2014Q4	91. 96381	8. 062602	4. 380816
2015Q1	90. 33591	8. 064113	4. 542488
2015Q2	93. 77899	8. 244419	4. 629398
2015Q3	96. 7124	8. 348451	4. 725987
2015Q4	100. 074	8. 47998	4. 817847
2016Q1	103. 5115	8. 791785	4. 850417
2016Q2	107. 319	8. 958306	4. 944586
2016Q3	110. 62	9. 079811	5. 042678
2016Q4	114. 4344	9. 21954	5. 140252

2. 单位根检验

从检验结果可以发现，company_ sa 的一阶差分序列在 1% 的显著水平下是平稳的；research_ sa 的一阶差分序列在 1% 的显著水平下是平稳的；school_ sa 的一阶差分序列在 1% 的显著水平下是平稳的。由此分别对 company_ sa、research_ sa 和 school_ sa 做一阶差分，使其变为平稳序列。

表 6－25　company_ sa 的单位根检验

			t－Statistic	Prob. *
Augmented Dickey－Fuller test statistic			－6. 499580	0. 0000
Test critical values：	1% level		－4. 219126	
	5% level		－3. 533083	
	10% level		－3. 198312	

表 6－26　research_ sa 的单位根检验

			t－Statistic	Prob. *
Augmented Dickey－Fuller test statistic			－5. 965092	0. 0001
Test critical values：	1% level		－4. 219126	
	5% level		－3. 533083	
	10% level		－3. 198312	

表 6－27　school_ sa 的单位根检验

			t－Statistic	Prob. *
Augmented Dickey－Fuller test statistic			－5. 530830	0. 0003
Test critical values：	1% level		－4. 219126	
	5% level		－3. 533083	
	10% level		－3. 198312	

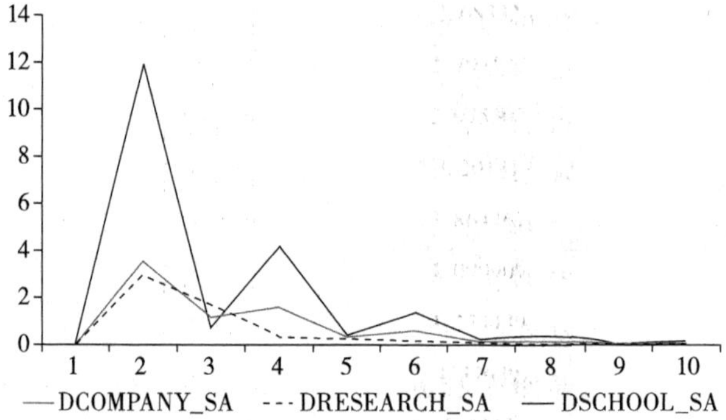

图 6－10　GDP_ SA 对 DCOMPANY_ SA、DRESEARCH_ SA 和 DSCHOOL_ SA 的冲击的响应

3. 脉冲响应

在其他变量不变的情况下，企业、科研机构和高等院校所执行的R&D经费对GDP的影响从第0.5期开始，并处于迅速上升的状态，其中对GDP影响最大的是高等院校，这与现实中高等院校所执行的经费最少恰恰相反，说明高等院校在经济增长中也占有非常重要的位置，不容忽视，要不断增加对高等院校的科技资金投入。其次是企业和科研机构，在第0.5期到第1.5期，企业对经济增长的影响要稍高于科研机构，并且现实社会中，企业所执行的R&D经费也高于科研机构，成为主力军，因此可以适当调整经费的使用主体。从第1.5期到第2.5期，三者对GDP的影响都在下降，其中高等院校对GDP的影响急骤下降，在第2.5期时达到了最低。

整体来说，三者对GDP的影响处于波动的状态，高等院校对GDP的影响波动最大，影响也最大，企业对GDP的影响波动范围次之，科研机构对GDP的影响波动最为平缓，影响也是最小。但是在第8期以后，三者逐渐收敛，对GDP的影响逐渐缩小，说明对GDP的影响并不是很显著。

第七章　河南省科技投入与经济增长的协调性发展及其评价

在整个社会的大系统中，作为子系统，科技活动与经济增长相互影响，科技投入作为科技活动的开端，是推动经济增长、影响产业升级的重要力量，科技投入的强度又深受一个地区经济水平的影响，科技与经济这种相互影响的关系要求科技与经济协调发展。因此，探索科技投入与经济发展水平的协调性问题对于河南省的科技投入和经济增长都具有很大的意义。本章以系统论为基础，结合前几章对科技投入与经济增长的互动关系的研究，通过建立协调度模型，探讨河南省科技经济增长的协调性水平。

第一节　科技投入与经济增长的协调发展内涵

一、系统协调的含义

在对协调性相关理论的研究中，系统协调较早进入学者们的研究领域。中外学者对于系统协调的看法主要有以下这些：在斯密看来，当“经济人”能在专业分工基础上自愿交换、自愿合作，这就达到了协调。马歇尔基于供求论研究了系统协调的含义，自此协调就和均衡挂上了钩。顺着马歇尔的研究思路，以新古典经济学为代表的学者提出了“帕累托最优”的协调标准，并论证了局部协调到全局协调的可能性。我国学者也对系统协调的内涵做了一系列的探索，如王维国（2000）与李艳、曾春香（2003）均认为协调是在实现总体目标的过程中，系统中的各自要素相互配合、共同促进而慢慢形成的一种循环态势，不过李艳、曾春香的研究更具体一些，其研究视角为管理职能的，各要素具体化为实现组织目标的各种活动。戴淑燕、黄新建（2004）对协调的标准定的更为宽泛，其认为系统内在要素的有机统一就是协调。汤铃等（2010）分析了已有协调度模型的本质，创新的引入欧式距离并构建了距离协调度模型，并依此提出了衡量系统协调发展的定量研究方法。

关于系统协调，还有一种比较著名的观点，即协同论，协同论由联邦德国斯图加特大学教授、著名物理学家哈肯（Haken）创立。协同论认为尽管各个系统的属性不同，但在整个环境中，这并不影响各个子系统之间相互合作的关系，且随着各系统之间的合作的加深，关联度的增大，整个系统的协调性越来越好。与协同学观点类似的理论还有系统论、自组织理论，但是三者相比，协同学更强调系统内部要素间的关联互动对系统整体协调的重要性。而系统论和自组织理论更加侧重说明系统的开放性、系统与外界的交流性，强调外界环境对实现自身协调发展的重要性。因此，本书认为协调思想应该包含系统内部要素之间关联互动、系统与外界环境之间的关联互动作用两个部分。

需要强调的是，系统协调性高，我们可以得出系统的交互作用强的结论，但是反过来，系统要素之间的交互作用强，并不能说明系统的协调性好，我们需要考虑系统内部可能会出现争斗、冲突、矛盾等现象，这种交互作用对系统达到协调性只是有害无益。因此，在强调关联性对系统协调贡献的同时，还应该把握关联的类型，即保证子系统与系统的总发展目标是一致且理想的。实现系统协调的另一个环节也很重要，即保证子系统的完善、保持与其他要素共同成长的均衡状态，如果子系统的自身功能出现问题，或者不能保持与其他要素的共同进步，那么就不能保证其与其他子系统的正常合作，这将影响系统的整体功能表现。

在关于系统协调的所有观点中，还有一种典型的观点认为协调就是和谐，是构成整体部分的和谐统一，强调整体秩序的稳定性。但是这种观点没有从事物的演化角度去考虑，是一种消极的看法。对于协调发展的本质，本章结合以往学者的研究成果，认为协调是各子系统功能完善的情况下，各子系统相互配合达到系统整体功能最优的一种状态。发展则是指在一定的约束条件下，系统从无序到有序、从低级到高级的一种进化趋势。

系统处在各子系统不断磨合、不断进步的动态变化之中，只有系统与系统或系统要素之间协调有序，系统的总体发展状况才可达到优化。因此，我们可以认为系统协调发展既是一种状态，也是一个过程。作为状态，协调发展指系统各要素间关系融洽，从而整体效应最佳。作为过程，协调表现为一种控制与管理职能，围绕系统总体目标，对各种相互联系的活动加以协调，从而各子系统之间能够减少冲突，积极合作，促使目标更顺利的实现。

二、科技与经济协调发展的内涵

科技与经济系统是由科技子系统与经济子系统组成的、要素多、层次也多的复杂系统。关于科技与经济协调发展的内涵，由于理论依据和研究背景的区别，不同的学者有不同的看法。通过分析相关文献，本书认为科技与经济是否协调主要看科技与经济是否相互促进、共同发展。科技与经济的协调发展内涵的本质为：在各自内部和对外开放两种条件下，两者共同发展的状态和过程，形成并决定这种状态和过程的运行机制，主要体现在三个方面：

（一）科技进步对经济发展产生积极的影响，具体体现在三方面，①促进产业结构升级，这主要体现在科技进步能为各产业提供更先进的设备，更科学的管理方法，从而推动产业结构向更高级、更合理的方向进行转型。②贸易结构更合理，科技进步能增加我国产品在整个价值链上的附加值，同时减轻我国对国外尖端科技产品的依赖度。③科技进步使消费结构升级，通过市场机制的作用直接推动经济增长。深究科技进步推动经济增长的原因，笔者认为主要是因为科学技术能广泛地渗透到影响区域经济增长的各种要素中去，通过提高要素的各项功能，进而对区域经济产生积极的推动作用。

（二）经济发展推动科技进步。发达的经济体能为科技进步提供强大财力支持和人力支持、物质支持，其中财力支持和物质支持对科技进步的作用最为直接，对科技进步的推动作用能起到立竿见影的效果，人力支持能为科技进步提供源源不断的创意，从而加速科技成果数量和质量的提高，促进科技进步得到更快的发展。同时，合理的消费结构以及资源结构又对科技进步起导向和选择作用。从国际角度来说，经济发展使得整个社会的需求提高，这种需求也对科学技术产生了更高的要求，促使各个国家和地区增强对科技要素投入的力度，从而进一步刺激了科学技术的发展。

（三）区域科技与经济运行之间的协调，有四方面的表现，分别为科技投入水平与经济发展水平协调，科技进步对经济增长贡献协调，科技经济外部协调。科技进步推动经济发展，而且在经济发展的同时，又反过来促进科技进步，进而实现科技经济协调发展的状态。所谓经济与科技发展协调度即是对上述状态的描述，意味着经济发展与科技进步相互匹配的程度。科技与经济协调度是反映科技与经济协调发展状态而设定的一个指标，只是一个相对的概念。其意义在于通过测定某一地区的科技、经济协调度，刻画该地区的科技与经济协调发展的状态，从而分析地区的科技、经济的发展趋势。

科技与经济系统协调发展最基本的三大特征为发展性、协调性和可持续性。

发展性、协调性反映系统运行的整体状态，发展性衡量的是区域科技与经济系统数量维的特征，通过人均国民收入、科研人员、科研成果数量等指标体现出来。

协调度是指发展过程中各系统彼此和谐一致的程度，属于科技与经济系统质量维的表征。持续性是针对系统的运行保持某种状态或趋势的持久性程度而言的，主要从时间维度来体现上述特征的。因此我们可以将区域科技进步与经济增长系统的发展水平和运行状态表述为：在长时间的范围内，保持高质量、稳定性的增长。

区域内科技与经济的协调发展对科技进步和经济增长的意义很大，根据以往学者的研究，笔者发现，我国各地科技与经济社会发展的协调程度存在显著差异，各省区科技发展失衡现象比较突出。如果区域内科技与经济发展不平衡，经济就会呈现出粗线条发展的状况，不利于区域的可持续发展。因此，对科技投入与经济增长的协调性进行研究是非常有必要的。

第二节　科技与经济增长协调性现行评价方法及评述

虽然研究科技投入与经济增长关系相关文献很多，但是多数研究是基于经济角度来研究科技与经济的关系，并没有把科技作为一个独立的系统，更没有从系统学的角度研究科技与经济的互动。因此，科技与经济协调发展问题还是一个比较新的课题，国内外的关于科技与经济协调发展评价方法与理论的研究成果并不多。综观目前的研究成果，协调评价方法主要有柯布—道格拉斯函数法、系统动力学方法、灰色系统评价方法、综合指数法、协调发展判断坐标系法、相关性分析法、重标度级差分析法、数据包络分析法。其中，在科技与经济协调发展的研究中，对灰色系统评价方法和数据包络分析法运用的比较多。研究科技与经济协调发展的文献，分类结果如下：

第一是建立协调发展评价模型、计算协调发展综合指数，根据实证结果分析区域科技与经济的协调发展水平。如孟庆松（1998）以协同理论为基础，设计出一套可实际计算的复合系统协调度模型。吴伟强（2007）认为运用 R&D 强度、全要素生产率、R&D 弹性和“位差”四个指标可以对经济与科技协调发展做出定量描述。李玉仙（2008）认为促进科技与经济的协调是发挥科技与经济两大驱动力的关键。文章通过构建协调度模型，分别从国家整体和省级地区两个层面探讨了科技与经济的协调关系。殷林森（2010）基于复杂系统的各子系统协调发展的思路，构建复杂系统静态和动态协调度模型以及协调发展趋势模型，设计了协调度评判依据，并以上海市为例研究了科技经济协调发展程度。乔朋华、王辰等（2012）首先对黑龙江省的区域科技投入和经济发展水平进行了测评，其次基于综合测度水平和回归分析结果，建立系统协调度模型，对科技投入与经济发展协调状况进行定量测算，最后基于实证分析科技投入与经济协调发展中存在问题，并结合实际提出二者协调发展的建议。郭江江、戚巍等（2012）利用协调度模型，从省际差异的宏观角度分析了全国 29 个省市的科技与经济社会发展协调程度。

第二是从模糊数学角度或灰色关联角度对科技与经济增长的协调性进行评价。灰色系统理论由邓聚龙（1982）教授是提出，近年在区域发展规划应用广泛，对经济与社会、资源、环境协调发展问题都有很好的适用性。灰色关联分析属于是灰色系统理论一部分内容，原理为：根据序列曲线几何形状的相似程度来判断其联系是否紧密，序列曲线几何形状越接近，相应地，我们可以认为序列之间关联度就越大，反之则小。与其他的统计方法相比，灰色关联分析对样本量的大小以及数据的分布状况都没有特殊要求，而且计算量小，易于编程实现，在对科技与经济协调发展的文献中应用比较广泛，如孙见荆（1996）研究了灰色系统协调模型，分析判断科技、经济和社会之间的协调关系，并提出了结构协调与数量协调的概念。王维国（1998）基于模糊数学的思想提出了协调性系数的概念。米传民、刘思峰、杨菊（2004）运用灰色相对关联度分析法，分析了江苏省1997—2002年的科技投入与经济增长的相关关系。运用灰色关联方法分析问题的作者还有：胡树华（2006）等从科技能力指标出发，研究了我国东部、中部、西部的科技投入于经济增长。殷林森（2007）实证研究了我国科技投入与产业经济增长的关联性，对我国几个有代表性的省市进行比较分析并用图形模拟方法予以佐证。祝爱民等（2007）先建立了协调评判指标体系，而后在此基础上构建了县域科技进步与经济发展的协调性模糊综合评判模型。姜钰（2009）提出了区域科技与经济系统综合协调发展度评价的模糊积分评价方法，并以黑龙江省为例，研究了黑龙江省科技与经济系统协调发展状况。灰色关联度法虽然简单易于应用，但是不能刻画出科技与经济协调发展的整体水平，因此，运用灰色关联分析法评价科技与经济的发展水平具有一定的局限性。

第三是分别建立科技系统与经济系统指标体系，确定协调发展指标体系中各分类指标和各单项指标在各分类及整体中的重要程度，然后比较并评价两系统指标比例关系。如朱李鸣（2000）是该类研究的第一人，他在自己的研究中界定科技与经济协调性的概念、内涵及标准，基于此相关理论，探讨了科技与经济评估指标体系。张首魁（2006）以我国西部省份为研究对象，通过构建协调发展的指标体系，对实施大开发以后的西部地区的科技与经济的协调性进行了研究。张仁开、杨耀武（2007）实证对比评估了我国大陆的31个省份的科技与经济的协调性，研究结果证明我国大陆各省份之间的科技、经济发展水平存在显著差异，且科技与经济的协调发展水平总体上不高。刘满凤（2008）基于数据包络分析方法（DEA）建立综合评价模型，该模型直接从作用的有效和无效角度出发，客观的衡量了东部、中部和西部的科技发展与经济发展耦合效果。王艳明（2009）在探讨了区域科技与经济协调发展问题时，引入了层次分析法和聚类分析法，按聚类的结果分析了不同类别地区的科技与经济区域协调发展的特征，最后，给出了相应的政策性建议。魏津瑜、白冬冬（2015），通过相关分析和主成分分析，对北京、天津和河北三省市的科技经济协调性进行多维指标测试，并从协调发展的角度提出京津冀区域内科技与经济协调发展的对策与建议。

第三节　河南省科技与经济的协调发展机制

在区域科技与经济相互磨合而走到协调发展的过程中，协调机制起到枢纽的作用，协调机制的科学与否，影响着区域科技与经济系统相互作用的强度，在不同规则的影响下，科技与经济的交互作用也会不同，在本节，笔者梳理了对科技与经济协调发展起着重要影响的三种机制，它们分别为市场机制、法律机制和政策机制。对这三种影响机制的研究也为评价河南省科技投入与经济增长的协调性提供了强大的理论依据。

一、市场机制

市场机制是区域科技与经济系统协调发展的内在机制，既适用于经济系统，又适用于科技系统。当科技与经济本身存在利益方面的交换关系时，市场机制的作用就会显现出来。在市场经济条件下，各经济主体在做出决策时，都要考虑其收益大小、风险大小，因此企业生产什么、生产多少、如何生产等都是由市场决定的。因此，市场机制可以使供求关系在一定条件下达到均衡状态。市场机制对科技与经济的调节作用主要体现在以下三个方面：

（一）市场机制对科技进步的方向有一定的影响，在市场机制的作用下，科技进步以满足消费者需要、占据最高市场份额、获得最大回报为导向。并且市场机制选择科技研发的类型，因为在市场机制的作用下，理性的投资者都会选择投资风险较小而回报较大的科研项目，相比于其他的投资方式，科技投资面临的风险更大，因此，只有当科技投资的回报率明显高于其他投资的回报率时，科技投资才会被投资者所选择。纵观各国的发展历程，我们可以发现一个共同点，即科技发展路径始终与产业进步的路径尤其是新兴产业的发展进步紧密相连。

（二）市场机制使科技投入与经济增长日益相互依赖。在市场机制以及市场机制竞争法则的作用下，以最少投入获得最大产出成为商品生产者的共同目标，因此，在企业条件允许的情况下，为了提高生产率、占领更高的市场，最终达到提高企业经营效益的目的，商品生产者愿意为改善产品质量、开发新产品而投入财力资源和人力资源，这在一定程度上促进了科技投入与经济增长的融合度，另外，我们也可以说，企业的竞争需求从科技方面体现出来。在国家和地区的竞争中，市场机制起到同样的作用，一般来说，为了保证国家的持久竞争力，有远见的国家都会选择加大科技投入的力度，以获得在各种高端技术上的绝对优势，因此，我们可以看到，科技实力比较强的国家，经济竞争力相应的也比较强。

（三）市场机制是科技转化为生产力的加速器。科技成果如果不能转化为生产力，那么它的经济价值就不能实现，在市场机制的作用下，科研成果的转让成为可能，且市场机制能使得这种转让变得更加频繁，因此，用“加速器”这个名词形容市场机制在科技转化为生产力中的作用非常贴切。一方面，科研人员与生产者可以直接进行交易；另一方面，科研人员与商品生产者也可以就某项新产品或者新技术达成长久的合作。于是，科技成果转化为生产力的周期将会很大程度地缩短，从而使科技活动与商品生产得以结合。这进一步促进了科技与经济的协调发展。

二、法律机制

法律在科技、经济一体化的进程扮演着非常重要的角色，法律的主要社会职能在于服务经济基础、在于促进社会进步，在其控制体系中，法律主要通过权力安排、价值分析以及运行操作三项技术对科技与经济的协调发展产生影响。以下笔者主要从这三项技术入手，探讨法律机制在促进科技与经济协调的过程中所起到的作用。

首先是法律的权利安排技术。该项技术的主要功能为：根据控制的目的，将精神层次的价值予以明确化、书本化，从而转化为可供操作的物质层次的权利义务安排体系，这些权利义务安排也可以说是对客体的一种规范，并且这种规范可以随着客体的实际运行情况以及反馈情况进行调整和完善。在科技与经济协调发展的过程中，法律的这种技术表现为对知识产权的保护，对公平与效率的度量、制定相关政策对科技与经济的支持等方面。

其次是法律的价值分析技术，该项技术根据社会发展各个阶段的特点，确定出科技和经济一体化进程中，客观需要的最佳价值取向，从而达到促进社会生产力发展的目的。例如在建国初期，由于基础建设的需要，国家对于第二产业的扶持力度比较大，在这期间也出台了一系列政策对钢铁、煤炭等重工业进行支持。而到了21世纪，我国面临能源消耗大，污染严重等问题，经济需要转型，这期间国家开始更加重视科技创新的作用，第三产业的发展迅速，我国出台了很多与科技创新相关的政策，其中有很多政策关乎创新者的奖励，这引导着全国上下人民的创新创业热情，法律的价值分析技术的作用得以体现。

最后是法律的运行操作技术，运行操作技术主要负责主体与客体之间信号传递，起到联系人的作用。按照法律的要求，运行操作技术将客体的实际状况、具体信息反馈给主体，主体则按照既定的规范对客体进行控制，这种控制发出的信号由法律运行环节传递出去，客体根据主体传递过来的信号，对自身做出调整，纠正不符合规范的行为，再次通过法律运行环节将修正过的情况反馈给主体，经主体测定其中的误差并对标准量值进行调整，再次发出控制信号对客体进行纠偏。如此，在这样的反馈动态过程中，科技与经济的一体化进程得到发展。

在法律的整个控制系统中，市场经济要求把科技和经济一体化进程作为受控客体。在市场经济中，各个企业必须不断地进行技术创新，提高自身的服务水平和产品质量，只有这样，企业才能获得源源不断的利润来源，才能占据一定的市场地位，这也是市场经济的竞争规律、价值规律和供求规律对企业的客观要求。另外，科学研究也离不开经济繁荣带来的物质、资金的条件和支援，没有经济基础提供的资源，科学本身只是一种知识形态体系，只是一种潜在的生产力，没有实际的价值，因此只有走向市场，并达到与经济的一体化发展，科技成果才能转化为实实在在的社会生产力，发挥出其在生产中的巨大威力。

三、政策机制

越来越多的国家认识到科学技术对经济增长的促进作用，为了提高科学技术对经济增长的促进作用，各国政府将关注点集中在政策的制定上，希望通过产业政策、科技政策等相关政策的制定加强对科技与经济的干预与宏观调整力度，从而推动科技经济的一体化进程，使科技与经济增长的协调度越来越高。

科技与经济的互动作用越来越强，已经超出传统增长方式的界定。一些新兴概念如管理调控、发展战略、政策取向等会对经济增长方式的转变产生直接的影响。并且，这些概念通过科技与经济的机制渗透与中介扩张，建立了以科技产业为基础的科技经济系统。科技与经济的协调发展受到体制和机制的制约与影响，其表现为，科技经济体制的一体化改革是科技产业发展的前提，科技产业发展对制度创新有较高的要求。

科技与经济协调发展运行机制的建立和完善，可以起到促进平等竞争、解决产业化投资行为的“换位”问题、解决调节实现宏观经济平衡、加快科技商品化进程的作用。完善科技与经济协调发展机制，笔者有以下两方面的建议，一方面，通过结构性的选择性投资政策，促进科研部门、大学与企业三位一体的合作，加快科技成果从科研部门向企业的转移和扩散速度。另一方面，制定国家科技经济协调发展的整体政策，促进政府投资行为的市场化以及立项决策的科学化。这一方面主要是针对政府的“决策瓶颈”而提出的，决策“瓶颈”是指由于地方政府仍以行政手段集中立项审批资金分配，使决策紧紧考虑了地方利益这一方面的因素。最后，建立以政策驱动和利益驱动为核心的市场诱导机制，根据市场需求规模，确立项目的规模和资金的规模。以市场需求规模带动企业的科技进步，加快企业的技术研究与开发，并实现科技经济活动的主体过渡：即由政府为主体转向以企业为主体。

第四节　河南省科技投入与经济增长的协调性评价

我国各地科技与经济社会发展的协调程度存在显著差异，各省区科技发展失衡现象比较突出。自 1978 年改革开放特别是 2004 年国家提出中部崛起的战略以来，河南省科技进步飞快，短时间内取得了不小的成果，经济方面更是取得了良好的发展，但是，河南省科技与经济的协调状况如何？协调发展趋势又是怎样？目前的研究还比较少，另外，科技与经济是否协调可以从好几个方面反映出来，本章主要对河南省科技投入与经济增长的协调性进行研究。

一、河南省科技投入与经济增长水平的综合评价

首先运用主成分分析方法（Principal Component Analysis，PCA）对科技投入子系统和经济增长子系统各指标进行赋权，主成分分析方法是一种多元统计分析方法，在综合评价方法中，各主成分的权数为其贡献率，它反映了该主成分包含原始数据的信息占全部信息的比重，这样确定的权数是客观的，合理的，它克服了某些评价方法中主观确定权数的缺陷。因此本书选择主成分分析方法计算出河南省科技投入与经济增长的综合得分。

构建科技投入与经济增长状况评价指标体系如表 7－1 所示，该表也是两者协调度评价指标体系表。表 7－1 所示指标体系包含三个层次，第一层衡量的是科技投入与经济增长协调水平，为整个评价体系的目标层；第二层包含科技投入与经济增长两个子系统，笔者将其命名为系统层；第三层则为反映两个子系统下发展状况的诸多指标，因此，简单将其命名为指标层。

表7-1　科技投入与经济增长协调发展水平

目标层	系统层	指标层
科技投入与经济增长协调发展水平	科技投入子系统	地方财政科技拨款（亿元）X1
		R&D 经费内部支出（亿元）X2
		R&D 人员全时当量（人年）X3
		高新技术产业企业数（个）X4
		R&D 经费占 GDP 的比重（%）X5
	经济增长子系统	GDP（亿元）Y1
		社会消费品零售总额（亿元）Y2
		固定资产投资总额（亿元）Y3
		第三产业增加值（亿元）Y4

以下对以上两个子系统进行解释，对于科技投入子系统所选指标，笔者需要做出以下说明：本书第六章通过因子分析法对 2016 年全国各省市科技投入指标的截面数据进行筛选，在筛选出重要指标的基础上，运用熵权法和层次分析法对指标进行赋权，从而测算出各省市的科技投入指数，并将各省市的投入指数进行了横向对比。而本章主要运用主成分分析法研究河南省的科技投入与经济增长的协调度，为保证科技投入与经济增长指标选取原则、分析方法的一致性，以及精确地计算出它们之间的相关性，更好地进行纵向对比，故指标体系的建立与前面章节有所不同。这样可以运用不同的方法论证河南省科技投入的综合指数，更准确地测算出科技投入与经济增长协调度的大小，从而便于分析。科技投入子系统中有五个指标，分别为：R&D 人员全时当量、高新技术产业企业数、地方财政科技拨款、R&D 经费内部支出、R&D 经费占 GDP 的比重。

对于经济增长子系统，因为区域经济增长是一个综合性、系统性范畴，本章选择最具有代表性的四个指标对河南省的经济增长状况进行衡量，其中 GDP 反映经济发展的总体水平，社会消费品零售总额反映人民的生活状况，固定资产投资总额反映河南省未来的生产能力和服务能力。第三产业增加值反映未来经济增长的新空间、新潜力。综上所述，本章对于评级指标的选择虽然比较少，但是代表性高，能够全面地反映所评价的两个子系统，因此，能够达到科学衡量科技投入与经济增长的总体状况和协调度水平的目的。

结合科技投入与经济发展指标体系，选择河南省2007—2016年相关数据，数据来源为相关年份的《河南统计年鉴》《河南科技统计年鉴》以及《国家统计年鉴》，将原始数据导入SPSS 20.0软件，软件将自动对数据进行标准化的处理，首先测算出科技投入综合评价得分，运行相关指令，得到科技投入子系统主成分分析表以及科技投入子系统主成分系数矩阵如表7-2、表7-3所示：

表7-2 科技投入子系统主成分分析

成分	初始特征值			提取平方和载入		
	合计	方差的%	累积%	合计	方差的%	累积%
1	4.819	96.370	96.370	4.819	96.370	96.370
2	.133	2.661	99.031			
3	.036	.724	99.754			
4	.011	.212	99.967			
5	.002	.033	100.000			

按照主成分对应特征值大于1的原则，我们可以看出，科技投入子系统只有一个主成分，其贡献率可反映原有指标96.37%的信息，足以描述河南省科技投入水平。

表7-3 科技投入子系统主成分系数矩阵

	成分
	1
地方财政科技拨款（亿元）	.992
R&D经费内部支出（亿元）	.998
RD经费占GDP的比重（%）	.972
R&D人员全时当量（人年）	.991
高新技术产业企业数（个）	.954

根据科技投入子系统主成分系数矩阵，可以得到主成分在各变量上的载荷，从而可以得到主成分的表达式，需要注意的是，表达式中的各变量已经

不是原始变量，而是标准化后的变量，科技投入子系统的主成分表达式为：

$$F1X = 0.992 * ZX1 + 0.998 * ZX2 + 0.972 * ZX3 + 0.991 * ZX4 + 0.954 * ZX5$$

进一步，根据主成分对于科技投入子系统的贡献率，得到科技投入子系统综合指数表达式为：

$$F(x, t) = 0.9637 * F1X$$

带入标准化的数据，得到河南省各年份科技投入综合得分如表 7－4 所示：

表 7－4　科技投入子系统综合得分

年份	2007	2008	2009	2010	2011	2012	2013	2014	2015	2016
$F(x, t)$	-1.410	-1.306	-0.857	-0.116	0.568	0.439	0.664	1.110	1.054	1.398

同理，运用 SPSS 20.0 软件，得出经济增长子系统主成分分析表以及科技投入子系统主成分系数矩阵如表 7－5、表 7－6 所示：

表 7－5　经济增长子系统主成分分析

成分	初始特征值			提取平方和载入		
	合计	方差的 %	累积 %	合计	方差的 %	累积 %
1	3.970	99.261	99.261	3.970	99.261	99.261
2	.025	.636	99.897			
3	.004	.097	99.994			
4	.000	.006	100.000			

由表 7－5 可以看出，经济增长子系统的主成分为 1，其贡献率可以反映原有指标 99.261% 的信息，能够描述河南省经济增长的水平。

表 7－6　经济增长子系统主成分系数矩阵

	成分
	1
GDP（亿元）	.992
社会消费品零售总额（亿元）	1.000
固定资产投资总额（亿元）	.997
第三产业增加值（亿元）	.996

根据经济增长主成分系数矩阵和主成分对经济增长子系统的贡献度，得出主成分的表达式和经济增长子系统的综合表达式如下：

$$F1Y = 0.992 * ZX1 + ZX2 + 0.997 * ZX3 + 0.996 * ZX4$$

$$F(y, t) = 0.99621 * F1Y$$

计算出经济增长子系统综合得分如表7－7所示：

表7－7　经济增长子系统综合得分

年份	2007	2008	2009	2010	2011	2012	2013	2014	2015	2016
$F(y, t)$	-0.680	-0.624	-0.665	-0.655	-0.154	0.588	0.569	1.167	1.184	1.167

由表7－4和表7－7可以看出，河南省科技投入与经济增长水平一直在稳步提升，科技投入与经济增长保持持续发展，因此，我们可以做出大致判断，即科技投入与经济增长基本是相互促进，彼此协调发展的。

二、河南省科技投入与经济增长水平的协调度测算

基于主成分分析得到的结果，对河南省科技投入与经济增长的协调性水平进行实证分析，采取的实证方法为：建立协调评价模型并计算出河南省科技投入与经济增长的协调发展综合指数，根据协调度指数评价河南省科技投入与经济增长的协调发展水平和状态。

由第一节的运用主成分分析法计算出科技投入与经济发展综合水平的结果，我们可以看出得出的数据既有正数，又有负数，因此，为了方便研究，笔者根据指数函数的单调性基本数学原理，分别对 $F(x,t)$、$F(y,t)$ 取指数，这样即为了避免负数对下文分析的影响，又不影响下文对协调度相关指数的计算，故设：

$F'(x, t) = \exp(F(x, t))$，$F'(y, t) = \exp(F(y, t))$

则 $F'(x, t) > 0$，$F'(y, t) > 0$

借鉴殷林森（2010）、乔朋华（2012）分别对上海市、黑龙江省科技与经济系统协调的研究，结合二者所构建协调度模型的优点，本章将科技投入与经济增长两个子系统在年份 t 的协调度定义为：

$$G(t)=\left\{\frac{F'(x,t)*F'(y,t)}{\left[\frac{F'(x,t)+F'(y,t)}{2}\right]^2}\right\}^2$$

根据数学常识，我们知道，只有当 $F'(x,t)=F'(y,t)$ 时，$G(t)$ 才达到最大值，表明科技投入与经济发展协调程度最好，此时 $G(t)=1$。相对应的，我们可以理解 $F'(x,t)$，$F'(y,t)$，相差越大，两个子系统的协调度越低。

然而，协调度仅仅能反映河南省科技投入与经济增长系统的协调程度，为了进一步认清系统当时的发展水平，本章将科技投入与经济增长的综合水平指数引入到公式中，通过三个指数的结合，将系统协调度与两个子系统的发展水平相结合，表明系统的协调发展水平。系统发展水平指数用 $GD(t)$ 表示，并将 $GD(t)$ 定义为：

$$GD(t)=\frac{G(t)*F'(x,t)^{a}*F'(y,t)^{\beta}}{2}$$

其中，本章给 α、β 赋值情况为：$\alpha=\beta=1/2$。

系统发展水平指数 $GD(t)$ 仅仅能反映河南省科技投入与经济增长系统在 t 年的静态协调度，但是该系统的协调度发展趋势如何？科技投入对经济增长影响状态如何？科技投入是处于超前的状态还是滞后的状态？这些问题都还有待回答，为了弄清楚这些问题，了解到系统的动态发展趋势，笔者进一步引入协调发展趋势指数并用符号 $m(t)$ 代表：

$$m(t)=\frac{GD(t)}{GD(t-1)}$$

其中，$GD(t)$、$GD(t-1)$ 分别河南省科技投入与经济增长在年份 t 和年份 $t-1$ 的协调发展水平：

若 $m(t)>1$，则说明在［$t-1$，t］年间，河南省科技投入与经济增长系统协调发展趋势是处于上升状态。同理，规定当 $m(t)=1$ 时，说系统在［$t-1$，t］年间平稳发展。若 $m(t)<1$ 则说明河南省科技投入与经济增长系统协调发展趋势在［$t-1$，t］年间是处于下降、衰退的状态。

最后，针对河南省科技投入与经济增长的协调发展状况，笔者设计出一套对协调发展状况的评判标准，相关指数与发展状态、发展趋势的具体分类与评价如表 7－8 所示：

表 7－8　河南省科技投入与经济增长的协调发展状态评价标准

协调发展度	$0 < GD(t) < 0.5$	$0.5 < GD(t) < 0.8$	$0.8 < GD(t) < 1$
发展状态	发展不协调	基本协调发展	协调发展
趋势指数	$m(t) < 1$	$m(t) = 1$	$m(t) > 1$
发展趋势	协调度下降	平稳发展	协调度上升

将相关数据带入公式，得到科技投入与经济增长的协调发展水平，最后利用公式对其协调发展趋势进行计算，列出河南省 2007—2016 年科技投入与经济增长协调发展水平，如表 7－9 所示。

表 7－9　河南省科技投入与经济增长系统协调发展状态

年份	2007	2008	2009	2010	2011	2012	2013	2014	2015	2016
$G(t)$	0.770	0.800	0.750	0.870	0.770	0.840	0.930	0.970	0.980	0.950
$GD(t)$	0.135	0.152	0.145	0.296	0.474	0.702	0.861	0.890	0.910	0.931

以下对河南省 2007—2016 年科技投入与经济增长的系统协调状况做出分析，笔者将十年的数据分为两个时间段：

第一阶段是 2007—2011 年，由各年度的 $GD(t)$ 数值可以看出，2007—2011 年，各年份的 $GD(t)$ 值均处在 0～0.5，河南省科技投入与经济增长不能协调发展。从河南省科技投入综合得分与经济总分得分来看，2007 年到 2011 年，两者的数值差别比较大，2007 年、2008 年与 2009 年三年，经济增长综合得分均高于科技投入综合得分，说明河南省科技投入力度比较低，对经济增长的促进作用不强，而 2010 年和 2011 年科技投入综合得分高于经济增长综合得分外，这两年，河南省开始加强科技投入的力度，试图通过科技投入进一步拉动经济增长的速度。该阶段也是河南省对科技投入与经济增长之间关系的探索时期，科技投入与经济增长协调度发展水平不稳定。总体来看，除了 2008—2009 年有所波动，协调指数总体处于上升的趋势，河南省科技投入与经济增长系统正在向协调发展的状态迈进。从发展趋势指数来看，2007—2008 年，$m(t) > 1$，河南省科技投入与经济增长协调发展水平有所上升，而 2008—2009 年，$m(t) < 1$，协调发展

水平又有所下降，同理，可以分析出2009—2011年，河南省科技投入与经济增长协调发展水平处于上升的状态。

第二阶段为2012—2016年，2012年，河南省的$GD(t)$值达到了0.702，科技投入与经济增长处于基本协调的状态。到2013—2016年，各年份的$GD(t)$均大于0.8，科技投入与经济增长达到了协调发展的状态，说明这几年间，科技投入对经济增长的促进、经济增长对于科技投入的支持得到了有效的协调。同理，观察这几年的科技投入综合指数与经济增长综合指数，我们可以看出，相比于第一阶段，两者之前的数值差有所缩小。从发展趋势指数来看，2012—2013年、2013—2014年、2014—2015年以及2015—2016年，$m(t)$值均大于1，说明河南省的科技投入与经济增长状态处于上升的趋势，两者之间的协调发展状态越来越好。

科技投入对经济增长的影响存在一个滞后期，因此，科技投入对经济增长促进作用不会立刻出现，科技投入的力度增强，将会对使一个地区的科技后劲与竞争实力得到长久的保持，进而会为地区日后的发展提供强大的支持。2007—2011年，河南省经济增长速度较快，虽然科技投入力度也有所增强，尤其是2010年、2011年两年时间，科技投入综合指数一度超过经济发展指数，但短期内仍然科技投入仍难以协调经济增长的发展。到2012年，科技投入的后发力量开始显现出来，科技投入与经济增长达到基本协调的状态，2012—2016年，前两年经济增长综合指数高于科技投入综合指数，后三年科技投入综合指数高于经济增长综合指数，但两者总体相差不大，这也使河南省科技投入与经济增长系统达到了协调发展的状态且协调发展指数逐渐升高。在今后的发展中，河南省在继续加大科技投入力度的同时，也要注重挖掘科技的潜力，使科技投入与经济增长系统的协调性得到保持。

第八章　提高河南省科技投入对经济增长贡献的对策

在经济新常态下，我国经济处在从高速增长向高质量增长的转型时期，而河南省正处于实现中原崛起的关键时期。在这双重特殊时期的作用下，如何找到推动河南省经济增长的持续动力，实现经济的可持续发展对于河南省意义非凡。在本书的前几章中，笔者对河南省的科技投入现状与问题、经济增长现状与问题及科技投入对经济增长的影响进行了深入的分析，在此基础上，本章主要对提高河南省科技投入与经济增长贡献的对策进行分析，结合全面性与针对性的原则，特提出以下对策建议。

第一节　增加科技资金的投入

一、建立和完善科技进步监测体系

自 2005 年以来，首个科技进步统计监测报告公开发布后，在国家的推动下，我国对科技进步统计监测指标体系的建立越来越完善。参照国家做法，个别省份逐步建立本省各市甚至县一级的科技进步监测指标体系。比如，江苏省已逐步形成较为规范、成熟的监测和综合评价体系和制度，并定期向社会公布统计监测结果，与此同时，江苏省将监测体系更进一步细化到市县乡镇一级，实现了对全省、各地市、各县以及各乡镇科技活动和科技进步状况的定期化、科学化监测和评价。在江苏省，企业在科技投入中占据主体地位，基于此特殊的省情，为了更好地把握全省科技投入状况，江苏省把一些创新能力比较高的企业列入了监测名单，在常州市，政府已经建立了工业企业科技进步统计监测指标体系，江苏省的该项措施非常值得河南省学习，但是要想建立和完善符合河南省省情的科技进步监测体系，河南省应该遵循如下的原则：首先，要结合自身的财政收入情况，不能盲目模仿，河南省可以先建立市级的科技进步监测指标体系，当该监测体系能够很好地起作用并在条件允许的情况下，可以将监测细化到县一级。其次，把握好科技立项评估、过程监督以及结项验证等一系列过程，这是提高科技投入绩效、规范经费使用并提高经费使用效率的重点。立项前，要对参与评审的项目进行可行性、必要性和科学性等方面的分析；评审前，最重要的是保密工作，这是做好公平评审的关键；评审完成后，其结果应该向全体申请者公开让其申报者知道所报项目的优劣及问题所在，以便以后进一步改进。最后，要重点关注创新性强的小项目、非共识项目以及学科交叉项目，同时注重对科技人员和团队素质、能力和研究水平的评价。

建立和完善科技进步监测体系对整体把握河南省科技投入的现状与问题意义非凡，这种意义主要从两方面体现出来：首先，科技进步监测报告能够及时地反映河南省各地区科技进步的水平以及排名，这将强化相关部门对科技投入相关问题的关注，从而能间接地提高各地市的科技发展水平；其次，科技进步监测报告的发布将进一步提高管理部门对科技统计数据管理的规范性。

二、发挥财政投入的作用

随着河南省近年来经济的快速发展、财政收入的逐年稳步提高，政府作为政治和社会管理的主体，引导着重大科技发展的方向。因此，政府财政科技投入的主导地位不容忽视，在科技投入的类别中，财力投入对创新成果的形成至关重要，对经济增长的促进作用最为明显，因此，要想提高科技投入对经济增长的促进作用，河南省政府首先要做的就是加强对研发经费投入的重视程度，在进行研发经费的投入时，要制定明确的财政科技预算目标，在保证政府资金投入增长的连续性的基础上，进一步加大财政预算对河南省研发经费的投入力度。要提高财政对科技投入的支持力度，少不了国家的支持，河南省可以通过多种渠道争取国家财政对河南省科技方面的投入，使得科技投入总量规模和比例规模上得到较大改善。另外，在对河南省各地市进行财政科技资金分配时，应优先考虑财政科技资金运行好、科技创新能力比较强的市县，注重合理配置科技经费，避免各类经费重复交叉，争取使得这批财政资金在推动科技兴市战略中发挥最大的作用。最后，河南省政府可以把财政科技投入效率指标列入领导干部的考核体系中，这样能够调动河南省各市县财政科技资金投入的积极性，对财政投入作用的发挥也有积极的影响。

三、加大企业科技投入力度

企业的研发活动直接关系到企业产品的产出能力、技术含量和市场竞争力，也关系到企业的生存和企业效益的提高。因此，企业应进一步加大科技投入力度和科研经费的筹集与产出。在加大企业科技投入力度的过程中，政府要进一步提高规模以上科技创新型企业自主研发和创新意识，引导企业开发附加值高、市场容量大的新产品。鼓励有条件的企业建立自己的研发中心，因为只有建立自己的研发中心，企业才可以创造自己的专利和品牌，才能吸引、留住人才，引导和支持创新要素向企业集聚。具体有三个做法：政府对企业研发活动加大激励措施、加大研发税收优惠宣传、积极开拓各种融资渠道。

首先，政府对企业研发活动的激励措施主要是财政支出和税收支出。财政支出的激励方式比较直接，激励效果能够立竿见影，属于政府直接的激励方式，但是该种激励方式对政府的财政收入有较大的影响，有可能影响河南省的整体财政规划而对整个经济社会产生不好的影响，因此基于安全性、可靠性的原则，笔者认为河南省政府对企业创新的最佳激励方式为税收支出，政府可以对相应的税收政策进行调整，也可以制定出更能激励企业增加研发支出的、更为恰当的税收支出优惠措施。具体可以采用如下一些措施：对一些正在研发的产品尤其是技术含量高、新开发的各种产品，将其试制费按一定的比例进项税进行抵扣；对于当年实际 R&D 投入经费比上年增加的企业，可享受税前扣除优惠，进一步可以对其比上一年的投入增加的经费进行衡量，根据增加数量实行不同倍数的税前抵扣政策；对于河南省适用于高新技术开发区内高新技术企业，当其达到某种认定条件并申请认定成功后，政府可实行两免三减半的税收优惠政策，即前两年免征所得税，后三年按25%的一半征收所得税，此后都按15%征收所得税，并将范围扩大到开发区以外的所有高新技术企业；对于个人投资建立和经营的企业，其资助的支出可以全额在当年应纳税所得额中扣除；最后对于“孵化器”转让孵化后的成果收入，减免一定比例的流转税和所得税，使“孵化器”的投资者能够享有更多的投资回报。

其次，在加大研发税收优惠宣传方面，河南省政府可以利用新闻媒体宣传对科技投入高的企业实施的税收优惠政策，也可以组织对税收政策有深入研究或者资深的会计从业人员不定期到各企业进行宣传和指导，使企业能够更加充分地了解省政府制定的研发税收优惠政策，从而能够积极主动地加大研发经费支出。

最后，积极开拓多元化的融资渠道，比如，除了科技投入经费的三大来源机构外，各研发活动的执行单位如高等院校、企业、科技研发机构的还可以通过社会资金、国外资金等其他渠道进行融资，在省政府的担保或支持下，积极争取亚洲开发银行、世界银行的各类别社会和国外商业银行资金的支持。采取以上这些措施在一定的程度上可能会减少河南省的税收收入，但从长远来看，科技高投入促进科技成果的转化，能带来更多的税收收入。

四、增加农业科技投入

在河南省的三大产业中，农业作为第一产业的主要组成部分，其所创造的社会财富在河南省生产总值中占的比重很高，近年来，随着第二产业和第三产业的快速发展，第一产业受到的重视相对而言降低很多，自然对于农业科技投入的力度也较小。除了农业科技投入总量低、强度弱的问题，目前河南省在农业科技投入体制方面也存在很多问题。基于农业科技投入对河南省经济增长影响大、河南省农业科技投入问题多的背景，笔者认为，增加农业科技投入可以从以下几个方面做起：增加农业科技投入补贴、采取多元化战略改革农业科技转化方式、促进重大农业技术推广和关键技术成果产业化、加强农村科技队伍建设。具体的做法，模仿WTO的“绿箱政策”，建立起符合河南省情的农业支持与保护体系，加大农业科技的补贴力度；注重农业科技成果的转化，通过建立农业科技推广应用体系、农业科技转化体系、农业科技服务体系等与农业科技投入产出相关的多元化体系，扩大农业科技服务业的服务范围，使其成为能够提供相关农业技术、农业信息、购销服务、农民技术培训等的综合服务部；建立生态农业、绿色农业产业化示范基地，培育具有竞争力的科技先导型农业，加大农业科技园区、生态园区的建设力度，促进农业技术的推广；建立农村人才资源开发网络体系以及管理规范、保障有力的农技推广人才机制，制定和落实人才培养和储备计划，优化农村科技人才队伍结构，提升农村科技人才的整体素质。

第二节　建立有效的科研管理体制

一、加强宏观政策调控

在国家创新战略的支持、“大众创新，万众创业”的号召下，各省市、单位对科技创新的关注力度越来越大，在推进经济社会发展的动力中，科技投入已经成为一支重要的力量。提高科技竞争力的关键在于知识技术创新和高技术产业化的发展。在提高科技竞争力的过程中，河南省要充分运用政府的政策工具，政策是政府实现宏观调控的手段，适时调整、制定科技发展政策，比如技术政策、财政金融政策、积极推进科技资本重组、推进产学研相结合以及推行技术“引进”带动创新发展战略。具体的做法有：制定财政激励政策，从研究开发的投入和奖励两方面入手，着重解决创新风险共担和新建科技企业的融资问题，另外针对一些特殊情况，可以相应的实施特殊政策；深化科技体制改革，推进科技资本重组，规范科研组织机构职能，真正形成市场资本机制推动科技资金的优化配置和充分利用；引导和支持产学研之间的技术、人才和资产流动；促进产学研合作网络的形成，并把产学研结合作为科技计划的最重要的目标，这可以通过建立技术市场等中介服务机构、发展高新技术园区等措施来完成。最后，鼓励河南省创新能力强且有实力的企业开展对外合作，在合作的过程中，强调并加大消化吸收的力度，注重提升自主创新能力。

二、划分科技投入的层次

建立有效的科研管理机制，还要注意划分科技投入的层次，明确科技投入在各主体如科研机构、政府、企业以及高校在科技投入活动中的所扮演的角色及分工，这样才能更好地促进河南省科技投入各主体之间的合作，对于政府来说，其最重要的工作有四方面，分别为：做好科技投入的政策性引导、制定符合河南省省情的科技发展和投入战略、做好投入资金基础的保障工作、加大支柱及战略性产业领域的科技公共创新及服务平台（共性技术研发、产品测试、科技信息库、大型仪器网等）建设的力度。对于企业来说，企业要重视推动技术创新的转化，使得科技活动成果能够尽快地商品化和市场化，善于运用技术市场上的科技资源，形成拥有自主知识产权的品牌，培养和提高国内企业的自主创新能力。对于科研机构来说，应逐步面向市场，进行科技应用技术开发，除少数从事基础研究的公益类科研机构。对于高校来说，应培养更多的科技活动后备人才，同时兼顾基础研究和应用技术开发，促进校企联合。

其次，对科技投入在各领域中的比例进行科学的调整，在此过程中，注重提高应用研究领域和基础研究经费支出的比重。基础研究是科技进步和创新的源泉，是应用研究和试验发展的重要的理论支持。高等院校对基础理论研究得比较多，而研发机构更加注重应用研究和试验发展，因此，政府对加强高等院校的基础理论的经费支持力度，加强对企业或者研发机构的应用研究的支持力度。没有基础研究的支撑，试验发展难以持续，所以要适当提高基础研究方面的努力，不断开发出新生力量，进一步使科研建设产出效率增长。与此同时，在部分基础研究如数学研究等团体优势比较差的领域，可尝试将资助改为奖励，该类基础在实践中往往处于单干状态，研究成果也比较单一，但是其研究成果一旦形成，就对其他研究产生比较大的影响，因此，可在一定范围内，尝试采用先进行科学研究，后给予奖励的办法。此外，还应特别加大对科技研究基础设施、医疗卫生设施建设等方面的投入。

三、建立投融资新机制

仅仅依靠政府财政支出、企业的自有资金远远不能满足科技经费的需求，因此拓宽科技资金融资渠道非常必要，在此，笔者建议建立投融资新机制。首先，河南省政府要做出政策支持，例如，优先安排科技贷款、在信贷计划中增加科技贷款比例，使金融业向科技产业倾斜。深化地方性金融机构与城市商业银行等的改革，发展租赁融资服务，为高新技术产业的发展提供资金支持。与此同时，扩大商业性科技贷款的规模，提升河南省科技贷款占全部贷款的比重，另外要建立一种信贷体制，使得科技信贷风险与收益挂钩。

其次，鼓励河南省有条件的科技企业直接向社会筹集资金，大胆向国内外发行股票债券。开展股权激励试点，在试点成功的基础上，再加以推广。由于科技型企业面临创新失败的风险比较高，因此，要想快速地在社会上融资，提高科技股票的股息、债券的利率是必需的。科技企业筹集到资金除了可以用于补充企业的现金流，还可以用来偿还商业银行的贷款、利用优惠政策吸引外商将资金投向河南省的科技产业，或者通过一些高科技项目争取国际金融组织的长期优惠贷款，因此，采用发行股票的方式进行融资不仅能够拓宽高科技企业融资渠道，更能优化债务结构，提高企业资产负债管理水平。高新技术产业建立多元主体投入的机制，可以由政府、企业、民间组织等牵头，对符合条件的科研单位、高科技中小企业进行科技成果转化提供贷款担保，从而解决高新技术产业在发展过程中资金不足的问题，为高新技术企业加大投资提供保障。

从三大科技投入经费的来源渠道来说，政府、企业、金融及民间等投入渠道必须是一个协调配合的体系。政府的财政投入起引导作用，各科技创新企业是科技经费的投入主体，而金融是科技投入的“催化剂”，民间投入是科技投入的重要补充。此外，还应增加农业科技投入，提高科技经费的使用率，依靠科技投入改变产业结构，实现产业优化升级，转变经济增长方式，实现经济集约型健康有序发展。

四、加强科技经费管理

鼓励企业大幅度增加技术开发经费的投入，限制企业技术开发经费的最低比例。大中型企业占当年销售额的比例要逐步达到3%以上，高新技术企业技术开发经费占当年销售额的比例不得少于5%。同时，加大企业研发投入的税收减免力度，允许企业按当年实际发生的技术开发经费的150%抵扣当年应纳税所得额。对独资、合资企业以及产学研合作开发的新技术、新产品，提供更多的财政金融方面的支持。提高科技经费使用效益，认真落实国家和省关于科技投入的法规和政策，确保财政用于科学技术的经费增长幅度，逐步提高财政性科技投入占国内生产总值的比例。加强财政科技经费预算，将重大高新技术的研发与产业化、企业技术创新、农业科技成果转化、科技基础条件平台建设、社会可持续发展等方面的科技专项资金纳入省财政预算。建立财政科技经费绩效评价体系，相关部门还要强化对真正落实到实处的科技资金进行审计监督，提高经费使用效率。

政府还应根据河南省三大产业的发展现状，调整科技投入在三大产业的比重，从而改善河南省的行业结构。首先，应加大对第一产业的科技投入力度，提高农牧业生产技术，发挥河南省作为农业大省的优势，告别传统的农业生产模式，走向有高科技支撑的高效、集约型产业生产模式。其次，加大对第二产业的支持力度，尤其关系到经济社会长远发展的行业、企业和重大项目，引导企业走技术创新之路，告别粗放型经济增长模式。最后，逐渐加大对第三产业的科技投入，提高第三产业的竞争力。建立起严格的科研经费管理制度，以防套取科研经费的现象发生，还应根据各地区的战略优势，构建各具特色的区域创新发展格局。

第三节　培养科技人才队伍

一、完善人才培养政策

科技人才是进行科技创新的基础，是提高科技竞争力的核心。在知识经济时代，科技的竞争归根结底是人才的竞争。由于没有形成良好的留人机制，且能给科研人员提供的科研环境、薪酬也不高，每年河南省都会有许多高校毕业生、科研从业人员流向外省，尤其是一些沿海地区。要想提高科技投入对经济增长的影响，我们应该认清河南省科技人才的现状，认识到人才对于提高科技创新的重要性，在完善留人机制的基础上，加大人才的培养力度，完善人才培养相关政策。各研发执行单位对科研人员的需求最高，政府应鼓励这类单位加强对急需人才、高层次研发人才的引进力度，将高层次研发人员引进后，要健全研发执行单位的激励机制，从根本上留住高层次人才，同时也要注意加强本单位自有研发人才的培养和深造，努力优化队伍结构，提高队伍素质、团队意识和员工的薪酬待遇。另外，要充分发挥市场机制对人力资源配置的基础性作用，形成人才的公平竞争机制。创造更宽松、更灵活的机制和环境，稳定、引进、培养人才，提高河南省的科技竞争力，从根本上扭转河南省整体研发队伍不稳定以及人才流失的局面。

为提高河南省研发人力投入水平，企业应加强对科技人才资源的使用，多引进外来人才，具体的做法有：首先，政府可以实行特派员制度，通过制定相关政策，聘请研发机构和高等院校的研发人员到企业中去，这样不仅能够帮助企业攻克技术方面的难关，也能为企业带来新的管理理念和新的研发技术，提高企业的研发水平，弥补企业科技人力资源的不足，在一定程度上该做法也促进企业研发经费的支出，使河南省有限的研发人力资源得到了更充分的利用。其次，改革人事制度，营造有利于人才发展的良好氛围。按照科研人员的类别、研发所处层次等对科研人员进行分类，依据其研发过程中的需要，实施个性化的继续教育。使科技从业人员各有所长、各得其所，合理配置人才资源，提高科技人员的总体质量，节约人事成本。再次，充分整合并利用河南省的科技教育资源，重视对专业技术骨干和学科带头人的培养，广泛开展以推进思维、管理和科技创新等为主要内容的培训活动，确保创新人才培养工作取得实效。最后，建立适合科技人才创新的市场机制和激励机制，比如增加研发经费与岗位，提高人均投入资金，或者办好留学人员创业园，更好地为留学人员创办企业提供场地、资金、信息等服务和支持，扶持留学人员创业园和留学人员创办企业发展，吸引留学人员回国创业等。

二、用新的模式激励人才

建立新的研发创新的激励机制，调动研发人员的积极性和创造性。河南省应进一步深化人事制度改革和科技体制改革，形成尊重人才，尊重知识的社会氛围，在定编定岗的基础上使广大科技人员能充分发挥自己的优势，并逐步试行科技人员聘任制，建立一套评价部门科技投入指标体系，充分发挥科技人员的创造性，对于一些比较重点的科研项目，例如对政府全额支持的重点科技计划项目、国家重大社科、自科基金项目，这些项目所取得的科研成果，除了按照相关政策或者合同给予参与科研人员一定的奖励外，对于贡献比较大的科研人员，例如科研项目主持人、项目总体设计人、主要工作实施者，政府可以额外奖励他们与实际贡献相当的报酬或股权收益。另外，企业可以设定相关的激励政策，吸引科技从业人员到企业去创造财富，当科研成果转化为一定的生产力时，可以给予他们一定的利润分成、企业持股。与此同时，河南省应努力营造有利于科技人才成长和工作的环境，例如引进高科技的设备，设计出良好的信息沟通、交换机制，给家属提供工作等，这些措施也是一种激励，能使科研人员更专注于科研本身，从而提高科研的产出率。最后，多种方式相结合，引进高层次人才，可采取的措施也有很多，例如建立联合研发中心、设立博士后流动战等，有条件的高校还可以利用自身的优势，建立国家级别的科技实验基地，从而吸引更多的高科技人才在河南进行科研工作。

在市场经济条件下，除了用新的模式激励人才，还要注重培养一支创新能力、创新精神比较强的企业家队伍。当前多变的企业外部环境对企业家的应变能力、适应能力有了更高的要求，同时，要想获得持续的竞争力，企业家的战略眼光和创新思维也不可少。因此，河南省可以试着对现有的企业管理制度进行改革，要注重企业家管理能力的提升，加速企业家队伍的成长壮大，在对企业家创新精神的培养上，可以联合河南省各高校的师资力量，扩大对 MBA 人才培养，也可以遴选优秀的企业家去省外、国外进修，接受培训。最后，建立专家数据库，完善创新型省份建设专家服务体系，也能对高科技人才起到一定的激励作用。

三、加强对人才知识产权的保护

一项科研成果的研发需要耗费大量的人力、物力和财力，如果不对其进行保护，很容易打击科研人员的工作热情。对于高新技术企业来说，他们主要是通过创新带来的产品优势、技术优势以及成本优势进入市场，从而获得利润，这是它们的市场优势，也是它们生存之道，因此，拥有这些创新成果的享有权是它们保持住自身市场优势的关键。而政府所要做的，就是在专利法规定的时间内，加强对人才知识产权的保护。具体做法包括：加大对知识产权的执法力度与宣传教育，严厉打击与惩罚假冒、盗版、剽窃技术成果的侵权者；加强知识产权的信息系统建设，提高知识产权管理的绩效；提高相关人员对知识产权的管理能力，扩宽专利的保护范围；完善知识产权的归属政策和相关利益激励政策，加强知识产权制度对科研人员的激励作用；加大对主要发明人的保护力度，在专利申请权上突出发明人的作用；在知识产权界定、知识产权交易、知识或科技成果参与企业分配方面，制定完善知识产权地方性法规；各级相关部门要进一步整合各类科技、研发等专项资金，加大对知识产权创造、保护、实施以及奖励的投入，促进企业知识产权推进计划的实施；在部分高校设立与知识产权相关的专业或学院，制定编写知识产权知识培训教材，学习国外知识产权界的管理技能、相关政策，保持国内为信息沟通机制的健全，同时可以开展业务磋商、学术交流等活动，提高国民保护知识产权的意识；充分利用信息平台作用，建立知识产权的保障体系，建立预警系统，特别是具有区域特色的应用技术的专利战略动向，定期发布知识产权动态。

第四节　倡导创新精神

一、提高创新能力

科技创新成为世界经济发展和全球化的主要驱动力，科技创新的大力发展可以使得河南省科技竞争力得到很大的提高。在倡导创新精神的基础上，我们更要注重的是提高自身的创新能力，一般来说，提高一个地区的整体创新能力很难，需要对本地的公民长期培养，在这一点上，河南省已经在尝试着进行努力，近几年，河南省对于中小学素质教育力度已经有了很大的提升，相信不久后的将来我们就能看出成果，除了对中小学生创新精神的培养，提高河南省的创新能力，笔者还有以下政策建议。

首先，在利用外来技术的基础上，就要注重对外来技术本身的吸收，更要学习外来技术的创新之处，以从中获得研发的灵感。其次，坚持“有所为，有所不为”的原则，有重点的提升大型民企、国企技术吸收能力和自主创新能力，明确企业创新任务和目标，在高技术产业、新兴产业的领域中，电子信息行业是目前最具影响力和潜力的行业，其对未来的影响不可想象，因此，在各行业全面发展的基础上，尤其要注重电子信息行业创新能力和技术水平的提升，以及主要装备的自主研发和自我配套能力的提升，鼓励企业通过对外来技术的二次研发以及自主开发，形成本企业的技术优势，打造出具有竞争力的核心产品。支持有条件的大中型企业申报和创建国家（部门、省级）级企业技术中心、工程（技术研究）中心、重点实验室、博士后科研流动（工作）站等各种形式的研发机构，促进企业逐步成为科技成果转化和高新技术孵化的主体。建立自主创新产品认定制度和政府采购自主创新产品制度，按照公开、公正的程序对自主创新产品进行认定。另外，通过提高原始创新能力来培养人才队伍对科研机构的长久发展非常重要，在这一方面，政府可以鼓励科研机构进行自主选题研究，并加强对科研机构开展自主选题研究的支持力度。我们要通过建立创新的生态环境，发挥我们制度的优势，把科技资源优势发挥出来，真正变成创新的优势、竞争力的优势、经济的优势和社会发展的优势。

二、提高科技成果转化能力

进行科学研究具有很大的风险，且科学研究的风险多半是由于其时效性造成的，在市场机制的作用下，很多企业都会进行一定的科研，因此，同一时间段，可能会有很多相同的科研同时进行，当一个企业的科研成果形成以后，类似的研究价值就会有所减低。科研成果的时效性在另一方面也有体现，随着时间的推移，该项科研成果最终将会被另一项更先进的科研成果所替代，因此它的实际价值也会随时间的流逝逐渐下降直至消失。因此，要想提高科技成果的转化能力与转化效率，就必须充分考虑科研成果的时间价值。具体我们可以采用以下的措施：

彻底改革科研院所的成果评价机制，以市场转化效果为目标，将应用性科研成果的验收与产业转化效益相挂钩；加快科技成果市场化的步伐，也可以从完善科技成果支撑体系入手，在正常评审验收的基础上，鼓励省内科技成果进入交易市场挂牌交易，同时欢迎省外科技成果进入本地市场。科技成果的交易离不开专业化的科技中介服务，提高并健全科技创新的中介服务功能，使其适应区域科技创新的需要对提高科技成果转化能力也非常重要。在中介服务机构的设立时，要严格执行政企分开的原则，使之成为自负盈亏、自担经济法律责任的法人实体，依法开展经营活动，开展风险投资人才培训和民间国际交流活动等。

第五节　加强科技开放与合作

加强科技开放与合作即意味着加强沟通与交流，意味着思想的碰撞，意味着科研成果更进一步的成功，加强科技开放与合作的过程也是抓住国内外涌现出来的各种创新机遇的过程，因此，加强科技的创新与合作对于提升自身科研能力非常重要。但是为了保持住自身的优势，不是所有的个体、机构、单位都愿意合作，对此，为了争取到更大的合作机会，河南省应该充分利用自身独特的政策优势和地理优势，进一步的扩大对外开放力度，持续引进先进的生产技术、管理经验以及专业的人才，提高自身的实力，取得技术上的“后发优势”。遵循“引进来”与“走出去”相结合的原则，以进一步提高自主创新能力为目标，在“平等互利、成果共享、保护知识产权”的基础上，与省外、国外知名企业、国际组织、科研机构等在各研究领域展开广泛的科技交流与合作。具体可以从以下两个方面入手：

首先，从对国内其他省份的科研机构、高等院校、知名企业的了解开始，通过大力发展各类科技中介机构，加强与其他省份的沟通与协作，打破与外省企业、高校、科研机构零交流、零合作的现状。对于河南省来说，企业仍是进行科学研究的主力军，其研发的科研成果在总研发成果中占据主要地位。因此，在于对外省的合作交流中，要建立起以企业为主，高等院校、科研院所为辅的产、学、研三位一体的合作和科技创新成果机制，从而为科研机构、高校、创新公司或企业提供信息、设备、人才和资金等创新要素。通过共同研究、共用研发平台、共享关键技术信息和专利、相互进行技术指导等形式，整合全国科技资源。同时，重点注意与东部发达地区、长江流域地区、沿海地区等科研成果密集的地区的科技合作，争取并深化与中国科学研究院等高端研究基地的合作，建立以实现共享为核心的多方合作机制，争取能在河南省设立中科院的分支机构。最后，鼓励科研水平较高的大学、科研机构与创新能力较高的企业强强联合，共同为某一项科研成果做出努力。在人才培养、设立研发机构、重大项目联合攻关等方面，建立多层次、多渠道的合作机制。

其次，当与省外的高等院校、科研机构、知名企业达成广泛的合作以后，河南省应该进一步开发并利用国际上的资源，相比于和省外的合作，与国外相关科研单位进行合作对于提高整体科技创新水平有更高的价值，因此，河南省应该进一步完善国际合作机制，积极与国外科研单位展开交流。建立规范的国际科技合作项目管理制度，以加强与英国、俄罗斯、德国、日本等国的合作为重点，引进高层次创新型科技人才和团队，举办高水平的国际学术交流活动，输出成套技术和产品，共同创办科研机构和产业园区，支持高校、科研院所、企业参与和承担政府间国际科技合作项目。积极承接国际跨国公司研发中心向河南省转移，创造良好的环境，吸引海外高层次人才参与科技创新的运行，探索适合河南省合作开展科技创新建设的新形式。

第九章　结论与展望

第一节　本书的主要结论

本书在坚持定性分析与定量分析、静态分析与动态分析相结合的前提下，运用计量经济学、统计学等学科的理论与方法，在对河南省科技投入和经济增长现状进行描述与分析的基础上，选择2007—2016年河南省科技投入相关指标和国内生产总值，对河南省科技投入和经济增长的关系进行了实证研究。主要得到以下结论：

（1）对河南省科技投入和经济增长现状进行分析。一方面，从科技活动投入指数与投入强度、财政科技投入、R&D经费投入构成及使用情况、科技人力投入与科技投入投向、科技产出情况等方面出发，分析河南省近年来的科技投入现状。分析结果发现，河南省科技投入仍存在很多问题，主要表现在各级政府直属研究机构研发能力非常薄弱、财政科技投入增长机制不完善、科技投入来源渠道不健全、R&D经费在使用中各环节配置不合理、稳定河南R&D投入在全国的位次难度较大、科技人力投入强度不够，技术创新能力差、工业企业科技投入结构不合理、研究机构的体制改革不到位等。另一方面，从经济总量、增长速度、经济效益与人均产值变化四个方面，分析河南省近年来的经济增长现状，并在此基础上剖析河南省经济发展当中存在的问题。分析结果发现，河南省经济增长中存在的问题主要表现在经济增长质量不高、河南经济结构调整严重滞后、收入差距扩大化、资源环境压力加大、自主创新能力仍欠缺等。

（2）利用因子分析法对科技投入的指标进行筛选，并运用熵权法和层次分析法对指标进行赋权，在此基础上，利用科技投入指数的测度模型，对河南省科技投入指数进行测度，测评结果表明：我国科技投入水平呈现出东强西弱的阶梯分布的特征，区域特征明显。河南省的科技投入水平低于东部地区的科技投入水平，高于全国水平以及中部地区，说明河南省在科技投入方面的力度比较强。灰色关联度测算出的科技投入与经济增长相关性大小排序依次是 R&D 经费内部支出、R&D 人员的全时当量以及地方财政科技拨款。其中高新技术产业企业数和 R&D 课题数与经济增长之间的相关性最小，所以剔除这两个指标。

（3）利用动态建模的方法，并结合河南省多年来科技投入和经济增长的情况，对二者建立动态计量经济模型，得出结论：①R&D 经费对科技投入和经济增长之间存在长期动态均衡关系，对经济增长的影响最为显著，并且贡献也最大；地方财政科技拨款和 R&D 人员全时当量对经济增长的影响不稳定。②基础研究、应用研究和试验发展都对经济增长起到了正向的影响作用，其中，基础研究对经济增长的影响作用最大，而现实社会中基础研究所投入的资金最少，所以，在今后的科技投入中，要不断加大对基础研究的投入；在后 5 期，三者都对 GDP 的影响都逐渐缩小，并趋于 0，说明从每一个细小的指标出发，对 GDP 的影响并不是很显著，因此，对 GDP 影响最大的还是不同类型的综合指标。③高等院校对 GDP 的影响波动最大，影响也最大，企业对 GDP 的影响波动范围次之，科研机构对 GDP 的影响波动最为平缓，影响也是最小。但是在第 8 期以后，三者逐渐收敛，对 GDP 的影响逐渐缩小，说明对 GDP 的影响并不是很显著。

（4）利用主成分协调度得出，科技投入对经济增长促进作用不会立刻出现，科技投入的力度增强，将会对使得一个地区的科技后劲与竞争实力得到长久的保持，进而会为地区日后的发展提供强大的支持。2007—2011 年，河南省经济增长速度较快，虽然科技投入力度也有所增强，尤其是 2010 年、2011 年两年时间，科技投入综合指数一度超过经济发展指数，但短期内仍然科技投入仍难以协调经济增长的发展。到 2012 年，科技投入的后发力量开始显现出来，科技投入与经济增长达到基本协调的状态，2012—2016 年，前两年经济增长综合指数高于科技投入综合指数，后三年科技投入综合指数高于经济增长综合指数，但两者总体相差不大，这也使得河南省科技投入与经济增长系统达到了协调发展的状态且协调发展指数逐渐升高。

（5）利用实证分析得出的结论，并结合河南省经济增长和科技投入的现状，提出提高科技投入对经济增长贡献的政策建议，希望能够为河南省科技投入决策提供科学可行的方案和信息依据。在现代经济社会，科技投入对经济增长的影响越来越大，我国各省市纷纷采取有力措施，不断加大科技投入。河南省要提高经济竞争力，就必须不断增加科技投入。为此，明确科技投入对经济增长的影响关系是现实的迫切需要。

第二节　研究展望

十九大报告指出，创新是引领发展的第一动力，是建设现代化经济体系的战略支撑，加强科技创新体系建设，创新科技评价机制，促进科技成果转化，服务国家发展战略，由此可以看出，科技投入的重要性，以及研究科技投入对经济增长影响关系的必要性。尽管本书研究对现实有一定的指导意义，但由于作者自身能力的局限与数据收集等方面的原因，不可避免地会存在一些缺陷与不足。比如科技投入指标体系建立得不够全面，很多重要的指标由于统计口径发生变化以及不可观测，就删除了，这有可能会影响科技投入对经济增长影响的测算，也在一定程度上束缚了研究方法的选取；同时，对科技运作过程的复杂性认识不充分、不深刻，很大程度上影响了本书的研究深度。科技投入对经济增长贡献率的测算是一项复杂的系统工程，其研究需要长期的跟踪，并用最新的经济数据去测算出最符合当前实际情况的贡献率指标。本书在如何提高河南省科技投入对经济增长贡献方面提出了一些粗浅的看法，要使河南省的科技优势转变为经济增长的持续动力，还需更细致更深入的研究。

在下一步的研究计划中，可以进一步健全科技投入指标体系，消除统计口径不一带来的影响；科技投入中对经济增长影响最大的是 R&D 经费内部支出，因此，接下来的研究中可以着重从该指标入手，分别从 R&D 经费内部支出的构成、适用类型、执行结构等方面，详细研究对经济增长的影响，这样可以明白下一步科技投入的重点。

参考文献

[1]河南省统计局．河南统计年鉴[M]．中国统计出版社,2017.

[2] 河南省统计局．河南科技统计年鉴[M]．中国统计出版社,2017.

[3] 大卫·李嘉图．政治经济学及赋税原理[M]．商务印书馆,1978.

[4] 熊彼特．经济发展理论[M]．商务印书馆,1997.

[5] 戚尔鹏,叶鹰．用生产函数分析科技投入产出关联的初步研究[J]. 科学学研究,2017,35(12):1841－1847.

[6] 张优智．财政科技投入与经济增长的协整检验[J]．科技进步与对策,2012,29(07):11－16.

[7] 王永胜,刘旭东．基于灰色关联度分析的科技投入与经济增长的关系研究——以中山市为例[J]．经济论坛,2018(1):53－55.

[8] 马越．农业科技投入与农业经济增长的动态关联性研究[J]．农村经济与科技,2017,28(S1):9.

[9] 王守宝．科技进步与经济发展的相关性研究[D]．天津大学,2010.

[10] 赵东喜．广西科技投入对经济增长影响的分析[D]．广西师范大学,2010.

[11] 聂亚利．中国财政科技投入现状与绩效评价指标体系研究[J]．当代经济,2017(35):156－157.

[12] 李媛．中国政府科技投入效率及其影响因素研究[J]．西部金融,2017(10):25－31.

[13] 鄢波,杜军,陈彦亨．全国高校科技投入产出效率的 DEA－Malmquist 指数分析[J]．中国科技资源导刊,2017,49(4):55－63.

[14] 张运华,吴洁．基于动态网络 DEA 的区域科技活动效率评价[J]．系统科学与数学,2017,37(1):100－111.

［15］陈秀丽．区域科技投入对经济增长贡献的理论及应用研究［D］．吉林大学，2006.

［16］陈玉佩．我国财政科技投入存在的现状、问题及对策［J］．科技创新与应用，2016(29)：262.

［17］吴松强，陈雅雯，郑垂勇．江苏财政科技投入与经济增长的关系研究［J］．科学管理研究，2015，33(1)：72-75.

［18］刘媛媛，孙慧．新疆科技投入对区域经济增长的贡献度分析——基于扩展C-D生产函数和DEA分析法［J］．科研管理，2014，35(10)：26-32.

［19］唐未兵，傅元海．科技投资、技术引进对经济增长集约化的动态效应——基于状态空间模型的变参数估计［J］．中国软科学，2014(9)：172-181.

［20］张优智．我国科技投入与经济增长的动态关系研究［J］．科研管理，2014，35(9)：58-68.

［21］吕晨，曾明彬．基于DEA的中国区域科技投入产出相对效率研究［J］．科学管理研究，2014，32(2)：101-104.

［22］代鹏．经济增长的革命［M］．经济科学出版社，2002.

［23］仵凤清，李玉仙，张玺才．中国科技与经济协调度的研究［J］．统计与决策，2008(16)：41-42.

［24］刘满凤．地区科技发展与经济发展的协调性分析——基于相对效率角度［J］．江西财经大学学报，2008(4)：5-8.

［25］曾春媛，刘青青，王锦，杨妮娜．科技投入与区域经济发展水平协调性研究［J］．科研管理，2013，34(S1)：203-210.

［26］郭际，吴先华，吴崇．基于DEA-Tobit模型的我国高校科技投入产出绩效评价及政策启示［J］．科技管理研究，2013，33(23)：65-70.

［27］毛世平，曹志伟，刘瀛弢，吴敬学．中国农业科研机构科技投入问题研究——兼论国家级农业科研机构科技投入［J］．农业经济问题，2013，34(1)：49-56.

［28］吴淑娥，王育宝，黄振雷，仲伟周．基于SEM的科技园区企业科技

投入与产出绩效关系的实证研究——以西安高新区为例[J]. 中国科技论坛,2012(1):74－80.

[29] 冯锋,马雷,张雷勇. 两阶段链视角下我国科技投入产出链效率研究——基于高技术产业17个子行业数据[J]. 科学学与科学技术管理,2011,32(10):21－26.

[30] 唐澍,何瑛,黄婕. 我国科技投入机制存在的问题与对策[J]. 企业科技与发展,2011(16):125－126.

[31] 王立成,牛勇平. 科技投入与经济增长:基于我国沿海三大经济区域的实证分析[J]. 中国软科学,2010(8):169－177.

[32] 迟国泰,隋聪,齐菲. 基于超效率DEA的科学技术评价模型及其实证[J]. 科研管理,2010,31(2):94－104.

[33] 胡振华,刘笃池. 我国区域科技投入促进经济增长绩效评价——基于滞后性的绩效分析[J]. 中国软科学,2009(8):94－100.

[34] 李兵,王铮,李刚强,初钊鹏. 我国科技投入对经济增长贡献的实证研究[J]. 科学学研究,2009,27(2):196－201.

[35] 薄金锋,赵英. 建立我省科技投融资新机制的对策研究[J]. 黑龙江科技信息,2007(16):108,106.

[36] 郑小玲. 福建省科技投入机制的问题与对策[J]. 福州党校学报,2007(4):30－33.

[37] 李志学,井君慧. 我国科技投入机制的问题与对策[J]. 科技进步与对策,2007(6):9－12.

[38] 耿海英. 河南省财政科技投入与经济发展的关系:一个实证研究[J]. 河南财政税务高等专科学校学报,2018,32(2):8－11.

[39] 马大勇. 供给侧结构性改革环境下我国财政科技投入问题及对策[J]. 财政监督,2018(6):82－89.

[40] 董兴林,孙珍珍. 青岛市科技投入与产出的时滞效应研究[J]. 科技管理研究,2018,38(2):75－79.

[41] 罗卫平,陈志坚. 基于DEA的广东省21个地市财政科技投入绩效评价[J]. 科技管理研究,2007(3):38－40.

[42] 赵宇,杨宏. 我国财政科技投入问题探讨[J]. 山东经济,2006(6):63-66.

[43] 李子彪,胡宝民,奚丽娟. 区域科技投入对经济增长贡献的定量研究[J]. 科技管理研究,2006(7):65-66,81.

[44] 孙红梅,师萍,杨华. 中国财政科技投入管理中存在的问题及对策[J]. 长安大学学报(社会科学版),2006(1):24-28.

[45] 张静,白永青. 我国南部沿海地区科技实力评价与分析[J]. 科技管理研究,2006(1):69-72.

[46] 王小利. 关于继续加强财政支持下科技投入的政策思考[J]. 科学管理研究,2005(1):62-64,68.

[47] 王钟伟. 扩大政府科技投入正逢时[J]. 科学与管理,2004(4):14-16.

[48] 贾鹏,王晓明,贾燕子. 我国科技投入与经济增长关联的实证分析[J]. 科技与管理,2004(4):98-100,103.

[49] 余小方,余振乾,李湄青. 对陕西省财政科技投入管理体制的调整和完善[J]. 中国科技论坛,2004(2):87-91.

[50] 罗佳明,王卫红. 中国科技投入对经济增长的贡献率研究:1953-2001[J]. 自然辩证法研究,2004(2):81-86.

[51] 董书礼,刘彦. WTO 规则对我国国家财政科技投入的影响研究[J]. 科技进步与对策,2004(1):4-6.

[52] 彭鹏,李丽亚. 我国财政科技投入现状分析和对策研究[J]. 中国科技论坛,2003(6):84-87+91.

[53] 魏津瑜,白冬冬. 京津冀协同发展下的科技与经济协调性的差异性研究[J]. 科技与经济,2015,28(5):96-100.

[54] 张优智. 科技投入与经济增长:存在门限的非线性关系[J]. 中国科技论坛,2014(5):32-38.

[55] 郭阳. 完善财政科技投入体制的政策建议[J]. 中国财政,2003(8):45-47.

[56] 房汉廷,金延新. WTO 规则对我国财政科技投入的影响及应对措

施[J]. 财政研究,2003(7):53 - 56.

[57] 付志新,周惠来,胡弘. 河南省科技投入产出分析[J]. 创新科技,2017(11):34 - 37.

[58] 张治河,冯陈澄,李斌,华瑛. 科技投入对国家创新能力的提升机制研究[J]. 科研管理,2014,35(4):149 - 160.

[59] 殷林森. 基于复合系统理论的上海市科技经济系统协调发展研究[J]. 科技进步与对策,2010,27(4):37 - 39.

[60] 郭江江,戚巍,缪亚军. 我国科技与经济社会发展协调度的测度研究[J]. 中国科技论坛,2012(5):123 - 129.

[61] 乔朋华,王辰,李敏义. 科技投入与区域经济协调发展评价研究[J]. 科技管理研究,2012,32(7):54 - 57.

[62] 刘战伟. 河南省财政科技投入和经济增长的动态均衡关系研究[J]. 区域金融研究,2011(7):84 - 88.

[63] 赵俊英. 河南省科技投入与经济增长的灰色关联分析[J]. 科技管理研究,2011,31(11):72 - 75.

[64] 陈永清. 科技投入与产业经济增长——基于灰色综合关联的实证研究[J]. 技术经济与管理研究,2011(5):15 - 19.

[65] 王丽敏. 政府财政科技投入绩效关联分析——基于河南省的实证研究[J]. 企业经济,2010(6):154 - 156.

[66] 王渲. 江苏省科技投入与经济增长关系的实证研究[D]. 扬州大学,2012.

[67] 杨灿. 科技投入对广东经济增长影响的实证研究[D]. 广东工业大学,2008.

[68] 张静. 河南省科技投入与经济增长关系实证研究[D]. 郑州大学,2009.

[69] 王艳明,许启发. 我国区域间科技与经济协调程度的比较分析[J]. 科技进步与对策,2009,26(20):29 - 31.

[70] 姜钰. 黑龙江省科技与经济系统协调发展评价及对策[J]. 科技管理研究,2009,29(7):227 - 229.

[71] 李武威,张志宏. 河南省科技投入和经济增长的关联实证研究[J]. 工业技术经济,2007(12):69-72.

[72] 祝爱民,夏冬,于丽娟. 基于模糊综合评判的县域科技进步与经济发展的协调性分析[J]. 科技进步与对策,2007(11):193-196.

[73] 富望龙. 中国科技投入促进经济增长的实证研究[D]. 西南大学,2016.

[74] 刘亚旭,龚小军,高蓉,佘伟军,梁明华. 科技投入产出评价方法探析[J]. 中国科技论坛,2007(4):36-41.

[75] 张仁开,杨耀武. 我国科技进步与经济发展的协调性评价研究[J]. 世界科技研究与发展,2007(1):100-106.

[76] 苏梽芳,胡日东,衣长军. 中国经济增长与科技投入的关系——基于协整与VAR模型的实证分析[J]. 科技管理研究,2006(9):26-29.

[77] 胡树华,苏艳丽. 中部高新技术产业技术投入与经济增长的关联分析[J]. 科技与经济,2006(4):30-32.

[78] 张首魁,曹钢. 基于DEA的我国西部省份科技与经济协调发展研究[J]. 科技进步与对策,2006(1):64-66.

[79] 米传民,刘思峰,杨菊. 江苏省科技投入与经济增长的灰色关联研究[J]. 科学学与科学技术管理,2004(1):34-36.

[80] 王维国. 协调发展的理论与方法研究[D]. 东北财经大学,1998.

[81] 孙见荆. 科技、经济和社会协调发展模型研究[J]. 中国管理科学,1996(2):13-18.

[82] 戴淑燕,黄新建可持续发展协调度的评价方法分析[J]. 科学与管理,2004,(6):22-24.

[83] 王熠. 科技人才开发投入与经济增长关系的实证研究——以东部10省、市为例[D]. 中国海洋大学,2013.

[84] 李艳,曾珍香. 经济—环境系统协调发展评价方法研究与应用[J]. 系统工程理论与实践,2003.

[85] 王维国. 协调发展的理论与方法研究[M]. 中国财经出版社, 2000.

[86] 吴伟强．经济与科技协调发展的评价指标[J]．浙江学刊．2007(1).

[87] 刘思峰,等．灰色系统理论及其应用[M]．科学出版社,2004.

[88] 殷林森,胡文伟,李湛．我国科技投入与产业经济增长的关联性研究[J]．中国软科学,2007(11):57－63.

[89] 孙敬水．计量经济学教程[M]．北京交通大学出版社,2005.

[90] [美]索洛(Solow R. M.)等．经济增长因素分析[M]．商务印书馆, 1991.

[91] 吴林海．中国未来 R&D 投入配置的理论与实证研究[M]．化学工业出版社, 2009.

[92] 肖新新．基于面板数据的高新技术产业与经济增长关系的协整研究[D]．太原理工大学,2012.

[93] 汤铃,李建平,余乐安,覃东海．基于距离协调度模型的系统协调发展定量评价方法[J]．系统工程理论与实践,2010,30(4):594－602.

[94] 郑伟．河南省科技投入和经济增长的灰色关联分析[J]．科技信息,2010(4):96－101.

[95] 李东英．陕西省科技投入与经济增长的关系问题研究[D]．西北大学,2010.

[96] 云杉．陕西省科技投入与经济增长互动效应的实证分析[J]．科技经济市场,2014(6):37－38.

[97] 李瑶．地方财政科技投入、创新产出与经济增长动态关系研究[D]．合肥工业大学,2016.

[98] 赵光远,崔巍．吉林省科技创新投入对经济增长贡献的跟踪研究[J]．经济纵横,2012(6):80－83.

[99] 王艳侠．重庆市科技投入对经济增长影响的实证研究[D]．重庆大学,2010.

[100] 师萍,许治,邵世才．科技投入制度与绩效评价[M]．经济科学出版社, 2005.

[101] 师萍．政府科技投入绩效评价与区域创新差异研究[M]．中国

经济出版社, 2013.

[102] 吴丹,王士东. 中国政府科技投入变化态势及与经济增长的关系[J]. 技术经济,2016(6):59－63,83.

[103] 范柏乃,江蕾,罗佳明. 中国经济增长与科技投入关系的实证研究[J]. 科研管理,2004(5):104－109.

[104] 郭丽芳,杨彦超,牛冲槐. 山西省科技投入对科技型人才聚集效应的影响研究[J]. 科技进步与对策,2011(5):49－53.

[105] 张积林. 科技创新投入与经济增长的动态机制研究[J]. 技术经济与管理研究,2013(3):35－39.

[106] 汪晓丹. 河南省经济社会发展存在问题及对策[J]. 经营者,2014(6):48－48.

[107]何健文. 国内发达省份科技投入现状分析及启示[J]. 价值工程,2014(24):150－151.

[108] 祝云. 地方财政科技支出与经济增长的关系及其绩效评价研究[D]. 西南交通大学,2007.

[109] 亚当·斯密. 国民财富的性质和原因的研究[M]. 商务印书馆,1972.

[110] 王湃. 区域科技与经济协调发展评价理论与方法研究——兼析吉林省科技与经济的协调发展[D]. 吉林大学,2008.

[111] 潘文砚,王宗军. 基于协调度模型的低碳竞争力评价指标体系研究[J]. 情报杂志,2012(10).

[112] 朱春奎. 财政科技投入与经济增长的动态均衡关系研究[J]. 科学学与科学技术管理, 2004(3).

[113] 张清. 财政支出和经济景气指标动态均衡关系研究[J]. 财政研究,2002(11).

[114] 任保平,钞小静. 经济增长理论史[M]. 科学出版社, 2014.

[115] 唐纳德·A. R. 乔治. 经济增长研究综述[M]. 长春出版社, 2009.

[116] 王俊. 经济增长质量理论述评[J]. 生产力研究,2007(18).

［117］吴敬琏．中国增长模式抉择［M］．上海远东出版社，2013.

［118］阿瑟·刘易斯（W. Arthur Lewis）．经济增长理论［M］．商务印书馆，1983.

［119］孙凯．科技进步与经济增长相关性研究［D］．西北大学，2006.

［120］哈肯（Haken）．协同学［M］．上海译文出版社，2005.

［121］方东霖．财政科技投入问题研究评述［J］．科技管理研究，2012，32（9）：15－17.

［122］李建平，等．科技进步与经济增长［M］．中国经济出版社，2005.

［123］Demand shocks and firm－financed R&D expenditures［J］. Matthew Rafferty，Mark Funk，Applied Economics，2004（14）.

［124］Using patents and publications to assess R&D efficiency in the states of the USA［J］. V. J. Thomas，Seema Sharma，Sudhir K. Jain. World Patent Information，2010（1）.

［125］Political economy of R&D to support the modern competitiveness of nations and determinants of economic optimization and inertia［J］. Mario Coccia. Technovation，2012（6）.

［126］Total Factor produetivity and the Measurement of Technologieal Changel. LipseyR，CarlawK. Canadian Journal of Eeonomies，2004.

［127］Accounting for United States Economic Growth：1929－1969. Denison Edward F，1974.

［128］Baldwin，R. E，，Forslid，R，，"Trade liberalisation and endogenous growth：A q－theory approach"，Journal of International Economics，Vol，50，No，2，2000，pp. 497－517.

［129］Barro，Robert J. and Sala－I－Martin，Xavier，2004. Economic Growth. Edition 2，Cambridge，MA：MIT Press.

［130］Process innovations and firm productivity growth［J］. María Engracia Rochina－Barrachina，Juan A. Ma? ez，Juan A. Sanchis－Llopis. Small Business Economics，2010（2）.

［131］Potential output growth in several industrialized countries a comparison[J]. Christophe Cahn, Arthur Saint - Guilhem. Empirical Economics,2010 (1).

[132] Jones Charles. Growth: with or without scale effect [J]. American Economic Review, 1998, 89: 139 - 144.

[133] Increasing Returns and Long - Run Growth. Romer, Paul M. Journal of Politics,1986.

[134] A Theory of Production. Cobb CW, Douglas PH. The American Economist,1928.

[135] The Explanation Of Productivity Change. Dale W Jorgenson ,Zvi Grileches. Review Of Economics Study,1967.

[136] Capital - Labor Substitution and Economic Efficiency. Arrow KJ, Chenery HB, Minhas BS, Solow RM. The Review of Economics and Statistics,1961.

[137] On the mechanics of economic development. Robert E. Lucas. Journal of Monetary Economics,1988.

[138] Technology Policy and Economic Performance: Lessons from Japan. Freeman C,1987.

[139] Endogenous technological change. Romer, Paul M. The Journal of Political Economy,1990.

[140] Gary Becker, Murply. The division labor, coordination cost and knowledge [J]. Quarterly Journal of Economics, 1992(107): 1137 - 1160.

[141] Defense - related R&D as a model for "Grand Challenges" technology policies[J] . David C. Mowery. Research Policy,2012 (10).

[142] R&D and the Productivity Slowdown. Griliches Z. The American Economist,1980.

[143] Rolf Fare, Shawna Grosskopf, "Productivity growth, technical progress, and efficiency change in industrialized countries", American economic review, Vol. 84, No. 1, 1994, pp. 66 - 83.

[144] Retraction of "A Schumpeterian Model of Entrepreneurship, Innova-

tion, and Regional Economic Growth"[J]. Amitrajeet A. Batabyal, Peter Nijkamp. International Regional Science Review, 2012 (4).

[145] Relating the knowledge production function to total factor productivity: An endogenous growth puzzle. Abdih Y, Joutz F. L. IMF Working Paper, 2005.

[146] Research Policy and Endogenous Growth. Mara Fuensanta Morales. UFAE and IAE Working Papers 488.01 UAB(2001), Spanish Economic Review, 2004.

[147] Patents and R&D at the firm level: A first report. Ariel Pakes, Zvi Griliches. Economics Letters, 1980.

[148] Economic integration and endogenous growth. Rivera - Batiz Luis A, Romer P M. Quarterly Journal, 1991.

[149] Impact of R&D and Technology Diffusion on Productivity Growth: Empirical Evidence for 10 OECD Countries[J].

[150] Norihisa Sakurai, George Papaconstantinou, Evangelos Ioannidis. Economic Systems Research, 1997 (1).

[151] Productivity growth and R&D expenditure in UK manufacturing firms [J]. Katharine Wakelin. Research Policy, 2001 (7).

[152] Invention and Economic Growth. Schmookler J., 1996.

[153] International technology diffusion. Jonathan Eaton, Samuel Kortum, 1993.

[154] Modern Economic Growth Rate, Structure and Spread. Kuznets S, 1966.

[155] Government programmers in financing innovations: Comparative innovation system cases of Malaysia and Thailand [J]. Jarunee Wonglimpiyarat. Technology in Society, 2011 (1)

[156] A use of DEA - DA to measure importance of R&D expenditure in Japanese information technology industry[J]. Toshiyuki Sueyoshi, Mika Goto. Decision Support Systems, 2013 (2).

[157] R&D and Technology Transfer: Firm - Level Evidence from Chinese

Industry[J]. Albert G. Z. Hu, Gary H. Jefferson, Qian Jinchang. Review of Economics and Statistics, 2005 (4).

[158] Different Impacts of Scientific and Technological Knowledge on Economic Growth: Contrasting Science and Technology Policy in East Asia and Latin A merica [J]. Yee K young Kim, Keun Lee. Asian Economic Policy Review, 2015 (1).

[159] Exploring the nexus of electricity consumption, economic growth, energy prices and technology innovation in Malaysia[J]. Chor Foon Tang, Eu Chye Tan. Applied Energy, 2013

[160] Growth and welfare effects of stabilizing innovation cycles[J]. Marta Aloi, Laurence Lasselle. Journal of Macroeconomics, 2007 (4).

[161] R&D Expenditure in an Endogenous Growth Model. Freire – Seren. Journal of Econometrics, 2001.

[162] Financial development and innovation: Cross – country evidence[J]. Po – Hsuan Hsu, Xuan Tian, Yan Xu. Journal of Financial Economics, 2013.

[163] Performance of Spanish universities in technology transfer: An empirical analysis[J]. Aida Caldera, Olivier Debande. Research Policy, 2010 (9).

[164] How effective are fiscal incentives for R&D? A review of the evidence [J]. Bronwyn Hall, John Van Reenen. Research Policy, 2000 (4).

[165] Technological Imports and Technological Effort: An Analysis of their Determinants in Brazilian Firms. Helson Braga, Larry Willmore. The Journal of Industrial Economics, 1991.

[166] The missing link: knowledge diffusion and entrepreneurship in endogenous growth[J]. Pontus Braunerhjelm, Zoltan J. Acs, David B. Audretsch, Bo Carlsson. Small Business Economics, 2010 (2).

重要术语索引表